Sobre los fundamentos de las crisis

El marxismo de cátedra y las crisis

SUMARIO

Marxismo de cátedra y socialismo científico

El marxismo, una crítica de la economía política

Las dos tendencias de la economía política

A menudo hemos subrayado el hecho de que Marx efectúa una *crítica* de la economía política, de la ciencia económica. Marx denomina «clásica» la economía política que va desde su nacimiento (Petty, Boisguilbert) a su apogeo (Ricardo, Sismondi). Hacia 1830, la ciencia económica, bajo el efecto de la aparición de un proletariado moderno que reivindica el poder político y las primeras crisis de sobreproducción inicia su declinar. La economía política clásica se muda en economía política vulgar.

La economía política clásica se divide en dos grandes tendencias.

La primera, cuyo último gran representante es Ricardo, uno de los teóricos de la disminución de la tasa de beneficio[1], no admite más que la posibilidad de crisis parciales, contingentes, fortuitas. Para esta escuela, las desproporciones entre los sectores productivos suscitan escaseces por una parte y una sobreproducción parcial por la otra. Estas crisis limitadas se reabsorben ellas mismas, en tanto que el juego del mercado no se ve alterado. A través de las modificaciones en el nivel de precios y los desplazamientos de capitales se alcanza así un nuevo equilibrio.

La otra tendencia, denominada subconsumista, y cuya última figura de referencia es Sismondi, destaca los límites de la demanda solvente, y simultáneamente, las dudas del pensamiento económico más avanzado en torno a las capacidades del modo de producción capitalista para existir de forma duradera. Para los subconsumistas, los

---

[1] Sus mecanismos explicativos son muy diferentes de los de Marx.

factores que frenan la expansión de la demanda solvente e impiden a la vez adecuarla a la creciente producción son estructurales y permanentes.

La economía política marxista vulgar.

Hemos mostrado[2] igualmente como las diversas corrientes dominantes y opuestas del marxismo, lejos de situarse en la tradición de la *crítica* de la economía política, enlazaban con estas tendencias de la economía política, llevando la teoría revolucionaria al rango de la economía política vulgar[3] (desarrollada tras el apogeo que representa la economía política clásica) al mismo tiempo que regeneraba, parcialmente, esta economía política
.

Por ejemplo, nuestra crítica de la teoría de la disminución de la tasa de beneficio de Grossman-Mattick ha mostrado la gran cercanía de su desarrollo intelectual con la de Ricardo. Igualmente, hemos puesto en evidencia las relaciones entre las teorías de Rosa Luxemburgo y sus epígonos con la tendencia subconsumista[4].

---

[2] Cf. La théorie marxiste des crises », http:/www.robingoodfellow.info

[3] «El economista vulgar no hace en realidad más que traducir en términos aparentemente más teóricos y más generales las extrañas ideas del capitalista engañado por la competencia, esforzándose en demostrar la justeza de estas ideas» (Marx, Capital, L.III, Pléiade, T.2, p.1014). Cambiemos capitalista por clase media asalariada, sustituyamos consumo, circulación por competencia, y tendremos la economía política marxista vulgar que profesa una variedad de socialismo pequeño-burgués.

[4] Los pequeño-burgueses que habitan los limbos de la ultraizquierda como Roland Simon son a la vez seguidores de Henrick Grossmann/Paul Mattick (veremos brevemente como la concepción de la disminución de la tasa de beneficio de estos últimos no tiene nada que ver con la de Marx) y, al mismo tiempo, empiristas críticos. Intentan así a su manera reunir las dos tendencias de la economía política:

« Si esta crisis nos obliga a este giro teórico es porque estamos ante una doble evidencia contradictoria: por un lado, la única teoría marxista coherente de las crisis es la desarrollada por Paul Mattick, es decir, la fundada sobre la disminución tendencial de la tasa de beneficio; por otro

8

Engels subrayaba que la burguesía debía sacrificar su propia teoría económica.

« Esto demuestra perfectamente que el burgués debe sacrificar ya su propia teoría económica clásica, en parte por motivos políticos, pero en parte también porque las consecuencias prácticas de esta teoría les han sumido en una confusión total. Esto demuestra también la progresión del socialismo de cátedra que, tanto en Inglaterra como en Francia, priva cada vez más bajo una forma u otra a la economía política clásica de las cátedras de enseñanza. Las contradicciones reales que engendra el modo de producción se han hecho tan explosivas que ninguna teoría consigue enmascararlas, a riesgo de caer en la ensalada del socialismo de cátedra, pero esto no es una teoría, sino un batiburrillo.» (Engels a A. Bebel, 20-23 de enero de 1885.)

La economía política se ve recorrida por tendencias contradictorias. La lucha de clases la hace caer en la apologética y en la economía vulgar. Tras la Comuna, absolutamente toda referencia a la economía clásica (y vulgar anterior) se echa por la borda, para ser sustituida por concepciones que descansan sobre el valor utilidad. La guerra de 1914-1918, las revoluciones que engendra, la crisis de 1929, van a echar de nuevo a la burguesía en unos tormentos de donde surgirá la reformulación keynesiana, que la socialdemocracia tomará de buen gusto a su cargo, mientras que la contra-revolución democrática y estaliniana permitirán la emergencia de un marxismo corrupto que a su vez contribuye a regenerar la economía política enterrando al marxismo revolucionario. Animada por el retroceso estadístico del número de obreros en los países más desarrollados a

---

lado, esta crisis es una crisis de subconsumo (ella 'es' y no 'aparece como'). Nuestra principal discusión teórica en tanto que discusión productiva no puede ser otra que las tesis de sobreacumulación de capital con relación a sus capacidades de valorización, es decir, las de Mattick contenidas en sus dos principales obras sobre la cuestión: Marx y Keynes (Ed Gallimard, 1972) y Crisis y teorías de las crisis (Ed Champ Libre, 1976).» (Roland Simon, Crisis y teoría de las crisis, verano de 2009).

partir de 1975, y reforzada por el hundimiento de los falsos socialismos en el este de Europa, la burguesía sueña que el marxismo, incluso travestido de su contrario, puede ser relegado definitivamente al museo de las ideas. Pero he aquí que nuevas crisis, negadas teóricamente por nuestros buenos economistas, reavivan la sempiterna «crisis de la ciencia económica» y devuelven los colores al marxismo de cátedra.

Estos esponsales, de una forma vulgar, con una u otra de estas dos tendencias (cuando no producen confusiones sincréticas aún más deplorables) de la economía política constituyen desde luego una negación y un entierro del socialismo científico.

El abanico del marxismo de cátedra

El ejército republicano (fuertemente influenciado por el altermundialismo, otra variedad del socialismo pequeño-burgués) del marxismo de cátedra se divide a su vez entre las dos grandes tendencias de la economía política que hemos indicado más arriba. Por ejemplo, en el debate entre partidarios de la disminución de la tasa de beneficio y los que insisten en los efectos del alza de la tasa de plusvalía y sus consecuencias sobre la demanda solvente nos encontramos con las capas que acompañan la historia de la economía política.

Principalmente, la polémica ha enfrentado a Michel Husson y Alain Bihr con los defensores de una «ortodoxia» considerada como dogmática por los primeros, con buena parte del conjunto de intervinientes protegiéndose bajo el escudo de Ernest Mandel[5]. El debate entre los «subconsumistas», modernos seguidores de Sismondi, y los partidarios de la disminución de la tasa de beneficio, de inspiración ricardiana, prosigue en el marco del marxismo de cátedra.

¿Cuáles son sus grandes figuras?

Comencemos por la tendencia «subconsumista»

- Michel Husson, investigador en el IRES (Institut d'Etudes Economiques et Sociales, organismo ligado a los sindicatos), ex-miembro del PSU y posteriormente de la LCR, apoyo de la candidatura de José Bové a las

---

[5] No hemos tenido apenas tiempo de dedicarnos a la crítica del «marxismo» de Ernest Mandel. El lector puede sin embargo hacerse una idea de los daños que ha provocado en el libro disponible en nuestra web, que recoge los trabajos aparecidos en la revista «Communisme ou Civilisation». Cf. En «La teoría marxista de las crisis», en el capítulo titulado «Ernest Mandel entra en la tercera edad», capítulo dedicado a las teorias mendelianas en relación con la producción de armamento.

elecciones presidenciales y actualmente miembro del comité científico de Attac. Al hombre no parece faltarle humor. Considera sin embargo que le era indispensable cubrir los huecos abiertos por las insuficiencias del análisis de Marx.

- Gérard Duménil, director de investigación en el CNRS, miembro del comité científico de Attac. Es partidario de otro marxismo, que constata que « (...) las sociedades modernas están dominadas por dos fuerzas sociales, una ligada a la *propiedad del capital*, la otra a la *capacidad de encuadramiento* organizacional y cultural. Una política popular implica una alianza con la segunda para eliminar a la primera.» Presentación de la obra Altermarxisme. Un marxismo diferente para un mundo diferente.

- Dominique Lévy, director de investigación en el CNRS, alter ego de Gérard Duménil (ambos escriben numerosas obras a cuatro manos), del consejo científico de Attac.

- Jacques Gouverneur, doctor en derecho y en economía, ha hecho toda su carrera como profesor en la universidad católica de Louvain-la-Neuve (UCL). Promotor de políticas pequeño-burguesas para resolver la cuestión social[6], es también el teórico de una concepción del valor «puramente social» en la que un buen número de conceptos propios del socialismo científico son cuestionados.

---

[6] « La solución a estos problemas pasa por la puesta en marcha de políticas alternativas: aumento de las retenciones públicas (esencialmente sobre los beneficios) para financiar producciones socialmente útiles, reducción del tiempo de trabajo para desarrollar el empleo y el tiempo libre, modificaciones en la composición de los salarios para promover la solidaridad » (Jacques Gouverneur, ¿Qué tipo de políticas contra la crisis y el desempleo?1999,http://www.capitalisme-et-crise.info/fr/JacquesGouverne ur/Bio graphie_et_bibliographie).

- Alain Bihr, profesor en la universidad de Franche-Comté, de inspiración más libertaria que los anteriormente citados, es uno de los fundadores y animadores del boletín *A contre courant*, salido del ambiente cedetista y por ello uno de los sacerdotes del socialismo de empresa, de la autogestión, otra variedad de socialismo pequeño-burgués.

- Marcel Roelandts, último llegado a esta gran cofradía, enseñante e investigador en la universidad y en numerosas escualas superiores, coanimador, con Jacques Gouverneur, de la web http://www.capitalisme-et-crise.info[7]. Es autor del libro titulado «Dinámicas, contradicciones y crisis del capitalismo». Aunque él comparte los análisis generales de la tendencia aquí representada[8], su voluntad de síntesis entre las dos ramas contrarias del marxismo vulgar nos permitirá tomarlo como referencia.

- En cuanto al resto que no conocemos con precisión, es verosímil que su curriculum vitae sea del mismo cariz.

---

[7] La web « Capitalisme & Crisis económicas» se define como un lugar de debates y de puesta a disposición de un material de análisis pertinente para comprender la sociedad en su dimensión económica. Reivindica un análisis crítico en sentido amplio. Sin embargo, esta no es una web política ni de propaganda, sino ante todo un útil de análisis y discusiones para comprender el mundo. » (Extracto de la presentación del sitio en su página principal). Nosotros habíamos creído comprender con Karl Marx que lo importante no era tanto comprender el mundo, sino transformarlo…

[8] En un texto destinado a la discusión de un artículo de Alain Bihr, y posterior a la obra que analizaremos, concluye sus comentarios con «continúo (…) reafirmando mi acuerdo global con vuestro análisis y la gran calidad de vuestra contribución. Mis comentarios no son más que precisiones en un marco de análisis compartido globalmente» (Discusión del artículo de Alain Bihr: De una crisis de valorización a una crisis de realización, p.6, Marcel Roelandts, 11 de Marzo de 2011)

Pasemos seguidamente a revisar la otra rama del marxismo de cátedra; la rama seudo «ortodoxa» y «dogmática» que se opone a la anterior. Ahí nos encontramos principalmente con:

- François Chesnais, profesor en la universidad de Paris 13, miembro del NPA y del consejo científico de Attac, animador del colectivo y de la revista «Carré rouge».
- Louis Gill, profesor jubilado de la universidad de Quebec en Montreal.
- Alan Freeman, economista asociado a la Autoridad a cargo del Gran Londres, investigador invitado en la universidad de Manitoba, animador de la asociación de economistas heterodoxos, coeditor de la revista «Critique of Political Economy» (COPE)».
- Andrew Kliman, coeditor, con Alan Freeman, de « Critique of Political Economy (COPE), profesor de economía en la Pace University de Nueva York, miembro de la iniciativa por un marxismo humanista inspirado en las tesis de Raya Dunayevskaya.
- Robert Brenner, profesor de historia, director del «Center for Social Theory and Comparative History» de la Universidad de California Los Angeles, editor de la publicación «Against the current» ligado a Solidarity (Estados Unidos)[9], miembro del comité editorial de la New Left Review.
- Fred Moseley, profesor de economía en Mount Holyoke College en Massachussets. Autor de libros y artículos

---

[9] Una organización que procede esencialmente del trotskismo. La misma sigue, y sería mejor decir que precede, la pendiente del NPA hacia el rechazo oficial de los fundamentos del marxismo en beneficio de temas que constituyen las ideas-faro de las clases medias radicalizadas por su desclasamiento y las perspectivas que les ofrece el curso del modo de producción capitalista (crítica del consumo, ecología, feminismo, antirracismo…).

sobre la disminución de la tasa de beneficio. Considerando que las crisis recientes no son fundamentalmente el resultado de una visión a corto plazo y de la codicia de los banqueros, piensa sin embargo que hay un factor estructural de crisis en el sistema financiero capitalista. Este último es especulativo en su esencia, y el mejor teórico de dicho sistema financiero no es Marx, sino Hyman Minsky. Como estas últimas crisis son más crisis según Minsky que crisis según Marx, es importante completar el análisis de Marx con el de Minsky[10].

- Isaac Johsua; antiguo profesor en la universidad de Paris 11, miembro del comité científico de Attac. En la gran crisis del siglo XXI, declara que «la crisis capitalista tipo es, de manera muy evidente, no de subconsumo, sino de sobreacumulación, y esto durante el vasto período que se extiende del segundo tercio del siglo XIX hasta la Primera Guerra mundial. Sin embargo, si releemos a Marx es indudablemente sobre la crisis de subconsumo sobre lo que más insiste éste (…)», pág. 56.

- En cuanto al resto que no conocemos con precisión, es verosímil que su curriculum vitae sea del mismo cariz.

---

[10] « The main problem in the current crisis is the financial sector. Harman says that the crisis is not due mainly to the bankers' greed and shortsightedness. I agree with that, but I would say the problem is more fundamental—the nature of the capitalist financial system, which is inherently speculative. The best theorist of the capitalist financial system is Hyman Minsky, not Karl Marx. The current crisis is more of a Minsky crisis than a Marx crisis. I am not saying that we should throw away Marx (obviously), but rather that we should supplement Marx with Minsky, especially for analysis of the modern capitalist financial system. » (Fred Moseley, International socialism, 24 juin 2008)

Socialismo pequeño-burgués y partido proletario

« Olvidada y traicionada por la sociedad burguesa, la economía política científica no busca su audiencia más que entre los proletarios conscientes » Rosa Luxemburg

¿Cómo imaginar que gente cuya acción política tiende a la conservación del modo de producción capitalista y al sometimiento de la acción del proletariado a los intereses de las clases medias puedan producir un análisis científico del modo de producción capitalista?

¿Cómo imaginar que gente cuyo horizonte político y teórico es el del socialismo pequeño-burgués puedan desarrollar un análisis teórico que demuestra la necesidad del derrocamiento revolucionario de la burguesía?

¿Cómo imaginar que puedan hacer algo diferente de instilar en el proletariado teorías que no tienen como objetivo perpetuar su estado de esclavo asalariado?

El socialismo científico es la teoría del proletariado constituido en partido político independiente y opuesto a los partidos de las otras clases. No es una teoría neutra a la cual las otras clases pueden aportar su contribución en un debate científico abierto, en donde basta ser un hombre de buena voluntad; se trata de un punto de vista científico y de un punto de vista de clase y no puede ser científico más que porque es el punto de vista de la clase productiva. No es que no puedan contribuir intelectuales, sino que si lo hacen es abandonando la ideología de su clase de origen para adoptar el punto de vista del proletariado revolucionario. Engels, constatando el aumento de la influencia pequeño-burguesa en la socialdemocracia, protestaba sin cesar ante los dirigentes del partido para que tomasen medidas contra esta influencia. «Desde hace dos o tres años, una multitud de estudiantes, de literatos y otros jóvenes burgueses desclasados han acudido al partido, llegando a tiempo para ocupar las mayoría de las plazas de redactor en los nuevos periódicos que pululan, y, como de costumbre, consideran la universidad como una escuela de Saint-Cyr socialista que les da el derecho de entrada en las filas del partido obrero con un rango de oficial, sino de general. Estos señores hacen todos marxismo, pero de la especie que habéis conocido en Francia hace diez años y del que Marx decía: « ¡Todo lo que sé es que yo no soy marxista!» Y probablemente diría de estos señores lo que Heine decía de sus imitadores: he sembrado dragones y he recogido pulgas.» (Engels a P. Lafargue, 27 de agosto de 1890)

« (…) hace algunas semanas, la redacción saliente, sin que yo les pidiera nada me ha enviado su periódico, pero no he considerado útil decirles lo que he encontrado ahí. Ahora sí estoy obligado a decírselo, y de forma pública.

En el aspecto teórico, he encontrado – y, en general, esto es aplicable al resto de la prensa de la «oposición» - un «marxismo» atrozmente desfigurado, que se caracteriza, en primer lugar, por una incomprensión prácticamente total de la concepción que precisamente se pretende defender; en segundo lugar, un grosero desconocimiento de todos los hechos históricos decisivos; en tercer lugar, por la conciencia de la propia superioridad inconmensurable que caracteriza tan ventajosamente a los literatos alemanes. El mismo Marx había previsto esta clase de discípulos, cuando dijo, a finales de los años 70, sobre un cierto «marxismo» que se extendía entre muchos franceses: « Tout ce que je sais, c'est que moi je ne suis pas marxiste» (en francés).

En el aspecto práctico, encontré que se saltaba claramente por encima de todas las dificultades reales de las luchas de partido y que, en su imaginación, se «saltaban las dificultades» con un total desprecio de la muerte, que hace ciertamente honor al coraje indomable de nuestros jóvenes autores, pero que, si se transfiere de la imaginación a la realidad, sería capaz de enterrar al partido más fuerte o formado por millones, bajo los merecidos disparos de todos nuestros adversarios. En fin, que una pequeña secta no debe entregarse impunemente a tal política de bachilleres, es lo que estos señores también tienen, demostrado por pruebas no despreciables (…)

Que sepan y admitan que su «formación académica» -que de todas maneras necesita una seria revisión crítica- no les confiere ningún diploma de oficial que les permite ser elevados al grado correspondiente en el seno de nuestro partido; que, en nuestro partido cada cual debe hacer su servicio a la base; que los puestos de confianza en el partido no se conquistan mediante el simple talento literario y los conocimientos teóricos, incluso reuniendo incontestablemente las dos condiciones, porque es preciso estar familiarizado con las exigencias de la lucha militante, saber manejar las armas más diversas en la práctica política, inspirar confianza personal, dar muestras de un celo y de una fuerza de carácter a toda prueba, y en fin, incorporarse dócilmente en las filas de aquellos que combaten. Es resumen, es preciso que aquellos que «han sido formados en las universidades sepan aprender más de los obreros que lo que éstos tienen que aprender de ellos. » (Engels, Respuesta a la redacción de « Sächsische Arbeiter Zeitung » Sozialdemokrat, 13 de septiembre de 1890)

También en el terreno científico tiene su curso la lucha de clases y no es menos encarnizada. Se nos podrá presentar a todos los doctores en economía y a todos los premios Nobel de economía[11] del mundo, que siempre afirmaremos, con Bordiga, que se está más cerca del cretinismo con el doctorado que con el certificado de estudios primarios. Diciendo esto, el débil partido proletario de vacilante luz y un débil alcance no niega que el arsenal de inteligencia, de conocimientos, de pericia, de erudición, de cultura, de capacidad de expresión, de poesía, de estética, de refinamiento, de sensibilidad, de la enorme masa de ideólogos que la burguesía produce y mantiene (tantos como las basuras de la universidad pueden contener) sea en la actualidad, y tal vez siempre, muy superior, pero con la excepción de la inteligencia social. Es lo que proporciona un alcance teórico e histórico incomparable al socialismo científico y lo transforma en un

---

[11] Por otra parte, hay que preguntarse cómo, cada año, puede la burguesía realizar la hazaña de sacar uno que pueda ser más bestia que el precedente.

potente láser, que, con todas nuestras limitaciones y todos nuestros defectos en cuanto a nuestra capacidad para exponerlo, defenderemos con uñas y dientes[12].

Esta presencia de la ideología burguesa y pequeño-burguesa es natural en los partidos reformistas; que manche el movimiento comunista muestra hasta qué punto éste está destruido, hasta qué punto se combina en ideologías contra-revolucionarias.

Demostraremos que las teorías del marxismo de cátedra conducen a eternizar el modo de producción capitalista. Más allá de los individuos, el marxismo de cátedra representa una etiqueta que podemos pegar a un intento cuyo objetivo es la negación de la crítica revolucionaria representada por el marxismo integral.

---

[12] 12) La ciencia enemiga

Contratesis 12. Las doctrinas fundadas sobre la introducción de dimensiones mensurables en la producción, sobre las transferencias de valor de una clase a la otra, con sus previsiones sobre las tendencias de desarrollo histórico, son ideologías arbitrarias, teniendo en cuenta que las previsiones científicas no son posibles en el terreno económico; la única ciencia posible es la fundamentada sobre los datos de precios concretos y sus subsiguientes variaciones, extremadamente complejas. A estas teorías del precio se ciñen ahora los modernos economistas, muy posteriores a Marx, los autores más conocidos, los profesores más ilustres y con mayor audiencia.

Tesis 12. ¡ los profesores trasnochados! (Bordiga, el choque de tesis contradictorias, la cuestión agraria)

Marx, el descenso de la tasa de beneficio y las crisis

Introducción

En esta primera parte examinaremos lo que dice Marx de los principales conceptos que fundamentan su teoría de las crisis. Podremos entonces medir mejor los ultrajes que le infringen los representantes del marxismo de cátedra. Comenzaremos por recordar el significado de la ley de la disminución tendencial de la tasa de beneficio y de las modalidades de su expresión. Aun cuando no esté separada de ella, esta ley de la baja tendencial de la tasa de beneficio no debe ser confundida con la baja brutal de la tasa de beneficio que interviene al final de un ciclo de acumulación y que caracteriza la crisis de sobreproducción. Mostraremos a continuación que las crisis de sobreproducción tienen, a partir de una misma contradicción, dos aspectos según que se las considere bajo el ángulo del valor de cambio o del valor de uso. Por un lado, una insuficiencia de producción de plusvalor conduce a una baja brutal de la tasa de beneficio y a una crisis de sobreproducción de capital, una sobreacumulación (los dos términos son sinónimos) por otro, el excedente del sobreproducto puede engendrar una sobreproducción de mercancías que tendrá efectos negativos sobre la tasa de beneficio. En este capítulo será estudiado particularmente el primer aspecto; el segundo, confundido a menudo con las teorías subconsumistas, será objeto del último capítulo. En respuesta a esta sobreproducción, el capital debe desvalorizarse para restablecer las relaciones de explotación que prevalecían. Estudiaremos pues con detalle lo que Marx entiende por desvalorización, tratando de limitar los efectos deletéreos de su propio movimiento limitando la acumulación y abandonándose a una baja (tendencial) de la tasa de beneficio.

La ley más importante de la economía política moderna

Aunque numerosos críticos la hayan llevado a menudo a un segundo plano en la teoría de Marx, la ley del descenso tendencial de la tasa de beneficio es, según el propio Marx, la ley más importante de la economía política. La misma sostiene toda la dinámica del capital, y expresa la contradicción valorización/desvalorización, el desarrollo contradictorio de la productividad del trabajo que combina simultáneamente un alza tendencial de la tasa de explotación, de la tasa de plusvalía, y la baja tendencial de la tasa de beneficio[13].

«Esa es, desde todos los puntos de vista, la ley más importante de la economía política moderna y la más esencial a efectos de la comprensión de las relaciones más complejas. Desde el punto de vista histórico, es la ley más importante. Es una ley que hasta aquí, a pesar de su sencillez, nunca ha sido comprendida y aún menos expresada conscientemente» (Marx, Manuscritos de 1857-1858, Grundrisse, Editions sociales, T.2, p.236)

Sería necesario citar de forma íntegra todo lo que sigue a este párrafo. Marx describe ahí todo el arco de producción capitalista hasta su derrocamiento por el proletariado y la instauración de una sociedad sin clases. En su desarrollo, el modo de producción capitalista plantea las bases materiales de una sociedad superior. Desarrolla así mismo el proletariado, la clase social por él explotada y que será la que deba abatirlo. En un cierto punto de su desarrollo, muestra como es un modo de producción superado, que el desarrollo de la producción y de la productividad social debe pasar por una sociedad diferente, una sociedad sin clases cuyos cimientos ya han sido creados. Esta

---

[13] «Tanto el aumento de la tasa de plusvalía como la disminución de la tasa de beneficio no son más que formas particulares en las cuales la creciente productividad del trabajo encuentra su expresión capitalista» (Marx, Capital, L.III, Pléiade, T.2, p.1023).

necesidad, así como la incapacidad del modo de producción capitalista para satisfacerla se manifiestan ante los ojos de todo el mundo mediante crisis generales. Estas catástrofes sociales, cuya amplitud es tendencialmente creciente, se repiten a intervalos regulares. A lo largo de su vía crucis, en el que cada crisis es una estación que cada vez es más penosa, y hasta su crucifixión por el proletariado, en la disminución tendencial de la tasa de beneficio se resume la trayectoria catastrófica de este modo de producción.

Reflejamos aquí solamente este extracto:

«Más allá de cierto límite, el desarrollo de las fuerzas productivas se convierte en un obstáculo para el capital; así, la relación capitalista se convierte en un obstáculo al desarrollo de las fuerzas productivas del trabajo. Al llegar a este punto, el capital, es decir, el trabajo asalariado, se presenta frente al desarrollo de la riqueza social y de las fuerzas productivas en la misma relación que las corporaciones, la servidumbre, la esclavitud; se convierte en un obstáculo del que necesariamente uno se libra. La última figura servil que toma la actividad humana, la del trabajo asalariado por un lado y el capital por el otro, se encuentra así despellejada, y este despellejamiento es resultado del modo de producción correspondiente al capital; las condiciones materiales e intelectuales de la negación del trabajo asalariado y del capital, que son ellas mismas la negación de la anteriores formas de producción social no libre, son también ellas mismas los resultados de su proceso de producción. La creciente inadecuación del desarrollo productivo de la sociedad con las relaciones de producción que hasta entonces tenía se expresa en agudas contradicciones, en crisis, en convulsiones.» (Marx, Manuscritos de 1857-1858, Grundrisse, Editions sociales, T.2, p.237)

Si esta ley es crucial para comprender las crisis y el curso del modo de producción capitalista, es lógico que concentre los ataques del pensamiento burgués tanto para refutarla como para minimizarla, para desviarla, revisarla, privarla de todo alcance revolucionario. La ley que suponía un misterio preocupante para la economía política clásica[14] se ha convertido en una abominación tras su solución. No es pues extraño que la ley de la disminución tendencial de la tasa de beneficio sea el blanco de las críticas al marxismo mientras que sus seudo defensores no tienen más ambición que recogerla en el seno de la economía política. Se trata tanto de poner en cuestión su carácter científico como de limar su filo revolucionario.

---

[14] «Por simple que parezca esta ley tras lo anterior, la economía política no ha sabido hasta el presente descubrirla (...) La economía política percibió el fenómeno y se agotó en intentos contradictorios para solucionarlo. En vista de la gran importancia de esta ley para la producción capitalista, se puede decir que representa un misterio cuya solución preocupa a toda la economía política desde Adam Smith, distinguiéndose las siguientes escuelas por las diferentes tentativas para resolver esa cuestión» (Marx, Capital, L.III, Pléiade, T.2, p.1003).

Marx y las manifestaciones de la disminución tendencial de la tasa de beneficio

Para Marx, la disminución tendencial de la tasa de beneficio no se manifiesta claramente más que:
o En un largo período
o En determinadas circunstancias

El período largo

El período largo indica que esta disminución sólo se puede evaluar en numerosos ciclos (Marx habla de treinta años en el libro III de El Capital, redactado previamente al Libro I, publicado en 1867, mientras que la primera crisis moderna data de 1825).

No se trata por consiguiente de una ley a-histórica, independiente de la configuración del mercado mundial. La ley de la disminución tendencial de la tasa de beneficio se ejerce en el seno de un espacio geo-histórico definido y atañe a numerosos ciclos de acumulación interrumpidos por crisis de sobreproducción, cuya tendencia es a agravarse.

Las circunstancias

Por otra parte, esta ley no se manifiesta claramente más que en «determinadas circunstancias», lo que supone una dimensión cualitativa (un salto, un brinco cualitativo) en la expresión de la disminución de la tasa de beneficio, una discontinuidad, momentos de la historia económica que vienen a recordar al capital la realidad, a revelar esta disminución, a reconocer tanto su necesidad como su carencia.

Los períodos de crisis son especialmente ocasión de una recomposición de la base productiva y el punto de partida de una nueva fase de acumulación. En estas fases de acumulación, la tasa de beneficio tiende a elevarse antes de caer brutalmente en el momento de la crisis. La disminución tendencial de la tasa de beneficio supone que *de forma tendencial* la media de las tasas de beneficio disminuye entre un ciclo y el siguiente.

Decir que esta baja tendencial no se manifiesta más que en ciertas circunstancias nos lleva a añadir que, más allá de esta media, determinados momentos juegan un especial papel, actuando como reveladores de una tendencia que puede estar, sin contar con el fenómeno de las contra-tendencias a esa disminución de la tasa de beneficio, enmascarada durante ciertos períodos.

Las crisis económicas son precisamente una de esas circunstancias en las que el capital se ve al desnudo, cuando los eventuales efectos nominales se desvanecen, cuando las burbujas estallan, cuando la base productiva se reconstituye a través de la eliminación de actores fracasados o superados, la eliminación de los medios de producción obsoletos...

Para evaluar la disminución tendencial de la tasa de beneficio, se puede añadir a la curva media de la evolución de la tasa de beneficio la curva que expresa las tasas de beneficio correspondiente a los puntos bajos de la producción capitalista.

Estas afirmaciones no salen del marco de una continuidad de la historia económica. Para tener en cuenta la dimensión cualitativa, discontinua, de la expresión de la disminución tendencial de la tasa de beneficio, se debe también comprender que su afirmación efectiva, enmascarada, contrarrestada por factores opuestos, no tiene una completa realización más que tras numerosos ciclos, cuando el capital, agotado, renuncia a su misión histórica para esperar el golpe de gracia que le debe asestar el proletariado.

Las representaciones de la economía política

¿Por qué una disminución de la tasa de beneficio conduce a la crisis? ¿Cómo se compensan los capitalistas por la masa que pierden a través de la tasa?

Todas estas cuestiones han llevado a muchos exégetas a buscar un punto particular, un punto «absoluto» a partir del cual la crisis sería inevitable. Dependiendo de que lo hayan encontrado o no, deducen la pertinencia o no de la ley de la disminución tendencial de la tasa de beneficio como factor explicativo de las crisis de sobreproducción.

El reconocimiento de la disminución de las tasas de beneficio no implica por sí el de las crisis general de sobreproducción. Ricardo, por ejemplo, contemplaba la evolución de la sociedad hacia una situación estacionaria, cayendo tan bajo la tasa de beneficio que desanimaría una acumulación posterior. Nosotros tenemos la idea de que la productividad aumenta cada año pero menos rápidamente que los gastos para obtenerla; la productividad aumenta, pero su progresión es decreciente, y la tasa de beneficio disminuye. Para una fracción de ricardianos esto puede prolongarse en el tiempo, sin provocar crisis. Al final de este proceso, si llega a este estadio, tendremos una sociedad en una «situación estacionaria»[15].

Las críticas subconsumistas a Marx han hecho la misma representación que los discípulos de Ricardo. Por ejemplo, los

---

[15] «pero aunque la tasa mínima de beneficio sea así susceptible de variar, y aunque sea imposible especificar exactamente cual es en un momento dado, ese mínimo existe en cualquier caso; y sea alto ó bajo, cuando es alcanzado, no puede tener lugar ningún aumento de capital. El país alcanza así lo que los economistas conocen como situación estacionaria» (John Stuart Mill, Principles of Political Economy, Libro IV, cáp. IV, § 3).

herederos de Rosa Luxemburgo y la propia Rosa Luxemburgo, como buenos representantes de esta corriente subconsumista, al no ver la pared contra la que la tasa de beneficio en declive se estrellaría, sacan la conclusión de la inutilidad de la ley de la disminución tendencial de la tasa de beneficio como factor explicativo de la crisis (sustituyéndola por la ausencia de demanda solvente para realizar la plusvalía a acumular). Tanto los adversarios como los partidarios poseen una interpretación ricardiana de la disminución de la tasa de beneficio.

Las críticas subconsumistas que reconocen la existencia de las crisis ponen entonces de relieve que este proceso no podría llevar a una crisis. La ley de la disminución tendencial de la tasa de beneficio sería pues incapaz de explicar las crisis de sobreproducción que sacuden a intervalos regulares el modo de producción capitalista. En consecuencia, los subconsumistas rechazan o al menos atenúan la importancia de esta ley, y trasladan su atención a las condiciones de realización del producto social y muy especialmente de la plusvalía.

Pero existen ricardianos para los que esa disminución de la tasa de beneficio produce crisis. Henryk Grossman[16] o Paul Mattick[17]

---

[16] Henryk Grossman (1881-1950), nacido en Polonia bajo dominio austríaco, milita muy pronto en la socialdemocracia polaca y después en el partido socialdemócrata judío de Galicia. En 1908 asiste a los cursos de Carl Grunberg, uno de los padres del austro-marxismo. Tras la primera guerra mundial, es miembro del Partido Comunista de Polonia. Profesor de economía, se traslada a Alemania, al Instituto de Investigación Social de Frankfurt, del que Grunberg es el primer director. Emigra a continuación a Nueva York. Tras la guerra se traslada a Alemania del Este, para una plaza de profesor de economía en la universidad de Leipzig, en donde muere en 1950. Habría quedado como un mediocre profesor estaliniano si el revolucionario Paul Mattick no hubiera tenido la mala idea de tomar a su cargo su obra teórica.

[17] Paul Mattick (1904-1981), nacido en Pomerania, pasa su niñez en Berlín en una familia obrera revolucionaria. Se adhiere muy joven a la organización juvenil de la Liga Spartakus, y después se adhiere al KAPD en 1920. Emigrado a los EEUU a partir de 1926 y continuando su contacto

forman parte de esta escuela. En su representación se pone de evidencia un punto «absoluto», un punto específico característico que anuncia la crisis. Grossman y Mattick consideran que este punto es alcanzado una vez que la masa de plusvalía se hace insuficiente para financiar la acumulación. Sustituyen, de manera falaz, la tasa de beneficio por la masa de ésta. Como ya hemos explicado en otro lugar[18] y como lo veremos rápidamente en este texto, estos autores se inscriben en la tradición ricardiana. Para ésta, las crisis no pueden ir más allá de desproporciones, es decir, de crisis parciales en las cuales a un excedente en un sector se opone un déficit en otro. La teoría de Grossman/Mattick vuelve a decir que la plusvalía es insuficiente respecto a las necesidades de la acumulación. Un alza *autónoma* (es decir, que no tenga en cuenta la plusvalía) del capital acumulado y de la composición orgánica del capital lleva a una crisis debido a la insuficiencia de la plusvalía (por lo que concierne a la crisis, se trata de una desproporción imaginaria).

Al no poder explicar las crisis periódicas que sacuden la producción capitalista, se las hace permanentes. Ya sean adeptos de la disminución de la tasa de beneficio, como Paul Boccara que reinterpreta y falsifica totalmente la teoría de la sobreacumulación[19] ó

---

con la izquierda alemana, estudia a Marx y encuentra en la obra principal de Grossman publicada en 1929 una restauración de la teoría de la acumulación de Marx. Fiel durante toda su vida a la tradición de la izquierda comunista, defiende y desarrolla el punto de vista de Grossman asimilable al de Marx en escritos como «Marx y Keynes», «Crisis y teoría de las crisis». Su hijo, Paul Mattick jr, nacido en 1944, también se inscribe en esa tradición.

[18] Una crítica más detallada de la teoría de Grossman/Mattick se encuentra en el texto consagrado a la teoría marxista de las crisis. (Ver http//www.robingoodfellow.info). Anton Pannekoek, en un artículo de 1934, destinado a la teoría del hundimiento del capitalismo la ha criticado igualmente en lo esencial (cf. http://bataillesocialiste.wordpress.com/ documents-historiques/1934-06-la-theorie-de-lecroulement-du -capitalisme-pannekoek/)

[19] Teoría que también es objeto de numerosas afirmaciones revisionistas como veremos más adelante.

epígonos de Rosa Luxemburgo, todos convergen, aún con motivos diferentes y siempre sin reconocerlo, hacia la idea de una crisis permanente.

Contra estas interpretaciones, defendemos lo que para nosotros es la verdadera concepción de Marx. Existen momentos en los cuales la tasa de beneficio desciende brutalmente. Esta baja repentina es el resultado de un retroceso en el progreso de la productividad del trabajo que para ser superado debe traducirse en desvalorizaciones, que no resultan del progreso de la productividad, sino de la eliminación de capitales quebrados, de disminuciones de precios ruinosas, de la destrucción de capitales no empleados, etc. Existe una sobreacumulación de capital y su amplitud es la que permite decir si esta sobreacumulación es relativa o absoluta (ver capítulo 2.5). En el curso de la tasa de beneficio se produce un cambio de estado, un cambio cualitativo, no tratándose de un punto absoluto, cuantitativo y producido por un resultado mecánico sino de un punto relativo, cualitativo, producto de un desarrollo orgánico que se caracteriza, cualquiera que sea el nivel alcanzado por la tasa de beneficio, por un giro brutal de la productividad del trabajo.

Sobreproducción de capital y sobreproducción de mercancías

Tradicionalmente, el marxismo presenta las crisis de sobreproducción como crisis de sobreproducción de mercancías:

«Hemos visto cómo, a través de la anarquía de la producción en la sociedad, la extremada capacidad de perfeccionamiento de la maquinaria moderna se convierte, para el capitalista industrial, en una necesidad ineludible de perfeccionar constantemente su propia maquinaria, de aumentar constantemente su capacidad de producción. La mera posibilidad fáctica de ampliar su ámbito de producción se convierte para él en una necesidad del mismo tipo. La enorme fuerza de expansión de la gran industria, frente a la cual la de los gases es cosa de niños, se manifiesta ahora como una necesidad cualitativa y cuantitativa de expansión, la cual se impone a cualquier contrapresión. La contrapresión es el consumo, la salida de productos, el mercado de los productos de la gran industria. Pero la capacidad de expansión de los mercados, tanto la extensiva cuanto la intensiva, se encuentra por de pronto dominada por leyes muy distintas y de acción bastante menos enérgica. La expansión de los mercados no puede producirse al ritmo de la expansión de la producción. La colisión es inevitable, y como no puede conseguirse ninguna solución mientras no se vaya más allá del modo mismo de producción capitalista, la colisión se hace periódica. La producción capitalista origina un nuevo "círculo vicioso".

Desde 1825 en efecto, fecha en la cual estalló la primera crisis general, todo el mundo industrial y comercial, la producción y el intercambio de todos los pueblos civilizados y de sus apéndices más o menos barbáricos, salen de quicio aproximadamente cada diez años. El tráfico queda bloqueado, los mercados se saturan, los productos se almacenan tan masiva cuanto invendiblemente, el dinero líquido se hace invisible, desaparece el crédito, se paran las fábricas, las masas trabajadoras carecen hasta de alimentos por haber producido demasiado, una bancarrota sigue a otra, y lo mismo ocurre con las

33

ejecuciones forzosas en los bienes. Esa situación de bloqueo dura años, fuerzas productivas y productos se desperdician en masa, se destruyen, hasta que las acumuladas masas de mercancías, tras una desvalorización mayor o menor, van saliendo finalmente, y la producción y el intercambio vuelven paulatinamente a funcionar. La marcha se acelera entonces progresivamente y pasa a ser trote; el trote industrial se hace luego galope, y ésta vuelve a culminar en la carrera a rienda suelta de un completo *steeple-chase* industrial, comercial, crediticio y especulativo, para llegar finalmente, tras los más audaces saltos, a la fosa del nuevo crack. Y así sucesivamente. Todo eso lo hemos vivido desde 1825 cinco veces, y lo estamos experimentando en este momento (1877) por sexta vez. El carácter de estas crisis es tan claramente manifiesto que ya Fourier pudo describirlas todas al llamar a la primera crise plétorique, crisis pletórica o por abundancia.

La contradicción entre producción social y apropiación capitalista irrumpe en las crisis con gran violencia. La circulación de mercancías se interrumpe momentáneamente; el medio de circulación, el dinero, se convierte en obstáculo de la misma; se invierten todas las leyes de la producción y la circulación de mercancías. La colisión económica ha alcanzado su punto culminante: *el modo de producción se rebela contra el modo de intercambio, y las fuerzas productivas se rebelan contra el modo de producción del que han nacido, y al que ya rebasan.* (Engels, Anti-Dühring)

«Por una parte, perfeccionamiento de la maquinización, en donde la competencia es una ley imperativa para todo fabricante y que equivale a una eliminación siempre creciente de obreros: *el ejército industrial de reserva.* Por otro lado, extensión sin límites de la producción, igualmente una ley coercitiva de la competencia para cada fabricante. Por los dos lados, desarrollo inaudito de las fuerzas productivas, excedente de oferta sobre la demanda, sobreproducción, embotellamiento de los mercados, crisis decenales, círculo vicioso: *excedente, aquí, de medios de producción y de productos – excedentes, allá, de obreros* sin empleo y sin medios de existencia; pero estos dos engranajes de la producción y del bienestar social no pueden adaptarse, por el hecho de que la forma capitalista de la producción prohíbe a las fuerzas productivas actuar, a los productos circular, a menos que los mismos sean anteriormente transformadas en capital: algo que su misma sobreabundancia impide. La contradicción se ve intensificada al absurdo: *el modo de producción se rebela contra la forma de cambio*. La burguesía demuestra su incapacidad para dirigir ya sus propias fuerzas productivas sociales.» (Engels, Anti-Dühring, Editions sociales, p.320)

Esta presentación, clara y pedagógica, pone el acento sobre el desequilibrio que se crea entre la progresión de la producción, progresión tanto mayor cuanto más crece la productividad, y el crecimiento de la demanda, el aumento del tamaño y de la intensidad del mercado. Es lo que apuntaba la izquierda de Italia cuando oponía el «volcán de la producción» al «pantano del mercado»[20]. El sólo hecho de que es distribuido un poder de compra equivalente a la producción (además, por una parte, no lo es a menos que se efectúe la acumulación), no quiere decir que ese poder se ejerza, que las necesidades van a aumentar en la misma proporción. Si la producción de patatas se duplica y paralelamente su valor se divide a la mitad por el efecto de un aumento de la productividad, mi estómago no admitirá el doble de patatas. Pero, para realizar el mismo valor, el capitalista debe vender el doble de patatas. Si máquinas cada vez más eficaces y cuyo precio está relativamente en disminución llegan al mercado, la capacidad para comprarlas no dependerá únicamente de su precio sino también de las salidas previstas por el capitalista para los productos que permiten fabricar. La crisis de sobreproducción de mercancías, por tanto, amenaza de forma regular a la producción capitalista; este asunto es el que de hecho se confunde con la cuestión del subconsumo; volveremos a tratarlo más adelante (ver parte 4). Pero en esta segunda parte examinaremos en detalle la sobreproducción de capital, la sobreacumulación.

---

[20] Partido comunista internacional. Informe expuesto en la reunión general de Asti del 26 al 27 de Junio de 1954 y publicado en «il programma comunista» n° 13 a n° 19, 1954.

Apuntemos aquí sin embargo que la sobreproducción de mercancías que hemos descrito no es estrictamente idéntica a la sobreproducción de capital. Por esto es por lo que damos dos nombres diferentes a un fenómeno idéntico: la sobreproducción general. De hecho, todo depende del ángulo desde el que se examina la contradicción: si se toma la perspectiva del valor de cambio, el límite del capital se expresa como sobreacumulación; sobreproducción de capital; si se toma el del valor de uso, el capital encuentra un límite en la sobreproducción de mercancías. Si la sobreproducción de capital induce la de mercancías, la sobreproducción de mercancías no implica la sobreproducción de capital: su sobreacumulación. Fenoménicamente, tendremos el mismo resultado: la sobreproducción general. Tanto en un caso como en otro, el capital bajo todas estas formas (dinero, medios de producción, mercancías) se congela: es la crisis de sobreproducción. En ambos casos, esta es una crisis general, una crisis catastrófica que acude a la desvalorización (de la cual veremos las diversas modalidades). La sobreproducción de capital, la sobreacumulación, viene inducida por un descenso brutal de la tasa de beneficio, disminución de la que veremos sus características, mientras que con la sobreproducción de mercancías tenemos el fenómeno opuesto, es decir que, en este caso, es la sobreproducción la que tiene como efecto disminuir la tasa de beneficio y el grado de explotación.

Ahí tenemos los dos escollos entre los que navega la producción capitalista. De un lado, un alza de la producción que se traduce en una insuficiencia de la producción de plusvalía induce una crisis de sobreproducción de capital, y como consecuencia, una sobreproducción de mercancías; por otro lado una progresión de la producción, una expansión del sobreproducto, que no encuentra las salidas adecuadas, engendra una sobreproducción de mercancías. Se trata de dos manifestaciones del mismo límite. La búsqueda del máximo de plusvalía, la valorización del capital pasa por su desvalorización, el alza de la productividad y el crecimiento de la masa de mercancías.

Desde luego, las mercancías son también capital-mercancía. Si Marx distingue, en la teoría de la sobreacumulación, la sobreproducción de capital de la sobreproducción de mercancías, es para mejor señalar y distinguir las raíces de los obstáculos que se levantan ante la producción capitalista. Se trata del mismo límite, pero expuesto en dos direcciones diferentes. Por un lado, se insiste sobre la dimensión propia del valor de cambio (bajo la forma de límites propios de la producción del máximo de plusvalía). La sobreacumulación, la sobreproducción de capital se pone en relación con el fin mismo de la producción capitalista: la búsqueda del máximo de plusvalía, la producción de valor de cambio extra, de plusvalor, y los límites provocados por una producción insuficiente de éste. De otro lado, se presenta la dimensión propia del valor de uso, es decir cuestiones propias de la forma que toma el producto social, su composición material (los tipos de valores de uso que el mismo toma y principalmente la distinción entre las mercancías destinadas al consumo productivo, los medios de producción, y las destinadas a un consumo individual o colectivo) y su volumen, su masa, la distribución de los ingresos entre las clases, la capacidad de acumulación, la capacidad de encontrar las salidas necesarias a la expansión de la sobreproducción y de la producción, en razón de los límites provocados por una valorización demasiado grande y el desarrollo de la productividad que le acompaña.

En los dos casos, se trata de una crisis general de sobreproducción que apela a la misma solución: una desvalorización del capital. En ambos casos mercancías, dinero, medios de producción se paralizan, mientras que la fuerza de trabajo incrementa el ejército de reserva industrial. En ambos casos lo que hace posible la crisis, lo que permite su manifestación, es la forma mercantil del producto social, la contradicción entre el valor de cambio y el valor de uso, la contradicción entre la mercancía y el dinero, que hacen que la realización del capital-mercancía en dinero no funcione. Sobreproducción y no-realización del producto social significan dialécticamente lo mismo[21]. Bien suceda que la sobreproducción de mercancías esté en relación con la sobreproducción de capital, o bien suceda que sea autónoma, en ambos casos pero por motivos en parte diferentes, no se da realización del producto social, las mercancías se quedan sin vender, se pone de manifiesto la sobreproducción y sigue una desvalorización del capital. En los casos de sobreproducción de capital, la misma resulta de la brusca bajada de las tasas de beneficio. En el otro caso, el de una sobreproducción de mercancías, es la sobreproducción la que conduce a la repentina disminución de las tasas de beneficio. Cualquiera que sea la causa inmediata de la sobreproducción, el capital amenazado por estas crisis periódicas debe, al final, renunciar a su fin y abandonarse a la disminución (tendencial) de la tasa de beneficio.

---

[21] « (…) afirmar que se produce demasiado *poco dinero* es una reafirmación de que la producción no coincide con la valorización, que ella es pues *sobreproducción* ó, lo que viene a significar lo mismo, que es producción no susceptible de poderse convertir en dinero, en *valor*; que no se puede confirmar en la circulación.» (Marx, Manuscritos de 1857-1858, Grundrisse, Editions sociales, T.1, p.351)

Relación entre baja tendencial de la tasa de beneficio y sobreacumulación de capital

Disminución tendencial y disminución brutal de la tasa de beneficio

Una gran fuente de confusión, presente entre numerosos autores, es asimilar unilateralmente la disminución tendencial de la tasa de beneficio y la sobreacumulación de capital. Al no distinguir en el seno de la ley general de la disminución de la tasa de beneficio el momento particular que caracteriza la sobreacumulación de capital, la sobreproducción de capital, se traslada la teoría de Marx al nivel de la economía política.

La disminución tendencial de la tasa de beneficio es, como hemos visto, una ley cuya ámbito temporal abarca numerosos ciclos de la producción capitalista, mientras que la sobreacumulación de capital, corolario de la crisis de sobreproducción supone un descenso brutal de la tasa de beneficio. Si se considera que la crisis marca el final de un ciclo, la sobreacumulación de capital corresponde a este período del ciclo. En su desarrollo, la ley de la disminución de la tasa de beneficio se traduce, en determinados momentos, en una sobreacumulación de capital, una crisis general de sobreproducción de capital, debido a una brusca bajada de la tasa de beneficio.

Tenemos pues por un lado una disminución *tendencial* abarcando numerosos ciclos, y por otro lado, una disminución *repentina, súbita*, que marca el fin del ciclo. Lo que es equivalente a decir que, afectado por la disminución tendencial de la tasa de beneficio, el capital se ve afectado regularmente, periódicamente (cíclicamente) por una bajada brutal de la tasa de beneficio, que se traduce en una crisis general de sobreproducción. La búsqueda del máximo de plusvalía produce de forma notable el desarrollo de la productividad del trabajo. Esta se expresa por el *aumento* del grado de explotación de la fuerza de trabajo

39

y la disminución tendencial de la tasa de beneficio. Por el contrario, la disminución brutal de la tasa de beneficio que caracteriza la sobreacumulación, la sobreproducción de capital, está marcada por la brusca *bajada* de este mismo grado de explotación.

La ley de la disminución de la tasa de beneficio se manifiesta, por tanto:

1° en tanto que tendencia, a lo largo de numerosos ciclos, en un cuadro geo-histórico determinado, en ciertas circunstancias, como expresión del desarrollo contradictorio de la productividad del trabajo.

2° periódicamente, al final del ciclo, a causa de un retroceso de la productividad, bajo la forma de una disminución brutal de la tasa de beneficio, bajo la forma de una sobreacumulación, de una sobreproducción de capital o también, y es otro escollo que veremos detalladamente en el capítulo 4, bajo la forma de una sobreproducción de mercancías que precipita la bajada de la tasa de beneficio.

Como hemos visto, los dos aspectos no están separados. En su desarrollo, el proceso valorización/desvalorización se presenta bajo la forma de la ley de la disminución de la tasa de beneficio a la vez en su aspecto tendencial (interciclos) y en su aspecto repentino, su baja súbita bajo el efecto de una bajada brusca del grado de explotación del trabajo o de una sobreproducción de mercancías; estas circunstancias particulares caracterizan tanto la sobreacumulación, que es una crisis de sobreproducción general de capital como la sobreproducción de mercancías (que también es general).

Es importante no confundir estas dos dimensiones. No toda disminución de la tasa de beneficio engendra crisis. En cambio, existen momentos concretos en los que, por el contrario, esta disminución toma cuerpo y se traduce en una crisis de sobreproducción general de capital, una sobreacumulación.

40

Si se puede rechazar la existencia de puntos absolutos o mecánicos conducentes a la crisis (por ejemplo, en el caso de la teoría de Grossmann/Mattick con su insuficiencia de plusvalía para hacer frente a la acumulación) no se puede ignorar por otro lado la existencia de estos puntos nodales, puntos específicos, relativos y no absolutos, en los cuales la productividad retrocede y se traduce en una crisis general de sobreproducción. Criticar, con motivos, la teorización de la existencia de puntos específicos absolutos en la disminución de la tasa de beneficio no debe llevar a la negación de la existencia de puntos característicos, relativos, en los cuales, cualquiera que sea el nivel de la tasa de beneficio y su tendencia, se produce una bajada brutal de esa tasa de beneficio. Estos puntos nodales relativos se caracterizan por el retroceso de la productividad del trabajo[22], en tanto que se trata de una crisis de sobreacumulación. En este caso, es la repentina disminución de la tasa de beneficio lo que provoca la sobreproducción general. A la inversa, en el caso de una sobreproducción de mercancías, fenómeno que se da cuando éstas no encuentran el mercado necesario, es la sobreproducción lo que engendra la disminución de la tasa de beneficio y el retroceso de la productividad que acompaña la crisis general.

Una parábola agraria

Si queremos representarnos simplemente y por tanto muy esquemáticamente lo específico de la sobreacumulación

---

[22] «1° El desarrollo de la productividad del trabajo engendra, en la disminución de la tasa de beneficio, una ley que en un determinado momento, se vuelve brutalmente contra ese desarrollo y debe ser constantemente superada por las crisis:

2° Lo que decide la extensión o la limitación de la producción no es la relación entre la producción y las necesidades sociales o las necesidades de individuos socialmente desarrollados, sino la apropiación de trabajo no pagado y la relación entre éste y el trabajo materializado en general, o bien, en términos capitalistas, la relación entre este beneficio y el capital empleado, es decir, el nivel existente de la tasa de beneficio.» (Marx, Capital, L.III, Pléiade, T.2, p.1041).

41

(sobreproducción ligada a una disminución brutal de la tasa de beneficio que marca el fin del ciclo) en el seno de la ley general de la disminución tendencial de la tasa de beneficio (interciclo) se puede probar con una parábola agraria.

La disminución brutal de la tasa de beneficio causante de la crisis puede ser comparada a una cosecha especialmente mala que se traduce en una brutal caída de la productividad del trabajo mientras que la disminución tendencial de la tasa de beneficio sería el equivalente de los «rendimientos decrecientes» (de forma tendencial) para hablar como los economistas; en otras palabras, reflejaría el hecho de que la productividad no disminuiría, sino que su progreso sería cada vez menor, tendría una tasa de beneficio tendencialmente cada vez más débil.

La caída de la productividad del trabajo engendra una presión al alza sobre el capital constante y el capital variable simultáneamente, mientras que la presión opuesta, a la baja, se ejerce brutalmente sobre la plusvalía. Al movimiento contradictorio del valor que, en estas ocasiones, toma la dirección opuesta de su tendencia histórica (con el desarrollo de la productividad del trabajo, supuestos constantes los restantes factores, el valor de las mercancías disminuye), lo tiene que sustituir una desvalorización, una depreciación brutal del capital, mediante una bajada de los precios, la detención del ciclo de la producción, la destrucción de capitales, mientras que las malas ventas y la sobreproducción de mercancías se instalan, mientras que el ejército de reserva industrial se infla, mientras que el capital dinero y los medios de producción se quedan en barbecho...

Llevado a crisis que se desarrollan sobre la base de una fuerza productiva del trabajo cada vez más grande, y a una gravedad progresivamente creciente, el capital sufre la necesidad imperiosa de limitar su expansión, su potencia productiva, el desarrollo de la productividad social, ya que ésta le amenaza regularmente. Es necesario disipar y desperdiciar este potencial productivo.

42

Esta disolución toma diversos aspectos: limitación de la tasa de acumulación a través del consumo de las clases medias, búsqueda de una demanda solvente en el mercado mundial, ejecución de inversiones en capital fijo (grandes obras, obras de arte) en las cuales las caídas productivas son a largo plazo, y el descenso tendencial de la tasa de beneficio. Al final, acorralado, el capital acepta una disminución de la tasa de beneficio que significa la renuncia a una misión histórica, favorece las tendencias parasitarias, la especulación, confiesa su impotencia y su carácter limitado, y se dispone a sobrevivir a la espera del golpe de gracia que le debe asestar el proletariado.[23]

---

[23] El declive relativo de los Estados Unidos, de Japón y de Europa, por señal de un renacer del socialismo que pueda ser, no debe hacernos pensar que hemos llegado hoy a este estadio. En el resto del mundo, que representa más del 85% de la población mundial, la acumulación de capital y la producción de plusvalía continúan a buen ritmo, lo que no quiere decir por otro lado que las contradicciones no se están acumulando allá.

La sobreacumulación de capital en Marx

Aclaraciones sobre el marco teórico

Para la buena comprensión de lo que él entiende por sobreacumulación, es decir, sobreproducción de capital, Marx presenta un caso denominado de «sobreacumulación absoluta». Su ejemplo ha despistado a más de uno. En efecto, Marx se sitúa en unas condiciones teóricas que le permiten ilustrar su propósito sin recurrir al proceso valorización/desvalorización, sin tener en cuenta la evolución contradictoria de la productividad del trabajo.[24]

Para hacer más evidentes los resultados de un proceso complejo, Marx lo simplifica. Para evitar tratar el tema en un contexto en el cual el desarrollo de la productividad del trabajo tiene efectos contradictorios[25], Marx se sitúa en un cuadro teórico que las elimina.

Así, Marx supone que no interviene ninguna revolución en el progreso de las fuerzas productivas. En otros términos, descarta el proceso valorización-desvalorización. En esta representación, se admite por tanto que no existe progreso de la productividad del trabajo ni modificación de la composición técnica del capital (la relación entre la masa de los medios de producción y la fuerza de

---

[24] No es la primera vez. En el capítulo sobre la disminución tendencial escribe «Hacemos aquí abstracción total del hecho de que, en el progreso de la producción capitalista y el desarrollo correspondiente de la productividad del trabajo social, con la multiplicación de las ramas de la producción y de los productos, la misma cantidad de valores representa una masa siempre creciente de valores útiles y de medios de disfrute» (Marx, Capital, L.III, Pléiade, T.2, p.1007)

[25] El proceso de valorización (creación de plusvalía) es al mismo tiempo un proceso de desvalorización (bajo el efecto del aumento de la productividad, el valor unitario de las mercancías, y por tanto de elementos constitutivos de capital disminuye, mientras que la masa de mercancías se incrementa).

45

trabajo necesaria para ponerla en funcionamiento). En esta hipótesis, la crisis de sobreacumulación absoluta no puede explicarse más que mediante un aumento del salario tal que la plusvalía adicional debida al aumento del número de obreros es devorada por el alza general del conjunto de los salarios[26].

Para hacer esto, Marx nos sitúa en una situación ya conocida[27] en el Libro I de El Capital[28]. Desde este punto de vista podemos asimilar sobreacumulación absoluta y plusvalía absoluta, y el cuadro teórico de acumulación de capital de la época de la manufactura cuando el proceso de trabajo no era específicamente capitalista (antes de la revolución industrial) y por consiguiente el capital se subordinaba formalmente al trabajo.

Para ser más precisos, en Inglaterra, los períodos históricos en donde se encuentran incrementos de salarios, susceptibles de hacer disminuir las tasas de plusvalía son:

- el siglo XV, en el alba de la producción capitalista (la manufactura se implanta sobre todo a partir del siglo XVI),
- la primera mitad del siglo XVIII, período que corresponde al apogeo de la manufactura y a la

---

[26] (…), se daría también un descenso sensible y súbito de la tasa general de beneficio, pero su causa sería esta vez un cambio en la composición de capital, debida no al desarrollo de las fuerzas productivas, sino a un alza en el valor monetario del capital variable (en razón de salarios incrementados) y a la disminución correspondiente en la relación de plustrabajo respecto al trabajo necesario.» (Marx, Capital, L.III, Pléiade, T.2, p.1034)

[27] Es totalmente falso pretender, como lo hace Paul Mattick (ver capítulo siguiente) que la situación descrita por Marx no tiene ningún alcance práctico (contradeciría todos los datos de la experiencia) ni teórico (sería contraria a la teoría marxiana de la acumulación).

[28] Libro I, capítulo XXV, I La ley de la acumulación: con la composición del capital constante el progreso de la acumulación tiende a hacer subir la tasa de los salarios.

46

emergencia de la gran industria (el arranque de la revolución industrial data de 1735, y hará sentir plenamente sus efectos en el último cuarto del siglo XVIII[29]).

Además Marx subraya que Smith escribe en la época en que nace la gran industria[30] y critica a Ricardo, quien se sirve de los primeros años del siglo XVIII como modelo mientras que no se trata de un caso posible, superado por otro lado por el desarrollo de la gran industria, que supone un proceso de trabajo específicamente capitalista (maquinismo) y por tanto la subordinación real del trabajo al capital[31].

---

[29] «de todo esto, resulta que cada año proporcionará trabajo a un número de asalariados superior al del año precedente, y que en un determinado momento las necesidades de la acumulación comenzarán a superar la oferta ordinaria de trabajo. De ahí que la tasa salarial deberá seguir un movimiento ascendente. Esto fue en Inglaterra, durante casi todo el siglo XV y en la primera mitad del siglo XVIII, motivo de continuas lamentaciones» Marx, Capital, L.I, Pléiade, T.1, p.1122-1123)

[30] «Se podría concluir, como lo hacía Adam Smith, en una época en la cual la industria moderna estaba aún en la infancia, que la acumulación acelerada de capital debe inclinar la balanza a favor del trabajador, ya que asegura una demanda creciente de trabajo» (Marx, Salario, precio y plusvalía, Pléiade, T.1, p.531)

[31] «A la tasa de beneficio en disminución corresponde en Ricardo un crecimiento nominal del salario y un crecimiento real de la renta de la tierra. Esta forma unilateral de ver las cosas en Ricardo, que no concibe más un *caso* singular, de hecho comparable con aquel en el cual la tasa de beneficio disminuiría, porque el salario aumenta momentáneamente, etc., y que eleva al rango de ley general una relación histórica aceptable durante un período de 50 años, pero desmentida en los siguientes 50 años, y que, más en general, se funda sobre la desproporción histórica entre el desarrollo de la industria y el de la agricultura —en el fondo es cómico que Ricardo, Malthus, etc., en un época en que la química fisiológica apenas existía, hayan establecido leyes universales y eternas sobre esta ciencia–, esta manera de concebir las cosas en Ricardo ha sido por ello atacada por todas partes, más

Desde luego que en estos períodos no hay crisis de sobreproducción[32] características de la moderna producción capitalista[33]; estas comienzan a partir de 1825[34]. Paradójicamente,

---

bien por la intuición de que era falsa y no satisfactoria; pero al mismo tiempo, y más a menudo, es a su aspecto verdadero más que a su aspecto falso a lo que se ha atacado.» (Marx, Grundrisse, T.2, p.240, Editions sociales)

[32] «Smith aún no conoce el fenómeno de la sobreproducción, las crisis resultantes de la sobreproducción. Lo que él conoce son solamente las crisis de créditos y monetarias que naturalmente se instalan en el sistema de crédito y en el sistema bancario.» (Marx, Teorías sobre la plusvalía, Editions sociales, T.2, p.625) Más de dos siglos después, el socialismo pequeño-burgués descubre la «financiarización» de la economía.

[33] En el Libro I, el ascenso de los salarios no se traduce en una crisis, sino que lleva ya sea a una compensación de la tasa por la masa y el aumento del dominio sobre el proletariado, ya sea, si se hace demasiado fuerte, por una ralentización de la acumulación que recrea las condiciones de una descenso de los salarios mediante la formación de una sobrepoblación (en términos absolutos) obrera.

«Según nuestros datos, la tasa de salarios se ha elevado gracias a un incremento del capital superior al del trabajo ofertado. No hay más que una alternativa. O bien los salarios continúan subiendo, ya que su aumento no influye sobre el progreso de la acumulación, lo que no tiene nada de extraño, «porque, dice Adam Smith, después de que lo beneficios han disminuido, los capitales no aumentan menos; continúan incluso aumentando más rápido que antes… Un gran capital, incluso con pequeños beneficios, aumenta, en general, mucho más rápidamente que un pequeño capital con grandes beneficios». Es evidente que la disminución del trabajo gratuito de los obreros no impide en absoluto al capital extender su esfera de dominación. Este movimiento, por el contrario, acostumbra al trabajador a ver su única oportunidad de bienestar en el enriquecimiento de su patrón. O bien, limando el aguijón de la ganancia, el alza progresiva de los salarios comienza a retrasar la marcha de la acumulación que va en disminución, pero esta disminución incluso hace desaparecer la causa primera, es decir, el exceso de capital comparado con la oferta de trabajo. Por consiguiente, la tasa de salario recae a un nivel conforme a las necesidades de la puesta en valor del

Marx se sirve de un marco teórico[35] e histórico superado, marco que no contempla las crisis propias del modo de producción capitalista más desarrollado, para ilustrar más fácilmente estas crisis modernas.

La ventaja que Marx obtiene de ello es la de no introducir el proceso valorización-desvalorización y, en consecuencia, simplificar su propósito. Haciendo esto, Marx puede construir un modelo pedagógico, un ejemplo heurístico para ilustrar la sobreacumulación. En cambio, una vez desmontada la crisis de sobreproducción sobre la base de criterios simplificadores, las formas de recuperación de la capacidad para acumular, el restablecimiento de la relaciones de explotación y de la restauración de las tasas de beneficio que lo acompañan son características del moderno modo de producción capitalista. Las diversas formas de desvalorización del capital que en el mismo se contemplan son las que prevalecen en el seno de la más desarrollada producción capitalista.

---

capital, nivel que puede ser superior, igual o inferior al existente en el momento en el cual el alza de salarios tuvo lugar. De esta manera el mecanismo de la producción capitalista aparta espontáneamente los obstáculos que llega a veces a crear» (Marx, Capital, L.I, Pléiade, T.1, p.1129)

[34] «Por un lado, la gran industria estaba apenas saliendo de su infancia, porque solamente con la crisis de 1825 se abre el ciclo periódico de su vida moderna». (Marx, Postfacio de la segunda edición alemana de El Capital, Pléiade, T.1, p.553)

[35] Con todo, no hay que pensar que la disminución de la tasa de beneficio y las crisis que se derivan de ella puedan ser producto, salvo excepción, de un alza de los salarios, con el progreso de la producción capitalista el salario relativo desciende. «Por tanto, qué hay más absurdo que explicar la disminución de la tasa de beneficio por un alza de la tasa de salario, aun cuando esto pueda darse alguna vez, a título excepcional" (Marx, Capital, L.III, Pléiade, T.2, p.1023)

La sobreacumulación absoluta

Sobreacumulación absoluta = crisis general de sobreproducción

Para Marx, sobreacumulación absoluta significa en primer término crisis general de sobreproducción de capital. No se trata por tanto de una crisis parcial, de una crisis limitada a tal o cual sector de la producción sino de una crisis general que afecta al conjunto de dominios de la producción capitalista. Este es el primer significado de esta sobreacumulación, sobreproducción, absoluta[36]. Se observará que en esta cita (a pie de página) Marx traza nuevamente un rasgo de igualdad entre sobreacumulación de capital y sobreproducción de capital, lo que no deja ninguna duda sobre el sentido de su pensamiento a propósito del concepto de sobreacumulación. Si es evidente que la crisis estalla en un momento dado, con ocasión de una nueva acumulación de capital, es el conjunto de las relaciones sociales lo que se ve afectado. Se observará que Marx emplea el condicional porque se trata de una hipótesis teórica. En la práctica, la crisis, por general que sea, no necesita tocar a todo el capital de todos los sectores. Además, Marx desarrolla la idea de que para que una crisis sea general, es suficiente que afecte a los sectores piloto de la sociedad[37].

---

[36] «Para comprender lo que es esta sobreacumulación (…) no hay más que suponer que la misma es absoluta. ¿Cuándo es absoluta? Cuando afectase no a tal o cual dominio o dominios importantes de la producción, sino que sería absoluta por su amplitud y abarcaría a todos los aspectos de la producción (Marx, Capital, L.III, Pléiade, T.2, p.1033)

[37] « (…) en los momentos de sobreproducción general, en determinadas áreas, la sobreproducción no es más que el *resultado*, la *consecuencia*, de la sobreproducción en los productos comerciales piloto: [la misma] no es más que *relativa*: sobreproducción porque existe una sobreproducción en otras áreas» (Marx, Teorías sobre la plusvalía, Editions sociales, T.2, p.631) Por productos pilotos, Marx entiende artículos que generalmente solo pueden ser producidos en masa e industrialmente (incluidos los agrícolas). «Por lo que concierne a la distinción entre

Sobreacumulación absoluta = sobreproducción de capital

Al insistir sobre la sobreproducción de capital, por una parte diferente pero igualmente articulada con la sobreproducción de mercancías[38], Marx trata de demostrar que la crisis no es ni un fenómeno limitado a una esfera particular, ni un fenómeno accidental, sino un producto orgánico de la producción capitalista que encuentra sus raíces en el seno de esta. La fuerza de la teoría de la sobreacumulación es que la misma busca el origen de la crisis en el corazón mismo de la producción capitalista. La crisis se pone en relación con la producción insuficiente de plusvalía (cuya máxima producción es el fin exclusivo de la producción capitalista) con relación al capital adelantado y la brutal disminución de la tasa de beneficio que resulta. La sobreacumulación y la crisis general de sobreproducción que la acompaña se caracterizan por la repentina degradación de la relación de explotación, por una súbita bajada del grado de explotación.

---

sobreproducción parcial y sobreproducción universal, consistente en afirmar la primera para esquivar mejor la segunda, haremos los siguientes comentarios:

1º Para todos los artículos que pertenecen a la producción capitalista, las crisis son a menudo precedidas de un alza general de precios. Es por lo que todos participan en el crash que sigue y provocan, a sus anteriores precios, un atiborramiento del mercado. (...) La sobreabundancia de mercancías es siempre relativa: existe sólo en función de ciertos precios. Pero los precios a los que las mercancías son entonces absorbidas son ruinosos para el productor y para el comerciante.

2º Para que una crisis (y por tanto la sobreproducción) sea general, basta con que afecte a los principales artículos comerciales» (Marx, Materiales para la «Economía», Pléiade, T.2, p.472)

[38] «Sobreproducción de capital, y no sobreproducción de mercancías – aunque una siempre implique la otra - significa pues simplemente sobreacumulación de capital» (Marx, Capital, L.III, Pléiade, T.2, p.1033)

Sobreacumulación absoluta = «tasa de beneficio marginal» nula o negativa

En efecto, Marx define a continuación la sobreacumulación absoluta por la importancia que la disminución de la tasa de beneficio que ella supone. «Habría sobreproducción absoluta de capital desde el momento en que el capital adicional destinado a la producción capitalista fuera igual a cero» (Marx, Capital, L. III, Pléiade, T.2, p.1033).

Esta primera definición puede parecer ambigua. ¿Quiere Marx decir que la fracción de la plusvalía acumulada (tal vez podría así interpretarse la parte de la frase citada anteriormente: «el capital adicional destinado a la producción capitalista») se hace nula, o quiere decir otra cosa? y principalmente, ¿contempla la plusvalía el plusvalor en su conjunto? No hay que olvidar que nos encontramos con borradores que Engels u otros (principalmente Rubel) han editado. En cuanto a las traducciones, son de muy desigual calidad.

El pensamiento de Marx se precisa a continuación « (…) desde que el capital incrementado no produciría tanto, o menos plusvalía que antes de su incremento, existiría sobreproducción absoluta de capital; en otras palabras, el capital incrementado C + ΔC no produciría suficiente beneficio, y puede ser que menos, que al capital C antes de su incremento en ΔC.» (Marx, Capital, L. III, Pléiade, T.2, p.1034)

La idea es por tanto que la plusvalía producida tras la acumulación de capital es idéntica, o menor, que la producida sobre la base del capital invertido precedentemente que es la correcta (ó que implícitamente Marx supone aquí una acumulación de la totalidad de la plusvalía). Es este fenómeno el que caracteriza la sobreacumulación absoluta, la sobreproducción absoluta de capital. Esta sobreproducción absoluta es pues el corolario de la disminución brutal de la tasa de beneficio.

En la disminución tendencial de la tasa de beneficio teníamos a la vez una tendencia al alza de la composición orgánica del capital y una tendencia al alza de la tasa de plusvalía, y la acumulación se acompañaba de un incremento de la masa de plusvalía. El fenómeno aquí es completamente inverso ya que, contrariamente a la tendencia general del modo de producción capitalista, el grado de explotación de la fuerza de trabajo disminuye brutalmente. En efecto, con el alza de los salarios, tenemos simultáneamente una disminución de la tasa de explotación, de la tasa de plusvalía y una disminución de la composición valor del capital. La tasa de beneficio cae brutalmente bajo el efecto de este cambio de tendencia.

La sobreacumulación mediante un ejemplo

Pongamos un ejemplo. Supongamos que el producto social se descompone de la siguiente forma: 50 c + 50 v + 50 pl. Ignoremos las cuestiones propias del capital fijo. Supongamos ahora que toda la plusvalía se acumula, y que el capital constante y el capital variable adicionales se reparten según la composición orgánica en vigor, o sea 1. El capital constante adicional sería entonces de 25 y el capital variable adicional sería igualmente de 25. La plusvalía de 50 por tanto se acumula descomponiéndose en 25 c + 25 v. El grado de desarrollo de las fuerzas productivas permanece constante mientras las mismas se extienden. Aquí, la acumulación entraña un incremento proporcional de la fuerza de trabajo. Por consiguiente, el producto social esperado debería ser:

75 c + 75 v + 75 pl.

Marx nos dice que lo que caracteriza la sobreacumulación absoluta es que la plusvalía adicional es nula o negativa. La plusvalía total del período considerado es igual o inferior que la plusvalía total del período anterior. En lugar pues de los 75 esperados, nos encontramos con 50 en el mejor de los casos.

¿Cómo es posible esto mientras que la población productiva aumenta?

Para encontrarnos en la situación indicada por Marx, es necesario que el alza de salarios para el conjunto del proletariado (el capital variable que se va a transformar en el salario del conjunto del proletariado es de 75) contrarreste el incremento de la plusvalía debida a la acumulación de capital adicional (la nueva plusvalía es potencialmente de 25). Es necesario pues que la plusvalía potencial, pongamos 75, sea reducida a 50. Para conseguir esto, el salario debe elevarse de 75 a 100.

Una disminución de la plusvalía (de 75 a 50) en relación con el aumento de capital variable (que pasa de 75 a 100, siendo constantes los demás factores) lleva a una brutal disminución de la tasa de beneficio (siendo de 50%, ha caído a la proporción 50/175, es decir al 28%) y desanima las perspectivas de una nueva acumulación y por consiguiente la realización del producto social; estalla la crisis de sobreproducción.

Cuando el capitalista colectivo que tiene el monopolio del producto social desea de nuevo asalariar al proletariado existente, ahora debe desembolsar 100 en lugar de 75; toda la plusvalía adicional creada durante el período queda anulada.

En el caso expuesto por Marx, no hay desarrollo contradictorio de la productividad del trabajo. El proceso valorización/ desvalorización se descarta. El aumento de los salarios interviene de forma paralela al proceso de producción (por ejemplo, bajo el efecto de un fuerte incremento de los ofertas de empleo que favorece el alza salarial, o luchas de clase ventajosas para la clase productiva). Este alza se presenta como una restricción externa. Esta alternativa permite a Marx ilustrar su propósito sin complicaciones. Pero, como hemos visto, sería absurdo suponer que las crisis resultan de una elevación de salarios. Esta perspectiva se introduce aquí únicamente a efectos de simplificación. La causa externa, el alza de salarios, permite no enfrentarse al proceso valorización/desvalorización para introducir la crisis de sobreacumulación. Pero de hecho es en el seno del proceso de producción en donde tiene lugar el fenómeno que engendra la sobreacumulación. El choque externo, (el alza de salarios), más simple de ejemplificar, de justificar, de explicar, de ilustrar, reemplaza el proceso interno (inversión de tendencia en el proceso valorización/desvalorización) que engendra la disminución de la plusvalía producida.

En la sobreacumulación presentada por Marx, la clase capitalista constata que las condiciones del mercado han cambiado cuando se lanza a una nueva acumulación. El precio de la fuerza de trabajo ha echado a volar y la plusvalía que había sido extraída se desvanece. Al final del proceso de producción los salarios han aumentado hasta llegar a 100. La realización del producto social reporta potencialmente 225 al capitalista. Para reproducir el nivel de acumulación anterior, tendrá que invertir 75 de capital constante y 100 de capital variable por efecto de aumento de salarios. No le queda por tanto más que 50 de plusvalía, es decir, el mismo resultado que en la fase anterior. No dispondrá para acumular más que de 50 de capital-dinero adicional. Para el siguiente ciclo no puede esperar una plusvalía adicional más que sobre la base de una tasa de plusvalía de un 28% contra el 50% anterior y a condición que una nueva alza de salarios no venga a arruinar esta perspectiva. La acumulación se ve desanimada, la sobreproducción se manifiesta en relación con una valorización insuficiente[39], consecuencia de una bajada brutal del grado de explotación de la fuerza de trabajo.

---

[39] Criticando a Mill y a Say y sus teorías que nosotros denominamos con la etiqueta de «desproporcionalista» ricardiana, Marx declara «Say expresa la misma idea, estupidizándola totalmente: los productos no se intercambian más que contra productos; se tiene por tanto demasiado de unos e insuficientes de otros. Olvida 1) que son valores los que se intercambian contra valores y que un producto no se cambia por otro más que si es un valor, es decir, si es o se puede convertir en dinero.; 2) que el

Quede claro que nuestro ejemplo es espectacular, por lo que se refiere a la importancia del crecimiento de la población productiva en razón principalmente de una tasa de acumulación (100% de la plusvalía) y de una tasa de beneficio elevados. La fórmula general que mide esta tasa de crecimiento es pl k/(c+v), es decir, la combinación de la tasa de beneficio (pl/c+v) y la tasa de acumulación de la plusvalía (k). Aquí hemos dejado de lado la cuestión del capital fijo suponiendo su rotación igual a la unidad. Toda la plusvalía se acumula y por tanto la tasa de acumulación (k) es del 100%. En nuestro ejemplo, la tasa de crecimiento y la tasa de beneficio son iguales.

Por consiguiente, en el caso de una sobreacumulación absoluta, la tasa de beneficio marginal (que se nos perdone este flirteo con la economía política, esperando encontrar si es posible, un concepto mejor), la tasa de beneficio que proporciona la plusvalía adicional al capital adicional invertido, debe caer a cero o hacerse negativa.

La sobreacumulación y el descenso del grado de explotación

Las contradicciones que pone de evidencia el análisis de Marx son dialécticas; no surgen de una lógica lamentable y mecánica, de una lógica puramente formal. Si el capitalista colectivo ha acumulado la plusvalía y con la misma el conjunto del capital social realizado, es debido a su búsqueda del máximo de plusvalía. Si este proceso se interrumpe es porque se ha producido, en el núcleo del proceso productivo, un suceso que engendra una insuficiencia de plusvalía, una disminución del grado de explotación. Desde el momento en que ésta alcanza un determinado punto, el capital se ve enfrentado a la sobreacumulación, a una crisis de sobreproducción de capital. Esta se

---

cambio se realiza contra trabajo. Este valiente toma el punto de vista del *intercambio simple* en el cual no existe efectivamente sobreproducción posible, porque se trata, de hecho, no del valor de cambio, sino del valor de uso. Existe sobreproducción con relación a la valorización, *y nada más*» (Marx, Manuscrits de 1857-1858, Grundrisse, Editions sociales, T.1, p.363)

manifiesta mediante una detención de la acumulación y de la reproducción de capital[40] mientras que, como corolario de este bloqueo del proceso, las mercancías creadas se revelan como imposibles de vender[41]. La misma naturaleza del dinero hace posible una escisión entre la compra y la venta. Así, la realización de la plusvalía y del capital avanzado no se hace en la medida en que el capital no se lanza ya a la búsqueda del máximo de plusvalía, desestabilizado por la brutal bajada del grado de explotación y de la tasa de beneficio que lo acompaña.

¿Cómo es este fenómeno posible y necesario a la vez, sobre la base de la producción capitalista más desarrollada? Tenemos que admitir que hemos llegado a los confines de lo que Marx ha explorado. Nuestros trabajos ponen al día sus intenciones y su concepción. Y, al mismo tiempo que buscan restaurar y aclarar la teoría, ponen en evidencia las partes que están en la sombra, las partes sobre las que el partido comunista debe continuar un esfuerzo científico. Es a este esfuerzo al que apelamos para traspasar mejor los secretos del modo de producción capitalista. Son además los esfuerzos de este tipo los que permiten mostrar que el socialismo es científico[42] y no una racionalización vacía de sentido o aún peor, y es bajo esta forma como ocupa el escenario, una ideología de la contrarrevolución. El marxismo ortodoxo que buscamos representar

---

[40] «Sobreproducción de capital no significa más que sobreproducción de medios de producción –instrumentos de trabajo o medios de subsistencia- que pueden funcionar como capital, es decir servir a la explotación en un determinado grado de explotación; una disminución del grado de explotación más allá de cierto punto provoca, en efecto, perturbaciones y parones en el proceso de producción capitalista, crisis, destrucción de capital» (Marx, Capital, L.III, Pléiade, T.2, p.1038)

[41] «Además, el capital se compone de mercancías; por tanto, la sobreproducción de capital implica la de esas mercancías» (Marx, Capital, L.III, Pléiade, T.2, p.1039)

[42] Ver «La naturaleza del marxismo» en nuestra web www.robingoodfellow.info

nunca se ha atado al estudio de procesos de valorización/ desvalorización. El objetivo científico está ahí y permanece íntegro. Para poder ponerse manos a la obra, es preciso desembarazarse de los obstáculos constituidos por las interpretaciones revisionistas en general y por las del marxismo de cátedra en particular.

Toca por tanto a las nuevas generaciones del partido comunista trabajar este terreno para conseguir una nueva cosecha que conducirá a la teoría revolucionaria a una nueva cumbre.

Dicho esto, podemos contemplar algunas pistas. El alza de salarios, como hemos visto, permite ilustrar cómodamente la idea de una brutal bajada de la tasa de beneficio. Pero en el modo de producción capitalista moderno, cuando el capital subordina realmente el trabajo creando para ello una tecnología específicamente capitalista (maquinismo), que se caracteriza por la disminución del salario relativo, un caso así solo puede ser excepcional.

Si descartamos igualmente la perspectiva de una disminución brutal de la duración del trabajo, tendremos que enfocar sobre un retroceso en el progreso de la productividad del mismo. ¿Cómo es posible esto? Un fenómeno similar se comprende muy bien en el caso de la agricultura o de la producción de materias primas. Las malas cosechas, el recurso a terrenos o minas menos productivas hacen retroceder la productividad del trabajo. Pero todo ello tiene un carácter accidental, exterior, mientras que nosotros buscamos causas orgánicas, internas.

Descartemos la objeción ingenua que compararía la productividad social con la de un productor individual, su panadero, por ejemplo, considerando que controla muy bien su productividad (y menos la demanda). Para Marx, la productividad del trabajo es siempre una productividad social que resulta de la media de una fuerza de trabajo colectiva. Lo que es más, esta fuerza de trabajo colectiva, el umbral a partir del cual la fuerza de trabajo produce las mercancías en las condiciones sociales medias, debe aumentar con el desarrollo de la producción capitalista[43]. Por consiguiente, el dominio de la productividad social no es el único resorte de la empresa capitalista. Ésta está sometida a un proceso social en el que está sumergida, y que sufre en tanto que participa de él. Por otro lado, cuando analizamos a un nivel muy alto de abstracción la cuestión de la sobreacumulación, tenemos que pensar que, desde que incluimos el proceso valorización/desvalorización, se genera una modificación en la composición orgánica del capital[44]. Esto no se traduce en una evolución gradual sino en auténticos saltos que modifican considerablemente o trastocan las condiciones de producción. A este nivel de análisis, el control de la productividad que resulta de esta nueva organización no se da por supuesto.

Cuanto más se desarrolla la producción capitalista, más importante es la tasa de plusvalía, más crece la masa de mercancías.

---

[43] «Con el descenso de la tasa de beneficio aumenta el mínimo de capital requerido en manos del capitalista individual para el empleo productivo del trabajo; requerido tanto para su explotación en general como para que el tiempo empleado sea el tiempo necesario para la producción de mercancías, para que no supere la media del tiempo de trabajo socialmente necesario para esta producción. Al mismo tiempo aumenta la concentración, porque más allá de ciertos límites, un gran capital con una tasa de beneficio débil acumula más rápidamente que un pequeño capital con una alta tasa de beneficio. Llegada a cierto nivel, esta creciente concentración provoca por su parte una nueva disminución de la tasa de beneficio. La masa de pequeños capitales diseminados se ve así arrastrada a la vía aventurera de la especulación, de las acciones y del crédito fraudulento, de las crisis» (Marx, Capital, L.III, Pléiade, T.2, p.1032-1033)

[44] En su análisis sobre la sobreacumulación absoluta Marx, como hemos visto, descarta esta perspectiva; la composición técnica del capital permanece idéntica, únicamente fluctúa –a la baja- la composición valor, debido al aumento de los salarios. Desde este punto de vista, no se puede realmente decir que la composición orgánica evoluciona, porque solamente si la composición valor refleja el cambio en la composición técnica es cuando podemos hablar de un cambio en la composición orgánica del capital. Ver más abajo la discusión a propósito del capital fijo.

Obtener un sobreaumento de plusvalía supone un crecimiento aún más considerable de la fuerza productiva del trabajo; la inestabilidad de la producción capitalista, derivada de la creciente dificultad para cumplir su meta, el máximo de plusvalía, aumenta y favorece aún más las crisis.

¿Existen factores que falsean el juicio de la clase capitalista? ¿Puede dejarse llevar por la euforia y entrar en la vía de la sobreacumulación? Indudablemente, los indicadores de los que dispone la clase capitalista están falseados tanto por su representación teórica de los fenómenos al ignorar la fuente de su valor y de la plusvalía, como por la realidad objetiva de estas. La contabilidad no da más que una aproximación del valor, el beneficio que sirve de guía no es más que una parte de la plusvalía. Le especulación es una fuente de enriquecimiento tentadora en muchas ocasiones. En estos períodos de euforia especulativa, la empresa se ve fácilmente llevada a inversiones sin futuro. A la borrachera de la especulación sucede la resaca de la crisis.

Estos últimos elementos muestran por una parte que a este nivel de análisis, el del capital total y el del capital productivo, no están planteados más que los fundamentos generales de las crisis. Para comprender las crisis reales, aparte de un análisis del proceso valorización/desvalorización, es necesario también tomar en cuenta la esfera financiera, el ciclo del capital fijo y colocarse igualmente al nivel de los «muchos capitales», de los capitales que entran en competencia unos con otros sin olvidar tanto la lucha de clases como las intervenciones de la clase dirigente y de su Estado.

La sobreacumulación relativa

Aunque la escuela normal superior piense lo contrario[45], en un primer análisis el concepto de «sobreacumulación relativa» no parece existir en Marx. En la edición de Maximilien Rubel, sí que existe un pasaje, dedicado al análisis de la sobreacumulación, donde se trata de la «sobreproducción relativa», pero teniendo en cuenta que lo que se contempla en este pasaje es un lapsus por «sobrepoblación relativa»[46].

El concepto de «sobreproducción relativa», si no es asociado directamente con la sobreacumulación, es empleado por Marx sin embargo en contextos diversos.

Al igual que él no definía únicamente la sobreacumulación absoluta basándose en criterios cuantitativos[47] como es el caso cuando la definía por una tasa de beneficio marginal igual a cero ó negativa, Marx utiliza más adelante, muy probablemente en respuesta a los economistas burgueses, el término de «sobreproducción relativa» en un sentido general[48]. La expresión se refiere a la relatividad del modo

---

[45] «Marx distingue dos casos a estos efectos, la sobreacumulación absoluta y la sobreacumulación relativa.». http://ses.ens-lyon.fr/les-grands-themes-suite--50165.kjsp

[46] Es un error del editor y no de Marx. En otras ediciones se escribe correctamente «sobrepoblación relativa».

[47] Hemos visto que por sobreacumulación «absoluta», Marx quiere indicar que se trata de una sobreproducción general. Pero como explica en «Teorías sobre la plusvalía», se da una crisis general desde el momento en que los sectores que producen los «artículos piloto», los artículos producidos en masa de forma industrial (incluso en la agricultura) conocen la sobreproducción. Los otros sectores se ven afectados en consecuencia por esta sobreproducción que es «relativa» en este sentido. Ver *Marx Teorías sobre la plusvalía*, Editions sociales, T.2, p.631)

[48] «Decir que la sobreproducción no es más que relativa es en efecto correcto; pero, en conjunto, el modo de producción capitalista no es precisamente más que un modo de producción relativo, cuyos límites no son

de producción capitalista. La sobreproducción no es «absoluta» (y por lo tanto es «relativa») porque la misma no resulta del hecho de que las necesidades estén todas satisfechas y la producción sea demasiado grande. Estamos lejos de tal situación, porque el consumo del proletariado es limitado. La sobreproducción es pues «relativa» en este sentido, característica del modo de producción capitalista. La sociedad no ha llegado a la saciedad; es el capital, hambriento de plustrabajo, el que periódicamente tiene dificultades para producirlo y digerirlo. La sobreproducción demuestra el carácter histórico, transitorio, de este modo de producción así como la necesidad de su derrocamiento revolucionario.

Los economistas como Ricardo se servían de la expresión «sobreproducción relativa» para negar la posibilidad de una sobreproducción general, que afectara a todos los sectores[49]. Para ellos, si la sobreproducción fuera general, la proporción entre todos los sectores quedaría respetada, no habría desproporciones entre sectores, y por tanto daría lugar a un aumento de las fuerzas productivas. En consecuencia, si hay sobreproducción, no puede ser más que relativa, concerniendo únicamente a determinados sectores. La teoría de la moneda de Marx se enfrenta a este razonamiento,

---

absolutos; sólo son absolutos para este tipo de producción, es decir, sobre sus propias bases" (Marx, Capital, L.III, Pléiade, T.2, p.1039).

Marx contempla aquí la idea de que «Lo que se revela aquí (la representación de la baja de la tasa de beneficio por los economistas NDR) de manera puramente económica, es decir, desde el punto de vista burgués, en los límites mismos de la comprensión capitalista, es el límite de la producción capitalista, su relatividad: ella no es un modo de producción absoluto, sino un sistema histórico que corresponde a una época determinada y restringida del desarrollo de las condiciones materiales de la producción." (Marx, Capital, L.III, Pléiade, T.2, p.1042)

[49] Es pues en oposición a esta idea como Marx definía (ver más abajo) la sobreacumulación absoluta, la sobreproducción absoluta, como una sobreproducción que afecta a todos los ámbitos, como una sobreproducción general. Es lógico entonces que Marx no desarrolle el concepto de sobreacumulación relativa.

demostrando que la posibilidad de una escisión entre la venta y la compra está inscrita en la naturaleza del dinero y hace posible una sobreproducción general, una sobreproducción que afecta a todos los sectores. Dialécticamente, la sobreproducción de mercancías surge de hecho de la no realización del producto social, mientras que la sobreproducción de capital lleva a la no realización del producto social.

Además, en los manuscritos de 1857-1858 (Grundrisse), Marx desarrolla la idea de que para que el capital pueda acumular capital fijo cuya realización supone un largo período de producción (diques, canales, ferrocarriles, grandes puentes, etc.), es necesario un nivel elevado de productividad. Para que tal producción sea posible, son necesarias una sobrepoblación y una sobreproducción relativas[50]. Es decir, por una parte que una fuerza de trabajo tiene que estar disponible, liberada del hecho del desarrollo de la productividad social y no asignada a trabajos que le aseguran estrictamente lo necesario para reproducirse. Por otro lado, debe darse la capacidad para adelantar cantidades importantes de capital, porque transcurrirá tiempo antes de que el capital fijo así creado pueda ser utilizado. Es necesaria una sobreproducción relativa, lo que en este contexto significa un excedente relativo. Esto puede ser un vector de crisis; no de estas crisis generales de sobreproducción de las que hablamos a lo largo de este texto, sino de desproporciones entre capital fijo y capital circulante, desproporciones que en sí mismas, a causa de los desfases en la producción de capital fijo, juegan su papel en la periodicidad del ciclo[51]. En este sentido «sobreproducción relativa» se opone a «producción necesaria»[52].

---

[50] Los traductores emplean los términos alemanes. No son los mismos que los utilizados en el caso de las crisis.

[51] «La parte de producción orientada a la producción de *capital fijo* no produce objetos de disfrute inmediato, ni valores de cambio inmediatos; mucho menos valores de cambio inmediatamente realizables. *Depende pues del grado de productividad ya alcanzado (de aquí que una parte del tiempo de producción baste para la producción inmediata) el que una parte de importancia creciente se asigne a*

63

En el libro II de El Capital, al tratar de la reproducción del capital fijo, Marx constata que en una sociedad comunista debiera haber una «sobreproducción relativa continua» para hacer frente alas fluctuaciones. Esto no significa que la sociedad comunista conozca una crisis permanente, sino que los stocks reguladores son

---

la producción de medios de producción. Esto supone que la sociedad pueda esperar, pueda reservar una parte importante de la riqueza ya creada, tanto del disfrute inmediato como de la producción destinada al disfrute inmediato, para aplicar esta parte al *trabajo no inmediatamente productivo* (en el interior del propio proceso de producción material). Esto precisa un elevado nivel de productividad ya alcanzado y excedente relativo, y que este elevado nivel sea directamente proporcional a la transformación de *capital circulante* en *capital fijo*. Al igual que *la dimensión del plustrabajo relativo depende de la productividad del trabajo necesario, igualmente la dimensión del* tiempo de trabajo *asignado a la producción de* **capital fijo** –ya sea de trabajo vivo o de trabajo objetivado- depende de la *productividad del tiempo de trabajo dedicado a la producción directa de productos. Una sobrepoblación* (desde este punto de vista) al igual que una *sobreproducción* son condición para ello. Es decir, que el resultado del tiempo utilizado en la producción inmediata debe ser relativamente demasiado grande para que necesite esto, en función de la reproducción de capital empleado en estos sectores de la industria. *Cuanto menos* reporte frutos e intervenga *el capital fijo* en el *proceso de producción inmediata*, más necesario es que esta *sobrepoblación* y esta *sobreproducción* sean importantes; tanto más para construir ferrocarriles, canales, canalizaciones de agua, telégrafos, etc., que para construir maquinaria directamente empleada en el proceso de producción inmediato. De ahí –y sobre esto volveremos más adelante- en la sobreproducción y subproducción continuas de la industria moderna, las continuas oscilaciones y crispaciones provenientes de la proporción desajustada en la cual lo mismo demasiado que demasiado poco *capital circulante* se transforma en *capital fijo*.» (Marx, Manuscritos de 1857-1858, Grundrisse, Editions sociales, T.2, p.195)

[52] «Por otro lado, el capitalista industrial que lleva al obrero a esta *sobreproducción de exceso* (es decir, producción más allá de las necesidades vitales) y que pone todos los medios en funcionamiento para su mayor crecimiento posible, para aumentar esta *sobreproducción* relativa por oposición a la producción necesaria, se apropia inmediatamente del exceso de producto. » (Marx, Teorías sobre la plusvalía, Editions sociales, T.1, p.321)

indispensables. En la sociedad burguesa, son un componente de la anarquía de la producción[53]. También ahí el concepto tiene pues un sentido particular que no puede vincularse a la sobreacumulación absoluta.

No se puede ya, como hacíamos en «Comunismo o civilización»[54] historificar los conceptos:

---

[53] «Una vez abolida la forma capitalista de la reproducción, se tiene simplemente delante el problema del volumen de la parte de capital fijo que desaparece y debe ser remplazado en especies (sirviendo el capital de nuestro ejemplo para la creación de productos de consumo). Este volumen cambia de año en año. Si es muy grande un año (superior a la mortalidad media) como para el hombre, será seguramente igualmente más débil el año siguiente. La masa de materias primas, de productos semi-terminados y de materiales auxiliares, necesarios para la producción anual de artículos de consumo –considerando constantes los restantes factores- no disminuye por tanto. La producción global de los medios de producción debiera pues aumentar en un caso y disminuir en el otro. El único remedio será una sobreproducción relativa continua; por un lado, una cierta cantidad de capital fijo produciendo por encima de lo que es directamente necesario; por otro lado, y sobre todo, un stock de materias primas, etc., superior a las necesidades anuales inmediatas (y esto se aplica especialmente a los medios de subsistencia). Este tipo de sobreproducción implica el control por la sociedad, medios materiales de su propia reproducción. Pero, en el seno de la sociedad capitalista, constituye un elemento de anarquía.» (Marx, Capital, L.II, Pléiade, T.2, p.802)

[54] «Comunismo o civilización» se puso como objetivo, volviendo a Marx, fundamentar estrictamente sobre la teoría de Marx, las posiciones políticas que son, para resumir y simplificar burdamente, el fondo de comercio de la ultraizquierda (anti-democratismo formal, anti-sindicalismo, abandono de las reivindicaciones democráticas o nacionales, apoyándose poco o nada sobre la idea de un cambio de paradigma del modo de producción capitalista a partir de la primera guerra mundial; dominio real del capital, decadencia…) mientras que el completo fracaso de las previsiones de la izquierda de Italia (bordiguista) y su trayectoria activista conducían a replantear de forma íntegra la teoría de las crisis. En el camino, en el progreso en la restauración de la teoría de las crisis, es especialmente la

65

- « sobreacumulación absoluta» para el período manufacturero (resultando la producción de plusvalía absoluta o también la sobrepoblación absoluta) cuando el trabajo está subordinado formalmente al capital
- « sobreacumulación relativa» (y producción de plusvalía relativa y sobrepoblación relativa con la elevación de la composición orgánica del capital) con el modo de producción capitalista moderno, en el que el trabajo está realmente subordinado al capital.

Es cierto, lo hemos recordado, que el marco definido por Marx para destacar la sobreacumulación es el del período manufacturero. Por el contrario, las características de la crisis y de la destrucción de capital que la acompaña son las de las crisis de sobreproducción que nacen sobre la base de la producción capitalista más desarrollada[55]. La primera en este género, como hemos señalado, tiene lugar en 1825. La sobreacumulación, ya sea absoluta o relativa, no puede intervenir más que a partir de esta fecha.

¿Tendremos entonces que renunciar al concepto de sobreacumulación relativa?

---

inanidad de tal intento lo que ha quedado de manifiesto. Lejos de poder establecer un corte, es por el contrario la coherencia de la teoría de Marx lo que ha quedado siempre de manifiesto. Las revoluciones democráticas, las guerras nacionales (en la ex Yugoslavia), la creación de nuevas naciones en Europa (algunas de las cuales no habían existido nunca), tantos acontecimientos que eran inimaginables en la esfera del pensamiento de ultra-izquierda, han dado el golpe de gracia. En ruptura con esta trayectoria, la creación de Robin Goodfellow significa pues nuestra adscripción al marxismo, a todo el marxismo, a nada más que el marxismo.

[55] Hemos visto que esta contradicción aparente se explicaba por el hecho de que Marx deseaba facilitar su exposición eliminando el proceso valorización/desvalorización.

Para los estalinianos del PCF, la sobreacumulación relativa se define de la siguiente manera: «En el caso de sobreacumulación relativa, a un capital adicional no corresponde una masa de beneficio adicional tal que pueda proporcionar la tasa de beneficio mínimo necesario» (Tratado de economía política marxista, Editions sociales, T.1, p.38)

Pudiera concluirse que se trata de una variante ricardiana de la disminución de la tasa de beneficio, que supone una tasa de beneficio mínimo, mínimo variable (ver la cita de Stuart Mill en el capítulo 2.3) a partir del cual se interrumpe la acumulación. Si esta interpretación es exacta, aquí, a diferencia de Stuart Mill, no es la tasa de beneficio medio la que se pone en cuestión, sino la tasa de beneficio marginal. La representación general por consiguiente no cambia. La otra manera, más cercana a Smith, de interpretar esta definición sería considerar que cada disminución de la tasa de beneficio se traduce en una sobreacumulación relativa. Tal concepción vendría a postular de forma implícita lo que podría denominarse una «tasa de beneficio de oro», es decir, una tasa de beneficio óptima, cuyo nivel se desconoce pero que sin embargo se postula. Cada alejamiento, mediante disminución, de esta «tasa de beneficio de oro», cada disminución de la tasa de beneficio induce una sobreacumulación (relativa) /desvalorización. En esta interpretación no vamos a considerar que existe una tasa de beneficio mínimo a partir de la cual aparece la sobreacumulación relativa. Como los teóricos del PCF no pueden (quieren) decir que a cada disminución hay sobreacumulación, elaboran definiciones ambiguas de ésta[56]. Los teóricos estalinianos son llevados al mismo tiempo a una teoría de las crisis permanentes (y a decirlo oficialmente) y, al mismo tiempo, para articular su discurso

---

[56] Por ejemplo, Boccara concluye que «La desvalorización que sucede a la sobreacumulación y que expresa la disminución de la tasa de beneficio, condiciona el juego de las contratendencias (…) » y precisa en nota «Mientras que la sobreacumulación expresa únicamente la tendencia a la disminución» (Paul Boccara, Etudes sur le capitalisme monopolista d'Etat, sa crise et son issue, Editions sociales, p.299)

con la teoría de Marx que niega explícitamente la existencia de crisis permanentes, a limitar el alcance de sus análisis.

La sobreacumulación relativa, tal como podemos concebirla, puede ser definida como un descenso relativo, y no absoluto, de la plusvalía con relación al capital invertido. Este fenómeno se produce desde que un alza de la composición orgánica no se ve suficientemente compensado por una elevación de la tasa de explotación. En consecuencia, según esta definición habría una sobreacumulación relativa desde que se da una disminución de la tasa de beneficio. Tal representación es evidentemente absurda. Solamente las disminuciones brutales pueden ser afectadas por esta forma de sobreacumulación. Debemos entonces precisar la definición añadiéndole una de las condiciones más importantes. Hemos visto que en efecto no se trataba más que de disminuciones de las tasas de beneficio que correspondían a un retroceso brutal en la productividad del trabajo, y que por ello la sobreacumulación relativa de capital, para ver todo su alcance, debe apreciarse introduciendo la contradicción valorización/desvalorización que, por razones metodológicas, no se aborda por Marx en el libro III de «El Capital».

Por consiguiente, la sobreacumulación, la sobreproducción de capital se presenta, teniendo en cuenta el proceso valorización/desvalorización, en caso de retroceso brutal en el progreso de la fuerza productiva del trabajo. A ello le sigue una repentina, brusca disminución de la tasa de beneficio que lleva a la parada del proceso de producción y de realización del producto social, a una crisis de sobreproducción. Si la tasa de beneficio marginal permanece positiva, la sobreacumulación es relativa; si la tasa de beneficio marginal es nula o negativa, la sobreacumulación es absoluta.

Las distintas acepciones del término 'desvalorización' en Marx

Marx emplea el término desvalorización en diferentes acepciones. Podemos destacar, principalmente en los manuscritos de 1857-1858 (Grundrisse) al menos siete:

Desvalorización = conversión del capital dinero en capital productivo o capital mercancía (significado 1)

En una primera acepción, Marx utiliza el término de desvalorización en el sentido de conversión del capital dinero en capital mercancía o capital productivo. El capital abandona su forma dinero para tomar la forma de capital mercancía. En este sentido, se desvaloriza. Podríamos escribir des-valoriza para captar mejor lo que Marx quiere decir. En sentido opuesto, valorización corresponde a la vez al aumento del capital a través de la plusvalía y a la realización del capital mercancía en capital dinero.

«El capital, mediante el proceso de producción es 1°) valorizado, es decir, creador de un nuevo valor 2°) desvalorizado, por pasar de la forma dinero a la de una mercancía determinada 3°) se valoriza a si mismo, al mismo tiempo que a su nuevo valor, en la medida en que el producto se lanza de nuevo a la circulación e intercambiado, en tanto que M contra D» (Marx, Manuscritos de 1857-1858, Grundrisse, Editions sociales, T.1, p.386-387)

Desvalorización = disminución del valor del capital bajo el efecto del incremento de la productividad (significado 2)

Otra acepción es más frecuente en Marx. El capital, valor en proceso, valor que busca valorizarse incrementándose en un plusvalor, mediante una plusvalía, se desvaloriza mediante el mismo proceso por el que la producción de plusvalía reposa sobre la plusvalía relativa y el progreso de la productividad del trabajo. Tenemos pues una oposición dialéctica entre valorización y desvalorización del capital. Para valorizarse, para incrementarse en un plusvalor, en una plusvalía, el capital debe desvalorizarse, perder su valor bajo el efecto del desarrollo de la productividad del trabajo, causante de la inflación de la masa de mercancías. El fin de la producción capitalista es la producción del máximo de plusvalía, la forma específica de plustrabajo propia de la producción capitalista. Desde que existe el modo de producción capitalista moderno, el que descansa sobre la subordinación real del trabajo al capital (revolución industrial), un nuevo método de extracción de plusvalía, la producción de plusvalía relativa, entra en escena a través del desarrollo de la productividad del trabajo. Este aumento de la productividad del trabajo, al afectar directa o indirectamente a elementos materiales que determinan el valor de la fuerza de trabajo, permite disminuir este valor, y con los demás factores constantes, incrementar la plusvalía. El capital se valoriza, pero el valor de las mercancías disminuye, incluyendo la fuerza de trabajo, y el capital se desvaloriza. Y cuanto más se desvaloriza, más debe aumentar la productividad para obtener la misma masa de plusvalía adicional. Es esta la contradicción fundamental que Marx no incluye en su análisis de la sobreacumulación absoluta, para sustituirla por una elevación de los salarios.

«El aumento de la fuerza productiva (que, por otra parte, (...) va siempre pareja de una depreciación del capital existente) no puede incrementar directamente la magnitud del valor del capital excepto si, elevando la tasa de beneficio, la misma aumenta el elemento de valor del producto anual reconvertido en capital. Si se trata de la fuerza productiva de trabajo, este resultado no puede producirse (...) en tanto que suponga una elevación de la plusvalía relativa o también una reducción del valor del capital constante, y por tanto si las mercancías que entran, ya sea en la reproducción de la fuerza de trabajo, ya sea como elementos del capital constante, son producidas a mejores precios. Estas dos consecuencias implican una desvalorización del capital existente y van de la mano con la reducción del capital variable con relación al capital constante. Ambas suponen la disminución de la tasa de beneficio y ambas la desaceleran» (Marx, El Capital, L.III, Editions du progrès, p.264)

El capital, a través de este tipo de desvalorización, queda destruido de forma permanente (en cada incremento de la productividad social). Una de las características de la crisis de sobreacumulación es que este fenómeno de la desvalorización patina, se invierte. Es necesario pues sustituir esta forma de desvalorización por otras formas (desacumulación, destrucción, depreciación), en tanto que la recuperación de una base productiva más potente permita de nuevo expresarse a este proceso, y así facilitar el restablecimiento de la relación de explotación (ver el capítulo sobre la desvalorización en su significado n° 7).

Desvalorización = ausencia de valorización del capital por el hecho de la fijación del capital en las diversas fases de su proceso (significado 3)

El capital desearía cambiar de referencias en el espacio/tiempo, de manera que la valorización fuese instantánea. El capital portador de interés, la captación de plusvalía en la especulación le proporcionan la ilusión de ello. Pero está prisionero de múltiples determinaciones que entorpecen su ciclo y de las que busca liberarse. Desde que es improductivo (en el sentido de que no se valoriza, en el sentido de que no está en la esfera de la producción bajo la forma de medios de producción y de fuerza de trabajo), que no se valoriza, que se inmoviliza y debe necesariamente estar fijo, inmovilizado, Marx considera que se desvaloriza. Y además, aun cuando está en una fase productiva, de valorización, una fase en la que se valoriza, esta valorización no es nunca lo suficientemente rápida.

«Al igual que en tanto que semilla, en la tierra, el grano pierde su valor de uso inmediato, se *desvaloriza* como valor de uso inmediato, igualmente el capital se *desvaloriza* a partir de la consecución del proceso de producción hasta su retransformación en dinero y, de ahí, de nuevo en capital» (Marx, Manuscritos de 1857-1858, Grundrisse, Editions sociales, T.2, p.12)

La misma idea, mucho más desarrollada, es expresada más adelante. Marx opone:

1º el capital bajo su dimensión de capital circulante[57], es decir, aquí en el sentido de: móvil, fluido, de paso de una a otra forma, de una fase a otra, valorizándose, es decir incrementándose por una plusvalía, por un plusvalor;

2º el capital bajo su dimensión de capital fijo, en el sentido de: inmóvil, de prisionero de una forma, de una determinación, de una fase de su proceso.

No se trata de dos especies de capital, sino de dos determinaciones formales del mismo capital.

«Tanto tiempo como persista en una de esas fases, aún cuando esta fase no aparezca en sí misma como un movimiento fluido, y cada una de estas fases tenga su propia duración, no es capital circulante, está fijado. Tanto tiempo como persista en el proceso de producción, es incapaz de circular, y virtualmente desvalorizado. Tanto tiempo como persista en la circulación, es incapaz de producir, no supone plusvalor, no está en su proceso de capital. Tanto tiempo como no pueda ser lanzado al mercado, está fijado en tanto que producto;

---

[57] «En tanto que sujeto, que valor cuya determinación se hace con las diferentes fases de este movimiento, que en él se conserva y se multiplica, en tanto que sujeto de aquellas mutaciones que se desenvuelven en un sentido circular, describen una espiral, un círculo que se va ensanchando, el capital es **capital circulante**. El *capital circulante* no es pues en primer término una forma *particular* del capital, sino que es el capital en una expresión más impetuosa, en tanto que sujeto del movimiento descrito, que es él propiamente en tanto que es su propio proceso de valorización. Desde este punto de vista, todo capital es pues *capital circulante*.» (Marx, Manuscritos de 1857-1858, Grundrisse, Editions sociales, T.2, p.111)

tanto tiempo como deba permanecer en el mercado, está fijado en tanto que mercancía. Tanto tiempo como no pueda intercambiarse contra las condiciones de producción, está fijado en tanto que dinero. En fin, si las condiciones de producción quedan bajo esta forma de condición y no entran en el proceso de producción, es de nuevo fijado y desvalorizado. El capital, como sujeto que atraviesa todas estas fases, como unidad en movimiento, unidad en proceso de circulación y de producción, es capital *circulante*; el capital recluido en cada una de estas fases y expresado en sus *diferencias*, es capital *fijado*, capital *comprometido*. En tanto que capital circulante, se inmoviliza, en tanto que capital fijo, circula. La distinción entre **capital circulante** y **capital fijo** se presenta así en primer término como la determinación formal del capital, según que aparezca como unidad de proceso o como un momento determinado de este.» (Marx, Manuscritos de 1857-1858, Grundrisse, Editions sociales, T.2, p.111-112).

No es simple la explicación del concepto de desvalorización en este contexto. Y tanto más en cuanto que, en estos párrafos Marx pasa fácilmente de un sentido al otro. Se mezclan numerosos significados. Aquí, comprendemos que el capital busca recorrer su circuito lo más rápidamente posible, valorizarse con un máximo de plusvalía y reiniciar. Al fijar en una parte del proceso de producción, esta fijación aparece como una desvalorización, un freno, un obstáculo, una traba a la valorización. El capital no cesa en su reducción de tales obstáculos. Por ejemplo, se busca la reducción del período de circulación[58], los stocks, el período de producción, el

---

[58] La tendencia es incluso a plantearlo como igual a cero, lo que llevaría a negar los supuestos del capital. «El máximo de valorización del capital, y de continuidad del proceso de producción, o el tiempo de circulación planteado como igual a cero; eso es lo que quiere decir que están abolidas las condiciones en las que el capital produce, su limitación por el tiempo de circulación, la necesidad de recorrer las diferentes fases de su metamorfosis. La tendencia del capital es, necesariamente, a plantear el tiempo de circulación como igual a cero, es decir, abolirse a si mismo, ya que no es más que a través del capital como el tiempo de circulación es un momento

capital-dinero que permanece bajo su forma monetaria, el aumento de la duración de la utilización del capital fijo,...mientras que el capital se beneficia de la presencia de un ejército de reserva del que puede obtener rápidamente la fuerza de trabajo que necesita antes de rechazarla como inútil para sus intereses. En su idealidad, el capital es totalmente circulante, fluido, se valoriza entonces de forma máxima[59]. En la situación inversa, al acabar la fase precedente, al darse la crisis general de sobreproducción, está totalmente fijado[60]. En su realidad, en los períodos intermedios en donde tiende hacia uno u otro polo constituidos por virajes brutales, es siempre simultáneamente circulante y fijo[61] en proporciones variables que explican las variaciones coyunturales, que van de una actividad ralentizada a la tensión

---

determinante del tiempo de producción. Eso lleva a abolir la necesidad del cambio, de la moneda, y de la división del trabajo que sobre ellos reposa; a abolir pues el capital mismo.» (Marx, Manuscritos de 1857-1858, Grundrisse, Editions sociales, T.2, p.120).

[59] «En un primer período, el proceso se presente totalmente fluido, es el período de extrema valorización del capital» (Marx, Manuscritos de 1857-1858, Editions sociales, Grundrisse, T.2, p.113-114)

[60] «En un segundo período, reacción del primero, el otro momento se manifiesta de manera tanto más violenta, es el período de la desvalorización extrema del capital, la brusca detención del proceso de producción.» (Marx, Manuscritos de 1857-1858, Grundrisse, Editions sociales, T.2, p.114)

[61] «Los momentos en que estas dos determinaciones aparecen conjuntamente sólo constituyen períodos intermedios entre estos movimientos violentos de tránsito y de derribo.» (Marx, Manuscritos de 1857-1858, Grundrisse, Editions sociales, T.2, p.114)

« (...) una parte del capital nacional se halla siempre encallada en una de las fases que debe recorrer el capital. El mismo *dinero*, en la medida en qué constituye una porción particular del capital nacional, pero persiste constantemente en la forma de medios de circulación, y no recorre pues nunca las otras fases, es considerado por esta razón por A. Smith como una *forma posterior* del *capital fijo*.» (Marx, Manuscritos de 1857-1858, Grundrisse, Editions sociales, T.2, p.112)

exacerbada de las fuerzas productivas, de la lenta recuperación a la expansión febril, del estancamiento a la sobreproducción general[62].

---

[62] «Es especialmente importante considerar estas determinaciones de capital circulante y de capital fijo como *determinaciones formales* del capital en general, porque si no un montón de fenómenos de la economía burguesa quedarían inalcanzables: por ejemplo, los períodos del ciclo económico, que se distinguen fundamentalmente de los tiempos de recorrido único del capital; (…)

Si no estuviera en la naturaleza del capital el no estar nunca ocupado por completo, es decir, constantemente *fijado* en parte, estar desvalorizado y ser improductivo, ningún estímulo sabría portarlo a una producción más intensa.» (Marx, Manuscritos de 1857-1858, Grundrisse, Editions sociales, T.2, p.114)

«Los capitalistas, sus copropietarios, sus vasallos y sus gobiernos derrochan cada año una parte considerable del producto neto anual. Además, mantienen en sus fondos de consumo una porción de objetos de uso prolongado, adecuados al empleo reproductivo, y esterilizan para su uso personal una buena porción de la fuerza de trabajo. La parte de la riqueza que se capitaliza no es por lo tanto tan amplia como podría serlo. Su porcentaje de grandeza en relación con el total de la riqueza social cambia con toda modificación producida en el reparto de la plusvalía entre el ingreso personal y el capital adicional, y la proporción según la cual se realiza este reparto varía sin cesar bajo la influencia de coyunturas en las que no nos detendremos aquí. Nos basta haber comprobado que en lugar de ser una parte alícuota predeterminada y fija de la riqueza social, el capital no es más que una fracción variable y flotante.

En cuanto al capital ya acumulado y puesto en funcionamiento, aunque su valor este determinado al igual que la masa de mercancías de las cuales se compone, no representa en absoluto una fuerza productiva constante, operando de manera uniforme. Hemos visto por el contrario que admite una gran laxitud respecto a la intensidad, la eficacia y la extensión de su acción. Examinando las causas de este fenómeno nos hemos situado desde el punto de vista de la producción, pero no hay que olvidar que los distintos grados de velocidad de la circulación colaboran a su vez a modificar considerablemente la acción de un determinado capital. A pesar de todo ello, los economistas siempre han estado demasiado dispuestos a no ver en el capital más que una porción predeterminada de la riqueza social, más que

En otros términos, no se valoriza todo el capital adelantado. Para que una parte se valorice, otra parte debe quedar improductiva, fijada, desvalorizada. La proporción de una y otra varían siguiendo las fases de la coyuntura y la tendencia del capital es a reducir al mínimo la parte de capital fijo, pero ésta renace a una escala tanto mayor con las crisis.

Hay de nuevo una relación dialéctica entre valorización y desvalorización, pero aquí la oposición toma el sentido de valorización y no valorización, obtención de beneficio y ausencia de beneficio, fluidez y fijación, actividad y ociosidad, fructificación y puesta en barbecho.

Desde el punto de vista de la tasa de beneficio, esto significa que la plusvalía se pone en relación con un capital invertido que incluye el capital que permanece fijo, latente, en barbecho, improductivo, durmiente. La tasa de beneficio disminuye además en tanto que al reducir el capital esta parte del capital invertido, la tasa de beneficio se incrementa. Es lo que sucede en las fases del ciclo en las cuales la coyuntura es favorable a los negocios. El fenómeno inverso se produce con la crisis general.

Desvalorización = efecto de los gastos improductivos (significado 4)

En relación con el proceso más arriba examinado, Marx introduce un nuevo matiz en el concepto de desvalorización. Cuando el capital está fijado en la fase de circulación, no se valoriza y por ello en este sentido se desvaloriza; es este sentido el que hemos

---

una determinada suma de mercancías y de fuerzas obreras operando de una forma prácticamente uniforme (…)

El dogma de la cantidad fija del capital social en cada momento dado, no solamente choca con los fenómenos más ordinarios de la producción, tales como los movimientos de expansión y de contracción, sino que hace de la misma acumulación algo prácticamente incomprensible» (Marx, Capital L.I, Pléiade, T.1, p.1117-1118)

examinado hasta ahora. Pero desde el momento en que se producen gastos suplementarios para hacer circular este capital y contribuir a su realización, esos gastos afectan a la plusvalía efectiva que será transformada en beneficio. « (...) cuando yo convierto la mercancía a la forma dinero, o el efectivo a la forma mercancía, el valor permanece igual, pero la forma ha cambiado. Es evidente que la circulación –por el hecho de que la misma se resuelve en una serie de operaciones de cambio entre equivalentes- no puede aumentar el valor de las mercancías en circulación. Si se requiere tiempo de trabajo para llevar a cabo esta operación, es decir, que deben consumirse valores –ya que todo consumo de valor se resuelve en consumo de tiempo de trabajo o de tiempo de trabajo objetivado, en productos; si la circulación supone por tanto gastos y el tiempo de circulación cuesta tiempo de trabajo, esto representa un descuento, una abolición relativa de los valores en circulación; una desvalorización de éstos en proporción con los costes de circulación.» (Marx, Manuscritos de 1857-1858, Grundrisse, Editions sociales, T.2, p.123-124)

Por consiguiente, aquí desvalorización toma el significado de disminución de la plusvalía realmente transformada en beneficio, a causa de los gastos improductivos empleados en el proceso de circulación. Veremos en otra obra que estará principalmente destinada a la incidencia de este tipo de capital sobre la tasa de beneficio que concluímos identificando un concepto de tasa de beneficio que denominamos «tasa de beneficio de reproducción» que relaciona la plusvalía disminuida por los gastos improductivos con el capital adelantado incrementado por gastos improductivos (que se presentaban igualmente como capital adelantado) según una fórmula ya establecida por Joseph Gillman en 1957.

Desvalorización = desacumulación (significado 5)

Hemos visto ya que por desvalorización Marx podía entender la fijación del capital. El capital se inmoviliza bruscamente en las crisis y el capital no empleado (su presencia es permanente, aunque se reduzca a la nada en las fases de tensión extrema de las fuerzas productivas) se extiende rápidamente.

Centremos la atención en el capítulo del libro III de «El Capital» en donde se aborda la sobreacumulación y la crisis, así como sus efectos, que son además condiciones que permiten restablecer la situación a fin de que el capital retome su curso hacia la valorización.

Podemos relacionar los conceptos de «capital fijado», «capital durmiente», «capital improductivo»[63] de los manuscritos de 1857-1858, tal y como los hemos analizado más arriba con los de «capital desocupado», capital ocioso», «puesta en letargo»[64] o «puesta en

---

[63] «El concepto de *capital durmiente*, capital improductivo, solo pude corresponder a su situación improductiva en una de sus determinaciones [capital circulante y capital fijado, NDR], y una de las condiciones del capital es precisamente que esté siempre parcialmente improductivo.» (Marx, Manuscritos de 1857-1858, Grundrisse, Editions sociales, T.2, p.112)

[64] Los dos fragmentos que Boccara cita a partir de la traducción de Editions Sociales basada en la Edición de Engels y que hablan de «puesta en letargo» están traducidos por términos diferentes en la edición de Maximilien Rubel. Las traducciones son:
«En cualquier circunstancia, una parte del antiguo capital deberá quedar ocioso y renunciar a su cualidad de capital activo destinado a dar beneficio» (Marx, Capital, L.III, Pléiade, T.2, p.1035-1036)
«En estas condiciones ¿Cómo se allanaría este conflicto y como se restablecerían las condiciones de un movimiento «sano» de la producción capitalista? El simple enunciado del conflicto que se trata de arreglar implica ya la forma de resolverlo. En todos los casos, el equilibrio se restablecería por la puesta en barbecho, es decir, por la destrucción de capitales más o menos importantes» (Marx, Capital, L.III, Pléiade, T.2, p.1035-1036)
Si vamos al texto original, la relación es evidente. En los Grundrisse, Marx emplea los términos brachliegendem Kapital; Brachliegen, brachliegt, correctamente traducido por la noción de baldío (ver nota n° 56) y en las anteriores citas de El Capital; se trata en ambos casos del término Brachlegung, que puede traducirse por barbecho.

baldío» o en «barbecho» del capital, del Libro III[65], mientras que el concepto de capital circulante, fluido, hay que relacionarlo con el de «capital activo».

En alemán tenemos la misma raíz, que hace bastante cercanos a los términos. Pero podemos observar que entre barbecho y baldío pueden existir diferencias de duración y de intencionalidad. El barbecho está programado y es de duración limitada, mientras que el baldío es más generalmente un sinónimo de desafección por un largo tiempo. En el caso de las crisis de sobreproducción, las lógicas del barbecho y del baldío no pueden separarse por completo. El carácter repentino de la crisis y las quiebras que supone no tienen el carácter programado, organizado del barbecho. Sucede lo mismo cuando el capital se destruye. Pero por otro lado el cese de actividad de una parte del capital no es definitivo y puede reiniciarse una vez superada la crisis. El carácter no permanente de las crisis, la racionalización del capital que interviene en estas ocasiones y que mejoran el nivel de productividad pueden igualmente recordar el barbecho. En cualquier caso, si la cercanía entre los términos de los manuscritos de 1857-1858 y los de «El Capital» son evidentes, el operado por Boccara surge de la manipulación de las citas.

[65] «(…) se vería como una parte del capital quedaría desocupada, total ó parcialmente, porque antes de fructificar tendría que desalojar al capital ya en funciones; y la otra parte, bajo la influencia de capital desocupado u ocupado a medias, se reproduciría a una tasa de rendimiento inferior» (Marx, Capital, L.III, Pléiade, T.2, p.1034)

«La parte de Delta C nuevo capital acumulado] de la que los dispondrían antiguos capitalistas activos, la dejarían más o menos ociosa, para no depreciar ellos mismos su capital primitivo y no estrechar su posición en el campo productivo, o la emplearían, incluso con pérdidas momentáneas, para llevar a los recién llegados y, de una forma general, a su competencia a no emplear capital adicional.

«La parte de delta C en nuevas manos buscaría hacerse un hueco a expensas del antiguo capital, y lo conseguiría parcialmente reduciendo a la inactividad una parte del antiguo capital al que obligaría a cederle su sitio y tomando ella misma el lugar del capital adicional parcial o totalmente desocupado.

Como hemos visto, con la crisis el capital se inmoviliza en diferentes fases de su proceso y bajo diferentes formas. Con la crisis este fenómeno se generaliza, el conjunto del capital se fija, se inmoviliza y es incapaz de valorizarse. No es solamente una parte del capital, parte necesaria para que la valorización pueda realizarse, y que el capital busca reducir a su mínimo, la que se inmoviliza, sino el conjunto del capital. Bajo el efecto de la escisión entre la venta y la compra, de las dificultades encontradas en la realización de la plusvalía y del producto social, y en la conversión del capital-dinero en los elementos del capital productivo[66], el capital es paralizado en las diversas fases de su proceso y bajo sus diferentes formas.

La clase capitalista tiene el monopolio de los medios de producción, del dinero, de los medios de consumo. Como las condiciones de la producción y de la realización no son idénticas, es la competencia la que decide quien se verá afectado y en que proporciones por los efectos de la disminución de la tasa de beneficio y de la crisis que la acompaña.

La puesta en barbecho, la ociosidad, procede de la inmovilización del capital, de su paso de capital activo a capital fijo, inmovilizado. Si está siempre en parte en esta relación, el deterioro del activo con beneficio del fijo, conduce igualmente a un nuevo descenso de la tasa de beneficio, porque el capital no se pone en valor, deja de

---

En cualquier circunstancia, una parte del antiguo capital deberá permanecer ocioso y renunciar a su cualidad de capital activo destinado a dar beneficios« (Marx, Capital, L.III, Pléiade, T.2, p.1035)

[66] «De la misma manera, capital bajo forma monetaria, de valor sustraído a la circulación, puede estar baldío, estar inmovilizado. En el transcurso de las crisis, cuando el momento de pánico ha pasado y la industria está paralizada, el dinero está inmovilizado en las manos de *banqueros, de agentes de cambio*, etc., y así como el ciervo brama su sed de agua fresca, el dinero grita su deseo de *un lugar en el que pueda ser empleado*, valorizado en tanto que capital» (Marx, Manuscritos de 1857-1858, Grundrisse, Editions Sociales, T.2, p.112)

valorizarse. Entramos así en la espiral negativa de la crisis de sobreproducción[67]. En la hipótesis más favorable, el importe del capital que se inmoviliza es igual al importe del capital que debe desaparecer para restablecer las condiciones de una explotación «normal» de la fuerza de trabajo. Pero nada está determinado cuando nos encontramos en esta situación. El capital está inmovilizado, fijado. En este sentido, está desvalorizado en el significado n° 3, en el sentido de su no valoración, de su improductividad como capital. Para que retome su curso hacia la valorización, a la búsqueda de un máximo de plusvalía, el capital debe salir de su inactividad. Con la crisis, el capital fijado se incrementa y así la desvalorización de este tipo se traduce en una agravación de la crisis. En el mejor de los casos, esa desvalorización significa la conversión en efectivo, su realización. La crisis en acto es precisamente la generalización del paso del estado activo al estado inmovilizado.

Al mismo tiempo, ella constituye un elemento de solución, si la masa de beneficio puede compensar la disminución de la tasa. En efecto, si solamente una parte del capital está inmovilizada mientras que la otra continúa valorizándose, la tasa de beneficio disminuye, pero el beneficio restante puede ser suficiente para absorber el choque correspondiente a la parte de capital que se hace inactiva. Esta dimensión existe para los grandes capitales. Pero para restablecer plenamente las condiciones favorables a la recuperación de la acumulación, a la salida del sopor que sufre el capital, al renacimiento del capital activo a la caza del máximo de plusvalía, es necesario que haya una destrucción del capital[68].

---

[67] «Y la masa de beneficio reducida se calcularía sobre un capital total acrecentado. Pero incluso suponiendo que el capital empleado continúe produciendo a la antigua tasa de beneficio y que la masa de beneficio continúe siendo la misma, siempre se calcularía sobre un capital total acrecentado, lo que de nuevo implica un descenso de la tasa de beneficio» (Marx, Capital, L.III, Pléiade, T.2, p.1034)

[68] « ¿Cómo se superaría este conflicto y como se restablecerían las condiciones de un movimiento «sano» de la producción capitalista? El

La crisis, debemos insistir, no afecta solamente a una parte del producto social, principalmente la plusvalía o una parte de ella. Es el conjunto del producto social lo que tiende a no realizarse, a no pasar de la forma mercancía a la forma dinero. Igualmente, el capital dinero no se convierte en elementos de capital productivo. En otras palabras, el capital activo se paraliza, se fija y se inmoviliza en sus diversas formas y fases, y deja de realizarse y de valorizarse. La crisis es general.

Pero este análisis se sitúa a un nivel conceptual particular. Nosotros nos situamos en el nivel conceptual del capital total. Si el concepto tiende hacia la realidad y la realidad tiende hacia el concepto, no hay que imaginar sin embargo que en las crisis queda paralizada tota actividad.

En el Libro III del «El Capital», Marx se sitúa en el plano de «numerosos capitales» y mide la influencia de la crisis sobre estos. El capital se despliega en las empresas. Las mayores concentran una gran parte del capital social mientras que las más pequeñas pululan. Estas empresas tienden a inscribirse en oficios, en ramas de producción, en sectores específicos, y, en otro aspecto, pueden formar parte de grupos. Por consiguiente, se da un reparto variable del capital en un conjunto de empresas participantes ellas mismas en diversas actividades. No son iguales ante la crisis, teniendo en cuenta el capital del que disponen, de la actividad que ejercen, y también de su antigüedad en el mercado. Siempre, incluso cuando los negocios son "sanos", hay empresas que desaparecen, tanto por el hecho del cese

---

simple enunciado del conflicto que se trata a de resolver implica ya la manera de hacerlo. En cualquier caso, el equilibrio se restablecería por la colocación en baldío, es decir, por la destrucción de capitales más o menos importantes. Esto se extendería en parte sobre la sustancia material del capital; una parte de los medios de producción, capital fijo y capital circulante, dejaría de funcionar y de actuar como capital; un cierto número de empresas suspenderían su actividad» (Marx, Capital, L.III, Pléiade, T.2, p.1035-1036).

de actividad de su propietario, la jubilación por ejemplo, como porque se retiran bien de puntillas, porque su actividad no es viable, o de forma brutal (quiebras), mientras que otras se crean. Con el cese de actividad una parte del capital se convierte en ingreso, mientras que con la creación de una empresa una parte de los ingresos y otros «valores dormidos»[69] se convierten en capital (hacemos aquí abstracción de la influencia de la acumulación de la plusvalía, del surgimiento de nuevos brotes a partir de anteriores capitales y del crédito). En las crisis, la creación de empresas se detiene; se repliega en tanto que las desapariciones aumentan. Pero las pérdidas pueden igualmente manifestarse sin que por otro lado hagan desaparecer la empresa. El capital de empresa disminuye; despide, reconvierte y racionaliza sus actividades a la espera de una recuperación de la acumulación.

Marx muestra que es (en el caso de la sobreproducción de capital) la insuficiencia de plusvalía con relación al capital invertido, el descenso brutal de la tasa de beneficio, lo que conduce a la escisión entre la venta y la compra y por tanto a la manifestación de la crisis. Cuando esta parada se traduce en una reducción del capital adelantado bien por las pérdidas, por el aumento de las quiebras y por el cese de actividad mientras que la renovación del capital se frena, entra en juego una nueva base productiva que permite la reorganización del grado de explotación y de la tasa de beneficio.

El fenómeno de la inmovilización de capital, de la limitación de la valorización (y, en este aspecto, de desvalorización en el sentido de improductividad del capital –ver más arriba-), induce una destrucción del capital, que es un nuevo significado del término desvalorización. Se trata de una destrucción de capital, proveniente de pérdidas, y por ello de una desacumulación, de una descapitalización. La base del capital se repliega a fin de establecer las condiciones de una recuperación de la explotación. Dispone ahora de un potencial

---

[69] Ver Marx, Capital, L.I, Pléiade, T.1, p.1137

productivo más potente. Las ramas muertas son podadas y los brotes jóvenes, aunque relativamente menos numerosos, toman su lugar en parte.

Situándonos desde el punto de vista del capital total, comprobamos que el capital queda baldío, en barbecho, durmiente, fijado en una de sus fases (producción y circulación) de su circuito, ya sea bajo forma dinero, bajo la forma de capital productivo o bajo la forma de capital mercancía. El capital está paralizado, inmovilizado y, salvo el tiempo, nada viene a perturbarlo. El capital está a la espera del nuevo despegue que pueda proporcionar la desvalorización/depreciación brutal (aún un nuevo sentido de desvalorización que examinaremos más abajo).

El análisis se refina desde el momento en que se introduce la descomposición del capital en numerosos capitales. Para aquellos capitales cuya masa de beneficio no puede compensar el descenso de su tasa, para aquellos que tienen una actividad demasiado reducida para continuar existiendo, para aquellos cuyas pérdidas amenazan su existencia[70] la única vía señalada es la de la salida, y por ello de la desacumulación, de la descapitalización sin remedio.

Un nuevo par valorización/desvalorización puede formarse como sinónimo de acumulación/desacumulación-descapitalización. El capital se repliega sobre una base productiva más reducida pero más productiva. Esta es la situación que Marx contempla en la parte de la cita que reproducimos integralmente más abajo. «El otro aspecto de la crisis se resuelve en una disminución efectiva de la producción, del trabajo vivo, para reconstituir la relación exacta entre el trabajo necesario y plustrabajo que está, en último término, en la base de

---

[70] Los otros focos de pérdida desacumulan igualmente, pero puede descontar su recuperación, ya sea porque los beneficios en otros negocios atenúan estas pérdidas, ya sea porque la masa de capital acumulada es tal que la empresa tiene los medios para gestionar el repliegue.

todo» (Marx, Manuscritos de 1857-1858, Grundrisse, Editions sociales, T.1, p.386).

Desvalorización = destrucción de valor de uso (significado 6)

Si, por motivos de análisis, separamos algunos aspectos para destacar mejor sus especificidades, los mismos permanecen unidos en la realidad de las crisis.

La fijación, la parálisis, la puesta en baldío, el adormecimiento del capital engendran una destrucción de capital. Bajo este epígrafe, Marx reagrupa los fenómenos[71] de la siguiente manera:

desvalorización/desacumulación
desvalorización/destrucción de valores de uso
desvalorización/depreciación general (último caso, que veremos a continuación)

---

[71] «Cuando se habla de destrucción de capital por las crisis, hay que distinguir dos cosas :

En la medida en que el proceso de reproducción se detiene, el proceso de trabajo se ralentiza o queda, depende del lugar, completamente paralizado, lo que queda destruído es el capital *real*. El trabajo que no se explota es tanto como decir producción perdida. Las materias primas que quedan desempleadas no son capital. Los edificios que no se ocupan (al igual que la maquinaria nueva) o que quedan inacabados, las mercancías que se pudren en los depósitos, todo ello es destrucción del capital. Pero todos estos fenómenos se limitan a la detención del proceso de reproducción y al hecho de que las condiciones de producción *existentes* no ejercen realmente su función de condiciones de producción, no son puestas en funcionamiento. En este caso, su valor de uso y su valor de cambio se van al diablo.

Y en segundo término, la *destrucción de capital* por las crisis significa también la depreciación de *masas de valor*, que les impide renovar ulteriormente su proceso de reproducción como capital a la misma escala. Es el descenso ruinoso de los precios de las mercancías» (Marx, Teorías sobre la plusvalía, Editions sociales, T.2, p.591-592)

En el capítulo precedente hemos tratado la cuestión de la desvalorización/desacumulación. En este capítulo veremos el siguiente punto, que aquí aislamos bajo el subtítulo desvalorización=destrucción de valores de uso.

Desde el momento en que el capital se fija, se inmoviliza, se adormece, el capital en su dimensión de valor de uso puede hundirse a causa de su desuso. El tiempo juega un papel negativo. Los stocks se hunden. La maquinaria parada y los edificios no utilizados conocen el mismo destino. Un proverbio alemán ilustra bien el caso (*wer rastet, der rostet*, lo que se para se enroñece)[72], cuando el valor de cambio se volatiliza con la pérdida del valor de uso. A estos valores de uso terminados que se deterioran hay que añadir los que no verán la luz, habiendo sido objeto de adelantos de capitales (talleres de construcción abandonados, por ejemplo).

Desvalorización = depreciación general del capital (significado 7)

En este último sentido, desvalorización significa depreciación general, bajada brutal y ruinosa de los precios en el momento de la crisis, a fin de restablecer el equilibrio del capital favoreciendo su destrucción. Se trata de la forma más aguda de la crisis, lo que la economía política burguesa califica con pánico bajo el término de deflación. En este caso, los precios tienen un movimiento inverso del valor, el cual tiende a aumentar porque la productividad del trabajo ha vuelto; bajan de manera brutal.

---

[72] «(...) aunque el tiempo ataque a todos los medios de producción (exceptuando la tierra) y los deteriora, la detención de su funcionamiento tendría aquí un efecto mucho más destructivo» (Marx, Capital, L.III, Pléiade, T.2, p.1036) Por este efecto mucho más destructivo Marx no alude a lo que acabamos de describir a través del cese de actividad, sino a otra forma distinta de desvalorización: la desvalorización/depreciación general que es el objeto del último significado de desvalorización que analizamos.

Se puede considerar que, en este sentido, el término de desvalorización es igualmente clásico, porque esta desvalorización mediante la depreciación general viene a sustituir a la desvalorización en el significado n° 2 (desvalorización = disminución del valor bajo el efecto del incremento de la productividad), cuyo fallo ha engendrado la crisis. La disminución del valor bajo el efecto del desarrollo de la productividad del trabajo, corolario de un incremento de la plusvalía, es sustituida, en tanto que la tasa de plusvalía se invierte, por una desvalorización mediante una bajada general de los precios. Aparte del capital real, el capital ficticio[73], que tiene por otro lado un movimiento autónomo, se ve afectado igualmente por esta desvalorización[74]

---

[73] Este texto no aborda más que de forma incidental la cuestión del capital ficticio, que sin embargo juega un papel importante en las crisis. Nuestro análisis se concentra sobre la crisis en tanto que es resultado del proceso de producción mismo.

Marx no es el creador del concepto de capital ficticio. Él lo toma de la economía política, que lo utiliza bajo diversas acepciones (ver la recensión de Michael Perelman en Marx's crisis theory). En el estado actual de nuestros análisis, hemos constatado que Marx le asigna al menos tres acepciones diferentes que acostumbramos a clasificar de la siguiente manera:

1° Capital ficticio en su sentido I, ó en el sentido i, con énfasis en la i. Aquí, ficticio tiene el sentido de ilusorio, imaginario. El capital ficticio en sentido I reúne títulos, como acciones, obligaciones, bonos del tesoro, hipotecas...Su valor de mercado es equivalente a su ingreso anticipado, capitalizado en función de la tasa de interés del mercado.

2° Capital ficticio en sentido II, o en sentido f, con énfasis en la f. Aquí, ficticio toma el significado de fraudulento. El capital real prestado por los caballeros del crédito no funciona como capital, siendo utilizado como ingreso. Un ejemplo de este tipo de prácticas fraudulentas puede ser encontrado en la emisión de créditos de favor.

3° Capital ficticio en sentido III, o en sentido de ct significado crédito, con énfasis en ct. Aquí hablamos de sobrecrédito. Se distribuye un exceso de crédito. La distribución de crédito más allá de las necesidades de acumulación (la cuestión es además más compleja, pues una masa de dinero superior debe siempre existir, especialmente para hacer frente a la circulación del capital ficticio o de los activos inmobiliarios) es además

En este caso, sin duda Marx se ha preocupado de emplear el término «depreciación» en vez del de «desvalorización». Pero como el término de depreciación puede ser relativo, es decir, no afectar más que a una mercancía o a una empresa, prefiere hablar de desvalorización por una parte para aumentar el alcance y por otra

---

susceptible de favorecer el capital ficticio en el sentido II y en el sentido I (se da entonces una demanda ex nihilo que contribuye a inflar la demanda de títulos aumentando artificialmente su valor de mercado y alimentar la especulación y la sobre especulación, mientras que la acumulación de capital real favorece igualmente el incremento sobre fundamento reales y parasitarios a la vez). Se pueden encontrar algunos elementos que explican la elevación del capital ficticio a partir del movimiento de capital real en el texto: Crise du capital, crise de l'entreprise. Ver http://www.robingoodfe llow.info.

[74] «La principal destrucción, en su forma más aguda, golpearía al capital en tanto que este posee el carácter de valores, los *valores* de los capitales, por tanto. La parte del capital-valor que no tiene más que la forma de simples títulos sobre futuras participaciones en la plusvalía o en el beneficio, de hecho, la forma de créditos sobre la producción bajo diversos aspectos, se encuentra depreciada en tanto que hay un descenso de los ingresos sobre los que se calcula. Una parte del oro y del dinero acumulado queda sin explotar, no funciona como capital. Una parte de los productos lanzados al mercado no puede cumplir su proceso de circulación y de reproducción más que mediante una enorme contracción de sus precios, es decir, por la depreciación del capital que representan. Igualmente, los elementos de capital fijo se ven más o menos depreciados. A esto se añade el hecho de que el proceso de reproducción depende de ciertas condiciones de precios predeterminadas, por lo que una disminución general de precios lo detiene y lo desorganiza. Esta perturbación y esta parálisis bloquean la función del dinero en tanto que medio de pago, cuyo desarrollo está ligado al del capital, fundado sobre esas condiciones de precios presupuestas. La cadena de obligaciones de pago a vencimiento fijo se ve rota en cien lugares; la confusión se agrava por el inevitable hundimiento del sistema de crédito, que se desenvuelve simultáneamente con el capital, llegando así a crisis violentas y agudas, a desvalorizaciones repentinas y forzadas, a la parada efectiva del proceso de reproducción y, por consiguiente, al total declive de la reproducción» (Marx, Capital, L.III, Pléiade, T.2, p.1036)

parte, para mostrar mejor que este proceso restablece el equilibrio roto por la detención de la desvalorización en su significado nº 2[75]. Por tanto en este sentido la desvalorización significa una depreciación general del capital[76], depreciación general, destrucción de capital, que

---

[75] Por otro lado, Marx parece igualmente reservar el uso del término depreciación para el análisis de los movimientos de precios que afectan la producción capitalista en su curso «normal». En este sentido, depreciación es sinónimo de disminución de valor del capital invertido (por ejemplo, disminución del precio de las materias primas). Esta bajada (para el alza, Marx habla de aumento de valor, se descarta la valorización debida a la plusvalía) puede provenir también tanto de una disminución del valor propiamente dicho como de movimientos de precios debidos a la competencia, a los efectos del sistema de crédito, etc. Esta depreciación del capital invertido puede afectar tanto al capital constante (ya sea fijo o circulante) como al capital variable (ver Capital, L.III, Pléiade, T.2, p.926).

[76] «En períodos de crisis –depreciación general de precios- se da, hasta un cierto momento, una *desvalorización general*, o *destrucción de capital*. La desvalorización puede ser *general*, absoluta y no relativa como la *depreciación*, en donde el valor expresa no solamente (como es el caso de los precios) la relación de una mercancía con otra, sino la relación entre el precio de la mercancía y el trabajo en ella objetivado, o entre un quantum de trabajo objetivado (de la misma cualidad) y otro quantum. De aquí que estos quanta no son iguales, existe una *desvalorización*, que no se ve compensada por una apreciación del otro lado, ya que este otro lado expresa un quantum de trabajo objetivado fijo e inmutable. En las crisis generales, esta desvalorización se extiende hasta la misma potencia de trabajo vivo. Según lo que hemos señalado más arriba, la destrucción de valor y de capital que se dan en una crisis coincide con –y equivale a- un *incremento general de las fuerzas productivas*. Este incremento no se debe sin embargo a un aumento efectivo de la fuerza productiva de trabajo (aun habiendo un aumento efectivo a la salida de las crisis, pero no es el momento ahora de hablar de ello), sino que se debe a una disminución del valor existente de las materias primas, de la maquinaria, de la capacidad de trabajo. Por ejemplo; el fabricante de algodón pierde capital en sus productos (por ejemplo, en el hilo), pero compra a un menor precio el mismo valor de algodón, trabajo, etc. Para él es lo mismo que si el valor *efectivo* del trabajo, del algodón, etc., hubiera disminuido, es decir como si los productos hubieran sido producidos más baratos, por el

tiene por objetivo llevar mediante la violencia el valor a un nivel en el cual la relación entre plusvalía y trabajo necesario permita una recuperación de la valorización.

Si, desde el punto de vista del capital total, desde de una desvalorización que afecta al conjunto del capital, en tanto que situamos el análisis al nivel de la competencia y de la existencia de« múltiples capitales», lo que es uno de los objetivos[77] inconclusos de la obra de Marx, los distintos capitalistas no son iguales ante esta desvalorización[78].

---

hecho de un aumento de la fuerza productiva del trabajo. Simultáneamente, por otra parte un incremento repentino y general de las fuerzas productivas desvalorizaría [se trata aquí de la desvalorización en su significado n° 2 NDR] relativamente todos los (objetivado el trabajo en un estadio inferior de las fuerzas productivas) y por tanto destruiría capital existente así como la capacidad de trabajo existente. El otro aspecto de la crisis se resuelve en una disminución efectiva de la producción, de trabajo vivo, a efectos de recomponer la relación exacta entre el trabajo necesario y el plustrabajo que está, en último término, en la base de todo» (Marx, Manuscritos de 1857-1858, Grundrisse, Editions sociales, T.1, p.385-386)

[77] «El movimiento efectivo de este proceso [valorización/ desvalorización, crisis es decir la abolición de esta desvalorización en su significado n° 2 y su sustitución por la desvalorización en su significado n° 7 NDR] no podrá ser examinado más que sobre el capital *real*, en decir, en competencia, etc., sobre las condiciones reales efectivas. No en este lugar» (Marx, Manuscrits de 1857-1858, Grundrisse, Editions sociales, T.1, p.386)

[78] «Lo que de esta manera se destruye no son los valores de uso. Lo que uno pierde, otro lo gana. Masas de mercancías funcionando como capital no puede renovarse como *capital* en las mismas manos. Los antiguos capitalistas quiebran. (...) Una gran parte del capital nominal de la sociedad, es decir, del *valor de cambio* del capital existente, se destruye para siempre, aunque esta destrucción, precisamente porque no afecta al valor de uso, puede estimular en gran medida la nueva reproducción. Al mismo tiempo es un período durante el que los financieros se enriquecen en detrimento de los industriales. Por lo que concierne a la disminución de capital puramente ficticio, bonos del tesoro, acciones, etc., en la medida en que no lleve a la quiebra del estado o de la sociedad anónima, en la medida en que la

Marx, la crisis de sobreacumulación y la desvalorización del capital

Cambio de decorado

Como hemos dicho, Marx se sirve de un cuadro histórico particular, históricamente superado, para ilustrar la sobreacumulación, la sobreproducción de capital. En cambio, las consideraciones que contempla respecto a las condiciones del restablecimiento de una situación «sana», de una total recuperación de la acumulación, son propias del capitalismo moderno, de las crisis de sobreproducción inherentes a la más moderna producción capitalista.

En un esquema ideal, conceptual, tenemos, en una crisis general, una total inmovilización del capital. Está fijado en las diversas formas de su proceso, bajo su forma monetaria, de medios de producción, de mercancías, en el proceso de producción o de circulación. No convirtiéndose el capital en elementos del capital productivo, igualmente las mercancías no se realizan. En tanto que el capital no fructifica, está fijo, inmovilizado. Con la crisis, cuando se habla de capital fijo, no se trata tanto de ese capital fijo que necesariamente existe en relación con el capital activo (por ejemplo, cuando el capital entra en los procesos de circulación, o cuando el capital continúa figurando bajo la forma de capital dinero para hacer frente a las fluctuaciones de la actividad) sino que se constata que todo el capital se ha fijado. Estamos frente a una repentina parada de la acumulación. Con la crisis, cuando la plusvalía es insuficiente respecto a las

reproducción general no se vea, en general, dificultada debido a que el crédito de los capitalistas industriales que detentan estos títulos se vea trastocado, es una simple transferencia de riquezas de unas manos a otras, y la operación tendrá en conjunto un efecto favorable sobre la reproducción, en la medida en que los recién llegados que adquieren a un precio tirado estos títulos son, por regla general, más emprendedores que los antiguos propietarios» (Marx, Théories sur la plus-value, Editions sociales, T.2, p.591-592).

esperadas condiciones del nivel de explotación, se produce una escisión entre la venta y la compra, el capital ya no se realiza mientras que el dinero no se transforma en elementos de capital productivo. El capital se inmoviliza repentinamente.

En teoría, en una dimensión abstracta de análisis de la crisis, es el conjunto del capital social el que puede paralizarse. En la realidad, en tanto nos situemos no al nivel del capital total sino de numerosos capitales, la inmovilización, la ociosidad, la retirada, la puesta en baldío, la puesta en barbecho del capital son además soluciones para restablecer las condiciones de una recuperación de la acumulación, restableciendo, mejorando las condiciones de explotación que anteriormente prevalecían. Son a la vez un síntoma de la crisis y la vía de la solución para restablecer el equilibrio perdido. Aquí no hay problemas con el derecho del trabajo ni las modalidades de despido. En cuanto la crisis estalla, brutal, repentinamente, y todo el capital se inmoviliza, la fuerza de trabajo deja de ser asalariada y pasa al ejército de reserva industrial que así se infla.

Este esquema teórico nunca se presenta así en la realidad. La crisis se desarrolla en espiral y se extiende a los distintos sectores a partir de la esfera en la cual estalla. Si bien el conjunto del capital se ve afectado, no es, en la práctica, el capital total el que se detiene. A nivel del capital individual, a nivel de los «numerosos capitales», algunas empresas pueden incluso desarrollarse mientras que se crean y se establecen otras nuevas.
Para tener una idea más ajustada de la crisis, es preciso abandonar el nivel de abstracción del capital total para examinar, analizar el capital en sus diversidades y sus dinámicas. Estas dimensiones particulares de la crisis, no presentes en el plan de «El Capital», no son tratadas por Marx más que de manera incidental remitiendo a otra obra las cuestiones propias de estos aspectos de la crisis.

Si el capital se inmoviliza, se fija, se congela y queda « dormido », se pone en barbecho, significa también que se pone de manifiesto la escisión entre las compras y las ventas, y la venta con pérdidas se instala. En consecuencia, cuando se da la sobreacumulación, en un momento del ciclo, a continuación de una acumulación de plusvalía, no debe hacernos entender esto como que la sobreacumulación no afecta más que a esta parte del capital. Es el conjunto de la relación capitalista la que se ve afectada, el conjunto del capital social. Es evidente que en el marco del cuadro de la división del producto social en capital constante, capital variable y plusvalía, en tanto que solo una parte de este capital social puede ser realizado, se comienza por imputar este capital realizado al capital adelantado y por tanto la plusvalía es la primera afectada por la crisis. Por otro lado, no significa su límite. En la sobreacumulación no se trata de un exceso de acumulación de la plusvalía, sino de una sobreproducción a nivel del capital total, que resulta de una insuficiencia de la plusvalía producida.

La sobreacumulación absoluta se caracteriza principalmente por el hecho de que la tasa de beneficio marginal está en su mínima expresión, o es negativa. Este último caso significa que el capital marginal adelantado se pierde en parte, lo cual afecta al nivel del capital total, al resto de la plusvalía.

Para recapitular todas las expresiones más ó menos sinónimas empleadas por Marx y que hemos repetido hasta la saciedad, constatemos que cuando el capital se inmoviliza, se fija, queda inactivo, no fructifica, se queda baldío, dormido: es la crisis de sobreproducción. El capital ya no se valoriza. En este sentido, se desvaloriza (ver desvalorización en su significado n° 3). Pero esta parada, este repentino bloqueo, es característico de la crisis de sobreproducción. Deja al dinero inmovilizado en las manos de los capitalistas industriales o comerciales y de los banqueros, inutilizados los medios de producción, las mercancías no vendidas, y la fuerza de trabajo en la calle.

Para recuperar la acumulación van a intervenir numerosos factores. Marx fija el montante del capital a desvalorizar de tal manera que la tasa de beneficio y la relación de explotación antes existentes se restablezcan.

En su modelo pedagógico, como hemos visto, el descenso de la tasa de beneficio y la sobreacumulación que le sigue es el producto de alza del salario. En consecuencia, ateniéndonos a este esquema, para restablecer la relación de explotación sería preciso disminuir el salario. El hecho de despedir a la fuerza de trabajo debe ejercer una presión a la baja sobre los salarios, favoreciendo el restablecimiento de las anteriores relaciones de explotación. Marx evoca este fenómeno de balanceo en el Libro I, cuando describe el marco que sirve para formalizar la sobreacumulación absoluta. No olvida, desde luego, tener en cuenta este aspecto en el análisis de los factores que permitirán la recuperación de los negocios. Lo analiza sin embargo como un factor complementario[79], un factor que apoya a la «paralización y la destrucción de capitales», lo que demuestra que se refiere a crisis de sobreproducción propias del modo de producción capitalista más avanzado, en el cual el trabajo está subordinado realmente al capital.

Hemos comprobado en la presentación de Marx dos dimensiones. Para producir la crisis contempla un alza de los salarios que afecta brutalmente a la producción de plusvalía y a la tasa de beneficio. Una sobreacumulación, una sobreproducción de capital es su corolario. El marco teórico está superado históricamente pero es suficientemente simple para explicitar su propósito. Cuando nos orientamos hacia la continuidad de la crisis y el proceso de recuperación de la acumulación, el marco se modifica. Marx ya no

---

[79] «Pero, al mismo tiempo, otros factores [diferentes de la desvalorización y la inmovilización NDR] entrarían en juego. La detención de la producción habría reducido a la inactividad una parte de la clase obrera, obligando a la parte ocupada a sufrir una reducción del salario incluso por debajo de la media. Esta operación tiene, para el capital, el mismo efecto que si, con salarios medios, hubiera aumentado la plusvalía relativa o absoluta» (Marx, Capital, L.III, Pléiade, T.2, p.1037).

pone en primer plano la cuestión de los salarios, sino la brutal desvalorización del capital.

Hay que destacar igualmente que Marx trata al capital adelantado como un único bloque sin preocuparse especialmente por la descomposición del capital en constante y variable. Hay que ver ahí una nueva prueba de que es un modelo pedagógico, un cuadro teórico simplificado a fin de facilitar su comprensión y su demostración.

En la lógica que desarrolla, los salarios han aumentado. Para restablecer la relación de explotación, es necesario disminuirlos. Esto puede conseguirse a través de la presión que los despidos hacen sobre los salarios. Pero esto no tanto el objetivo. Razonando, en este momento, sobre el capital total, Marx minora este aspecto del tema, que efectivamente no tiene más que una importancia relativa en el cuadro de las modernas crisis de sobreproducción. Estas integran y resultan del proceso valorización/desvalorización, del progreso contradictorio de la productividad del trabajo y exigen diversas formas de brutal desvalorización del capital.

La desvalorización/desacumulación

Marx habla también, respecto a restablecer las relaciones de explotación favorables a la salida de la crisis, de «puesta en letargo e incluso una destrucción parcial de capital»[80]. Desde el punto de vista del capital total, esa paralización es a la vez expresión de la crisis y una de las modalidades del restablecimiento de la actividad. Marx contempla las crisis como el conjunto de contradicciones, bajo un aspecto dialéctico[81]. La crisis es a la vez creación de desequilibro

---

[80] Puesta en baldío o en barbecho, ver notas del capítulo sobre la sobreacumulación relativa, p.61

[81] «El proceso de circulación o el de reproducción constituyen, en su conjunto, la unidad de las fases de producción y de circulación; es un proceso que recorre las dos fases y por ello implica posibilidades más desarrolladas en la forma abstracta de las crisis. Los economistas que niegan la crisis se contentan con remitirse a la simple unidad de estas dos fases. Si

debido a la violenta separación de la unidad que constituyen las diversas fases que el capital recorre y restablecimiento violento de la unidad que ha sido turbada.

El importe del capital en letargo es a priori equivalente al importe que debe ser desvalorizado para restaurar la relación de explotación que permita el reinicio de la acumulación. El capital aletargado es la expresión de la crisis; la crisis se manifiesta mediante la fijación, la inmovilización del capital. Al mismo tiempo, a través de la crisis, a través de la puesta en baldío, en barbecho del capital, se efectúa el violento restablecimiento de una unidad perdida.

Para los grandes capitales, la masa de beneficio puede compensar el descenso de sus tasas[82]; la tasa de beneficio disminuye pero la masa

---

solo estuvieran separadas, sin formar un todo, el restablecimiento violento de su unidad sería imposible; no habría crisis. Si formaran un todo, su separación violenta sería imposible, lo que significa crisis. Esta se debe al restablecimiento violento de la unidad hecha de momentos individualizados y a la individualización violenta de momentos que forman esencialmente un todo» (Marx, Matériaux pour l'«Economie», Pléiade, T.2, p.478).

«La dificultad de transformar la mercancía en dinero, de vender, procede simplemente de que la mercancía debe necesariamente ser transformada en dinero, mientras que el dinero no debe necesariamente ser transformado en mercancía de forma inmediata, de que *venta* y *compra* pueden estar desunidos. Hemos dicho que es esta la *forma* que incluye la *posibilidad* de la *crisis*, la posibilidad de que momentos que van el uno con el otro, que son inseparables, se separan y son por tanto vueltos a unir violentamente, la posibilidad de que su coherencia se realice mediante la violencia sobre su respectiva autonomía. Y la *crisis* no es otra cosa que la implantación violenta de la unidad de fases del proceso de producción, que se han autonomizado entre sí.» (Marx, Théories sur la plus-value, Editions Sociales, T.2, p.607-608)

[82] «La compensación del descenso de la tasa de beneficio con la masa de beneficio incrementada sólo es disfrutada por el capital total de la sociedad y por los grandes capitalistas totalmente asentados» (Marx, Capital, L.III, Pléiade, T.2, p.1038)

total de beneficio es tal que puede compensar ese descenso[83]. Pero en ese caso, esto significa que el capital ha realizado el conjunto del capital mercancía producido. Soporta el descenso de la tasa de beneficio, porque todo el valor capital ha sido realizado. No existe aquí puesta en letargo o inmovilización del capital. Si esto último se produce, significa, igualmente, venta con pérdidas. Una parte del capital se fija y por tanto no reporta beneficio. Además, no tiene lugar su reproducción en tanto que capital. Por ejemplo, los medios de producción no utilizados ven perder su valor. Desde el punto de vista contable, su valor se amortiza de la misma forma que los medios de producción utilizados. Los locales permanecen igual, en cierta medida y durante cierto tiempo, ya alberguen muchos o pocos asalariados. Sucede lo mismo para las existencias en almacén e incluso para los edificios no utilizados en tanto que forman parte del capital invertido. Si los asalariados ejecutan una actividad reducida pero no son despedidos, su salario por el tiempo inactivo se transforma además en deducción sobre el beneficio realizado por la parte activa. Todos estos factores pesan sobre el beneficio total efectivo. Para estas empresas, el capital no utilizado forma parte del denominador de la tasa de beneficio. Para una parte variable, teniendo en cuenta de forma destacada la importancia del capital fijo, se convierte en una deducción del beneficio realizado. La tasa de beneficio se ve también afectada. Dependiendo de su tamaño, de la masa de sus fondos propios, su situación en el mercado, las empresas van a tener diferentes resultados.

Para aquellas empresas más sólidas, los sectores con pérdidas son compensados con exceso por aquellos que producen beneficios. La tasa de beneficio disminuye, pero permanece positiva. Para otras, el

---

[83] Observemos que en la cita precedente Marx habla de masa de beneficio incrementado, mientras que la sobreacumulación absoluta supone un beneficio marginal nulo o negativo.

descenso puede traducirse en una pérdida[84], pero tienen suficiente base para reaccionar y adaptarse a la situación abierta por la crisis. Para otras empresas, la crisis precipitará su fin, ya sea por una prematura parada en su actividad o por una aceleración en el número de quiebras[85].

Y por otro lado, la creación de empresas se ve frenada en tanto que los ceses de actividad crecen. Las nuevas son menos numerosas. Por consiguiente menos ingresos, menos «valores durmientes», se convierten en capital. Al igual que menos plusvalía, ya sea vía crédito o acumulación en los brotes verdes y de los nuevos y los rebrotes en los capitales antiguos, se acumula en estos nuevos campos. La relación entre capital activo y capital fijo es más desfavorable que anteriormente. La rentabilidad del nuevo capital disminuye al igual que las masas de capitales invertidos[86]. Al mismo tiempo, en la medida en que este joven capital toma pié, entra en competencia con el antiguo y favorece la inacción o la salida de una fracción de este último.

El capital inmovilizado, puesto en letargo, puesto en baldío, no crea las mercancías que permiten al capital no solamente valorizarse, obtener un beneficio, sino también reproducirse en tanto que capital

---

[84] La pérdida también puede ser el resultado de una estrategia de bajadas de los precios para resistir a la competencia. Ver la desvalorización/depreciación.

[85] Son estas las situaciones contempladas por la cita siguiente : «Esto se extendería en parte sobre la sustancia material del capital, es decir, que una parte de los medios de producción, capital fijo y capital circulante, dejaría de funcionar y de actuar como capital ; un cierto número de empresas suspendería su actividad» (Marx, Capital, L.III, Pléiade, T.2, p.1036)

[86] «En realidad, se vería que una parte del capital quedaría desocupado –total o parcialmente- porque antes de fructificar debiera desplazar el capital ya en funciones ; y la otra parte, bajo la influencia de capital desocupado u ocupado a medias, fructificaría a una tasa inferior de beneficio» (Marx, Capital, L.III Pléiade, T.2, p.1034)

adelantado. Como consecuencia, los valores de uso útiles a esta doble función no se crean, el valor se pierde y actúa como deducción de la plusvalía y del capital existente. Las empresas cuyas pérdidas han sido compensadas por los beneficios o cuyas pérdidas han sido limitadas o momentáneas, o aquellas que tienen una cierta base para asumir las pérdidas[87], conservan sin embargo su base productiva en la perspectiva de reconquistar su lugar en el mercado (por otra parte, uno de los criterios que ha podido guiar su política frente a la crisis que les afecta[88]).

Es este aspecto de la puesta en letargo que hemos denominado desvalorización/desacumulación. Por un lado, el capital reduce su base y encaja el descenso de la tasa de beneficio. Al mismo tiempo, esta base se afirma.

La desvalorización/destrucción

Como hemos visto durante el análisis de las diversas acepciones del término desvalorización, los efectos de la inmovilización del capital inducen también la destrucción de valores de uso. El capital existente no solamente ya no se reproduce, desaparece por efecto del deterioro de los valores de uso (mercancías perecederas, obsoletas, edificios inacabados, abandonados, capital fijo desechado…). El valor de cambio se pierde con la destrucción del valor de uso. El capital

---

[87] La pérdida de hecho que resulta del deterioro de la relación capital activo/capital fijo no debe de ser asimilada a un sistema de vasos comunicantes en donde las pérdidas de unos son la fuente de beneficio de otros. Esta representación es la de Boccara y constituye una de las falsificaciones que rodea su concepto de desvalorización (ver crítica de Boccara, más abajo)

[88] «La parte de ∆C de que dispondrían los antiguos capitalistas, la dejarían más o menos ociosa, para no depreciar ellos mismos su capital primitivo y no estrechar su espacio en el campo de producción ; o la emplearían, incluso con pérdidas momentáneas, para que los recién llegados y de manera general su competencia no empleen el capital adicional» (Marx, Capital, L.III, Pléiade, T.2, p.1035)

igualmente se desvaloriza. Aquí también su base se ve reducida por esta destrucción. Los medios materiales de la valorización se destruyen o son abandonados sin finalizar.

La desvalorización/depreciación

Marx también pone en evidencia que la principal forma y también la más aguda de la desvalorización es la que denominamos desvalorización/depreciación. Bajo diversas formas interviene una disminución de precios, disminución ruinosa que golpea al «capital, en tanto que posee el carácter de valores, y de esta manera el valor de los capitales». La desvalorización/depreciación general se traduce en una disminución del nivel general de precios a fin de compensar el movimiento inverso del valor debido al deterioro de la relación de explotación y de la disminución relativa o absoluta de la plusvalía.

Hemos visto que la exacerbación de la competencia engendrada por la súbita bajada de las tasas de beneficio y el marasmo de los negocios que le sigue, empujaba a los capitalistas a bajar los precios a fin de limitar las pérdidas salvando el capital aunque sea abandonando toda o parte de la plusvalía, impedir introducirse a nuevos competidores, arruinar a los antiguos. Es la escisión entre la venta y la compra lo que permite manifestarse a la crisis. Es pues en la esfera financiera y comercial en donde toma su origen, allá en donde el dinero está puesto a disposición de los capitalistas industriales[89]. Esta

---

[89] «El comercio no está limitado por la producción en sí, o solamente de manera muy elástica, pudiendo siempre la reproducción considerarse como incrementada. Aparte de la separación M-D y D-M que resulta de la naturaleza de la mercancía, una demanda ficticia se crea aquí. A pesar de su autonomía, el movimiento de capital mercantil no es nada más que el movimiento del capital industrial en la esfera de la circulación. Pero esta autonomía convierte sus movimientos, en cierta medida, en algo independiente de los límites marcados por el proceso de reproducción, e impulsa a éste más allá de sus propios límites. A causa de su dependencia interna y de su independencia externa, el capital mercantil llega a un punto en el cual la cohesión interior se ve restablecida de manera violenta, por una

disminución se presenta en primer lugar en las relaciones entre capitalistas y entre capitalistas industriales y comerciantes, a nivel de precios al por mayor.

Las empresas más sólidas son las susceptibles de obtener un mejor pellizco en el juego que otras. Por otra parte, en el curso de las quiebras y las reestructuraciones, la venta por subasta de medios de producción o de consumo puede traducirse en una depreciación de éstos, de la cual se aprovechan sus adquirentes. Lo que se pierde por la quiebra o por empresas activas que se reestructuran puede ser beneficioso para las que compren a precio tirado estas mercancías. Según que el descenso de precios conseguido por los proveedores sea o no repercutido (o amplificado, si la depreciación se generaliza) sobre los clientes, la empresa que se beneficie de ello obtendrá o no beneficios de este descenso. Si ella misma entra en la espiral deflacionista, podrá conocer una disminución de la tasa de beneficio o de pérdidas, a pesar de las ventajas que haya obtenido de los descensos de precios de sus proveedores. Por otro lado, estos descensos de precios y sus fluctuaciones tienen en sí mismas un carácter perturbador que desorganiza el proceso de producción y de circulación, y provoca un efecto inverso al esperado, dañando la reproducción de capital. Una espiral deflacionista impide la recuperación de una situación favorable a una recuperación de la acumulación, En el plano internacional estos fenómenos se acentuarán por la guerra de divisas, mientras que las tendencias proteccionistas orientadas a preservar la masa de plusvalía en detrimento relativo de su tasa se afirmarán.

El ejemplo pedagógico de Marx no incluye el efecto en retorno que se produce del alza en el valor potencial del capital constante y, por consiguiente, la plusvalía permanece a priori positiva. Para que se

crisis. Esto es lo que explica que las crisis no estallen en primer lugar en el comercio al detalle, relacionado con el consumo directo, sino en el comercio al por mayor y en los bancos, que colocan el capital-dinero de la sociedad a disposición del primero» (Marx, Capital, L.III, Pléiade, T.2, p.1074-1075)

perdiera toda la plusvalía la tasa de explotación debería caer hasta cero. Pero si reintroducimos el proceso valorización/desvalorización (en su significado n° 2), ya no es lo mismo. La perspectiva de tener que desvalorizar el capital más allá del conjunto de la plusvalía se hace posible, por el hecho de que el mismo capital constante –que juega un papel creciente en la composición del producto social- tiende a revalorizarse bajo el efecto retorno de la productividad del trabajo.

Respecto al capital ficticio (títulos) sucede lo mismo, siendo incluso los descensos de precio relativamente más importantes. Están en proporción a su elevación artificial en el período de expansión y de sobre-especulación que precede al estallido de la crisis. Ahora, el crédito escasea y agrava la crisis general en todas las esferas, mientras que el capital ficticio (fraude) emerge entre negocios saneados despistados y en medio de aquellos negocios que se han sostenido mediante una huida hacia adelante ligada al crédito y al exceso de crédito. La crisis permite una centralización del capital real; favorece aún más la centralización del capital ficticio.

Dinámica de la recuperación

En una primera etapa, el capital queda sin ocupación. A continuación las empresas van a reaccionar, si no lo han hecho de forma anticipada. Van a realizar despidos y lo aprovecharán para solucionar aquellas cuestiones organizativas que han quedado pendientes; se servirán de la crisis como pretexto para introducir racionalizaciones pospuestas hasta entonces, principalmente por temor a la reacción de los asalariados. Como consecuencia, se instala una base material más productiva. Retiro de los medios de producción y técnicos superados, supresión de aquellas actividades menos rentables, mejora de la productividad en las demás, economías y racionalizaciones preparan la empresa para un nuevo contexto y mejoran su competividad ante sus competidores, permitiendo un salto en la fuerza productiva del trabajo, que facilita el restablecimiento sino la mejora de la relación de explotación y de producción de la plusvalía[90].

En el marco de este proceso de reestructuraciones, ha podido intervenir la desvalorización del capital a través de la reventa de capitales depreciados y la destrucción de los valores de uso.

La misma fuerza de trabajo, como hemos visto, ve depreciarse su precio bajo la acción de la hinchazón del ejército de reserva industrial. Estas bajadas de salario favorecen la recuperación.

Conclusión

En conclusión, podemos extraer algunas constataciones en cuanto a la naturaleza de la crisis de sobreacumulación, de sobreproducción general de capital:

1° Es una crisis general, y no una crisis parcial. Es general no solamente por su extensión, tocando todas las esferas de la sociedad sino también porque afecta al conjunto de componentes del capital social[91] y no solamente a una parte de éste (totalidad o parte de la plusvalía, por ejemplo).

---

[90] «El descenso de los precios y la lucha competitiva habrían, por otro lado, incitado a cada capitalista a rebajar el valor individual de su producto por debajo de su valor general empleando nuevas máquinas, nuevos métodos de trabajo perfeccionados, nuevas combinaciones ; es decir, a acrecentar la productividad de una determinada cantidad de trabajo, bajando la proporción de capital variable con relación al capital constante, y liberando obreros ; en resumen, creando una superpoblación artificial» (Marx, Capital, L.III, Pléiade, T.2, p.1037)

Comprobamos de nuevo que Marx reintroduce aquí el progreso de la fuerza productiva de trabajo que había sido explícitamente descartado para poner en escena la sobreacumulación absoluta.

[91] «Desde que toda la cantidad de plustrabajo que se puede extraer se materializa en mercancía, se produce la plusvalía. Pero esta producción de plusvalía tan sólo acaba el primer acto del proceso de producción capitalista, el proceso inmediato. El capital ha absorbido una determinada cantidad de trabajo no pagado. A medida que el proceso se desarrolla, que se expresa en

2° Es una crisis de sobreproducción, característica de la sociedad burguesa más evolucionada, la más moderna. Se da una sobreproducción general de capital por el hecho de que hay una inversión brutal de la tasa de explotación, lo cual implica en el modo de producción capitalista más desarrollado una inversión brutal de la productividad del trabajo.

3° La crisis tiene su origen en el proceso de producción, pero estalla en la esfera de la circulación. Es en ésta última en donde toma cuerpo, por el hecho de la escisión entre la compra y la venta de la mercancía. Esta posibilidad de la crisis yace en la forma moneda, en la función de medio de pago del dinero. Las condiciones de la producción y de realización del valor y de la plusvalía no son idénticas. La crisis, resultado del proceso productivo, estalla en la superficie de la sociedad. La necesidad y la posibilidad de la crisis se reúnen de esa manera.

4° Estas crisis regresan periódicamente. No son crisis permanentes. Sobrevienen brutalmente, repentinamente. En tanto que

---

el descenso de la tasa de beneficio, la masa de plusvalía así producida aumenta de forma inmensa. Llega entonces el segundo acto del proceso. Es necesario que toda la masa de mercancías, el producto total, tanto la parte que representa el capital constante y el capital variable como aquella que representa la plusvalía, se venda. Si la venta no se realiza, o sólo se realiza parcialmente, o a precios inferiores a los precios de producción, ha existido una clara explotación del obrero, pero ésta no ha sido realizada como tal por el capitalista: puede ir de la mano con la imposibilidad total o parcial de realizar la plusvalía extraída, o ir acompañada de la pérdida total o parcial del capital.» (Marx, Capital, L.III, Pléiade, T.2, p.1026).

Lenin era bien consciente de ello: «Esto remite a la teoría de Proudhon sobre la realización, según la cual los capitalistas pueden realizar fácilmente tanto el capital constante como el capital variable, pero encuentran dificultades cuando realizan la plusvalía. De hecho, los capitalistas no pueden realizar sin dificultades y sin crisis ni la plusvalía, ni el capital variable, ni el capital constante. Lanzan al mercado masas de mercancías que representan no sólo el valor acumulado, sino incluso el valor de reproducción del capital variable y del capital constante.» (Lenin, Por una revisión del programa del partido, Oeuvres, Editions sociales, T.26, p.169)

devastan la sociedad como lo haría una catástrofe natural, estas crisis generales son catastróficas. Pero aquí la catástrofe tiene una esencial social[92].

5° Sobreacumulación y desvalorización, destrucción del capital mantienen una relación dialéctica y orgánica y no una relación mecánica y lógica.

6° Mediante la repetición de las crisis, cuya tendencia es a la agravación, se manifiesta la tendencia a la baja de la tasa de beneficio. No se trata de un ciclo ni de una onda larga de tipo Kondratiev, sino de la evolución de las relaciones capitalistas en un contexto geo-histórico determinado.

7° Estas crisis expresan la revuelta de las fuerzas productivas asfixiadas por las relaciones de producción capitalista cuya finalidad limitada, la búsqueda del máximo de plusvalía, entra en contradicción con el desarrollo de las fuerzas productivas de trabajo que suscita. Esas crisis son llamados al derrocamiento del capital y a la dominación política del proletariado bajo la forma de una dictadura revolucionaria a fin de instaurar una forma de organización social superior: el comunismo[93]

---

[92] «Entonces, coincidiendo con el desarrollo más alto de las fuerzas productivas y la más amplia expansión de las riquezas existentes, comenzará la depreciación del capital, la degradación del trabajador, y el agotamiento de sus fuerzas vitales. Estas contradicciones llevan a explosiones, a cataclismos, a crisis, a la detención temporal de toda labor y a la destrucción de una gran parte de capital, que trasladarán brutalmente a éste hasta un punto desde el que será capaz de recrear sus fuerzas productivas sin suicidarse. Pero debido a que estas catástrofes se suceden de forma regular y se producen cada vez a mayor escala, llegarán a fin de cuentas al hundimiento violento del capital.» (Marx, Principios de una crítica de la economía política, Grundrisse, Pléiade, T.2, p.273).

[93] «La creciente falta de adecuación del desarrollo productivo de la sociedad a las relaciones de producción que eran suyas hasta entonces se expresa en las contradicciones agudas, en las crisis, en las convulsiones. La destrucción violenta del capital, no por circunstancias que le son externas, sino como condición de su propia conservación es la forma más llamativa

Se comprueba también todo el interés político que tiene la designación del "capital financiero" como chivo expiatorio de la crisis. Así, la crítica no lleva más allá de las dimensiones parasitarias del capital, y no llega al corazón mismo de la producción capitalista: la producción de un máximum de plusvalía. La explotación del proletariado desaparece. No solamente este aspecto, que es fundamento de la producción capitalista, no es criticado, sino que incluso se defiende contra el "capital financiero" y el "capital ficticio", acusados de derrochar y desviar los capitales de su acumulación en la esfera productiva de la plusvalía. Por consiguiente, al «capital malo», capital ficticio, capital financiero, se le opone el «capital bueno» : el capital productor de plusvalía, que desarrolla, aumenta, racionaliza, en resumen se le emplaza a llevar más adelante y más rápidamente la producción de la plusvalía relativa, prenda de la existencia y de la prosperidad de las clases medias defensoras del socialismo pequeño-burgués. Este tipo de economistas se imagina que se puede separar la buena ganancia de la avaricia, que los bancos puedan ser necesarios para algo más[94] que para asegurar la transición hacia una mercancía no

---

del *consejo* que se le da de *retirarse para dejar sitio a un nivel superior de producción social»* (Marx, Manuscritos de 1857-1858, Editions sociales,T.2, p.237-238).

[94] Cuando François Chesnais, en su libro sobre las «deudas ilegítimas», concepto que detecta su pequeño-burgués a diez leguas, plantea la cuestión «¿Necesitamos los bancos en su forma actual?», la respuesta está ya implícita en su pregunta.

Se trata pues de cambiar su forma manteniendo la institución. Se trata de transformarlos colocándolos al servicio de la financiación « social » de la economía, es decir, permitir la acumulación de la plusvalía y su realización, permitir su crecimiento sin los efectos indeseables de la inflación del capital ficticio. Lo cual vuelve a dejar intactas las relaciones de producción capitalistas. Se promueve por tanto un capitalismo más o menos estatizado, un capitalismo en el cual el capital bancario estaría estatizado.

Se encuentra siempre más reformista y más oportunista que uno mismo. Es testigo de ello el pase por las armas, a florete con guardapuntas, de François Chesnais contra uno de los representantes del altermundialismo, a saber Dominique Plihon, adepto también a unas « finanzas al servicio de la sociedad », y que habla de reestructurar la deuda, término suficientemente

mercantil : Llevando al colmo la centralización, sirviéndose de redes constituidas (físicas y electrónicas – ventanilla, transferencias, tarjetas de crédito, moneda electrónica, otras bases materiales, y añadamos mañana el teléfono móvil y otras tarjetas), para dar una forma moderna a los bonos de trabajo, que permiten en la fase inferior del comunismo acceder al consumo individual, una parte del producto social destinado al consumo), utilizando las funciones de contabilidad social que ellas tienden a crear (gestión de cuentas bancarias), capital ya detentado bajo la forma de acciones, gestión de los créditos para facilitar el reagrupamiento de las pequeñas empresas y acabar con la economía de empresa, etc.

« [El sistema de crédito] es en sí mismo, por una parte, un factor inherente al modo de producción capitalista y, por otra, un motor de su evolución hacia su forma última, la más alta.

Vista su forma de organización y de centralización, el sistema bancario es el producto más ingenioso y más acabado que la economía capitalista haya podido realizar (...). De ahí el prodigioso poder que una institución como el Banco de Inglaterra ejerce sobre el comercio y la industria, si bien su movimiento real escapa totalmente a su acción y juega un papel pasivo al respecto. Es cierto que la forma de una contabilidad general y de un reparto de los medios de producción es así dada, pero la forma y nada más. (...). Pero al mismo tiempo la banca y el crédito devienen el medio más potente de hacer salir a la producción capitalista de sus propios límites y uno de los vehículos más eficaces de las crisis y de la especulación fraudulenta.

Al substituir el dinero por las formas varias del crédito circulante, el sistema bancario muestra que el dinero no es otra cosa, en realidad, que una expresión particular del carácter social del trabajo y de sus productos; pero en contraste con la base de la producción privada, este carácter social debe presentarse siempre, en última instancia, como una cosa, una mercancía particular entre otras.

---

vago para cubrir toda una panoplia de políticas, incluidas las más clásicas impuestas por el imperialismo.

En fin, no es dudoso que el sistema de crédito servirá de potente palanca en el período de transición del modo de producción capitalista al modo de producción del trabajo asociado. Sin embargo, será tan sólo un elemento entre otros grandes trastornos orgánicos del mismo modo de producción. Por el contrario, las ilusiones sobre el poder milagroso que tendrán el crédito y los bancos de ir en el sentido del socialismo provienen de un desconocimiento total de la economía capitalista y del crédito como una de sus formas. Desde que los medios de producción han dejado de transformarse en capital (lo que implica igualmente la abolición de la propiedad privada de bienes raíces), el crédito como tal pierde su razón de ser, lo que los saintsimonianos han llegado a comprender. Además, mientras el modo de producción capitalista subsista, el capital creador de interés subsiste también como una de sus formas, y constituye por ello la base de su sistema de crédito. Sólo Proudhon, este escritor sensacionalista, que quería dejar subsistir la producción mercantil y abolir la moneda, era capaz de imaginar este monstruo: el *crédito gratuito*, quimera engendrada por el pío deseo del pequeño burgués. Todos los falsarios de proyectos vacíos y otros charlatanes encuentran ahí lo que quieren. » (Marx, Capital, L.III, Pléiade, T.2, pp.1279, 1280, 1281)

El pensamiento cosificado toma de buen grado una de las formas de la plusvalía por la plusvalía misma, lo que le permite tomar esta forma como lo esencial, para así mejor enmascarar el proceso en su conjunto. La retórica para marear la perdiz es siempre la misma. Mientras que el fin de la producción capitalista, el mismo ser del capital, es el de producir una máximo de plusvalía. Para el pensamiento vulgar, estos son agentes exteriores, representantes de una componente de la plusvalía, que llevan a la explotación. Una de las formas de la plusvalía, creciendo, obliga a los otros actores, representantes de otras formas de la plusvalía, y especialmente del capital industrial, a una acción contra los asalariados. No se trata de una masonería unida contra el proletariado que para obtener el máximo de plusvalía se desgarra en el reparto del botín, sino de una explotación inducida, concebida como una degradación de la situación, el resultado de los excesos de una fracción.

Para los altermundialistas, se trata del capital financiero[95]. Al exigir elevados rendimientos de sus fondos propios a fin de «crear valor para el accionista», el capital financiero impulsa a las empresas a la vía del beneficio a corto plazo y de los «despidos bursátiles», desviando al capital de la acumulación a la esfera de la producción de plusvalía.

Cuando los culpables no son los capitalistas financieros, el interés o la captación de plusvalía en relación con las transacciones de capital ficticio, son los capitalistas comerciales o los propietarios agrarios, la renta y la especulación inmobiliaria[96]. Cuando no es la renta y la

---

[95] Concepto que, en si mismo, necesitaría muchas más precisiones. Los buenos apóstoles del socialismo pequeño-burgués generalmente no lo emplean en el sentido de Marx, sino más bien, y debiera decirse como mucho, en sus acepciones leninistas. Si no se entra en el terreno de las creaciones conceptuales en donde la confusión se mezcla con la imprecisión.

[96] «Entre las perspectivas contrarrevolucionarias enfrentadas al proletariado, nos encontramos por ejemplo con la de Rocard, que hablando de la renta urbana se lamenta de que «una parte del fruto de la actividad colectiva» (una cháchara para nombrar a la plusvalía) se evapora en forma de renta, privando así a la clase capitalista de más beneficios que podrían permitirles satisfacer una parte de las reivindicaciones de los «asalariados» (término que en el lenguaje de M. Rocard designa una masa interclasista en la que están a la vez los proletarios y las clases medias). Pobres patronos, que no pueden pese a toda su buena voluntad ofrecer «concesiones a los trabajadores», porque les hace falta mantener su tasa de beneficio, ya por otro lado bien baja. De alguna manera, la lucha de clases no procedería de que el capital explote al trabajo, sino de que la propiedad inmobiliaria impide la realización de los intereses armónicos. Deseosos de racionalizar el capital, y así optimizar la explotación capitalista, según los métodos que aprendieron en la E.N.A. y en los cursos nocturnos del Partido Socialista, M. Rocard es partidario de una política de colaboración de clase en la cual el proletariado, unido a las clases medias, se aliaría con el capital industrial frente a los propietarios inmobiliarios» (La cuestión agraria, Comunismo o Civilización).

propiedad de la tierra, son los superbeneficios de los monopolios. Los estalinistas se han hecho maestros en esta retórica. Es sin duda a propósito de los PME en donde nos encontramos las mayores burradas. En su crítica del PCF y de su teoría de la teoría del CME (capitalismo monopolista de Estado), Jacques Valier propone una abundante recopilación. Así, en un libro sobre los PME, escrito por Claude Quin, más tarde PDG de la RATP, se puede leer que estas no son más que «satélites de la explotación monopolista». Claude Quin llega incluso a decir que son los monopolios los que las «obligan a actuar contra sus propios asalariados».

En general, se preserva el pequeño capital industrial (el culpable es el capital monopolista) y el Estado. Este último se defiende porqué es, en el pensamiento reformista, la esencia del bien y también el garante de los salarios de los profesores de economía política. Es la prensa liberal entonces la que se encarga de criticar al Estado o también al monopolio sindical que deja los sueldos demasiado altos. «En primer lugar porque el nivel de las tasas marginales es mucho más bajo en valor absoluto, y luego porque el aumento de cotizaciones sociales y de salarios se conjugan para disminuir aún más estas tasas, y finalmente porque las empresas no tienen otra solución para remediarlo más que el aumento de la productividad, lo que significa aumento del desempleo, papel acrecentado del capital en detrimento del empleo, aumento de exigencias de los asalariados (y por tanto del malestar de estos). Se cierran así las empresas en un círculo vicioso en el cual el elevado nivel de los costes de producción (impuestos y salarios) frena el dinamismo y la posibilidad de contratación de las empresas, y en el cual la única respuesta posible es el aumento de las tasas de productividad que naturalmente tiene sus límites y provoca las reacciones contrarias de los asalariados». (IFRAP, Bertrand Nouel, « Para el empleo, mejorar los márgenes de beneficio de las empresas »)

Que la competencia en el reparto de la plusvalía, al avivarse, impulse a las empresas a realizar mejor el ser del capital es lo que deja perplejo al economista pequeño-burgués. En la medida en que hacen valer su derecho a lo que su situación económica y social les permite, los capitalistas actúan conforme a su ser y en este caso conforme a la tarea histórica cumplida por el modo de producción capitalista. No solamente pueden hacer lo que hacen, sino que, en cierta forma, deben hacerlo[97]. Esto no debe enmascarar el hecho de que el origen de esta plusvalía está en la explotación de esta forma de trabajo.

---

[97] «El capitalista no tiene ningún valor histórico, ningún derecho histórico a la vida, ninguna razón social de ser a menos que funcione como *capital personificado*. Solamente a estos efectos la necesidad transitoria de su propia existencia está implicada en la *necesidad transitoria del modo de producción capitalista*. La meta determinante de su actividad no es pues ni el valor de uso ni el disfrute, sino más bien el valor de cambio y su continuo incremento. Como agente fanático de la acumulación, obliga a los hombres, sin piedad ni tregua, *a producir por producir*, y les empuja también instintivamente a desarrollar las potencias productivas y las condiciones materiales que pueden formar la base de una sociedad nueva y superior. El capitalista no es respetable más que en tanto es el capital hecho hombre. En este papel es, también, como el atesorador, dominado por la ciega pasión por la riqueza abstracta, el valor. Pero lo que en uno parece una manía individual en el otro es el efecto de un mecanismo social del cual no es más que un engranaje» (Marx, Capital, L.I, Pléiade, T.1, p.1095-1097).

«(…) una sociedad no puede existir sin crisis de vivienda cuando la gran masa de trabajadores no dispone más que de su salario, es decir, de la suma de los medios indispensables para su subsistencia y su reproducción ; cuando sin cesar las nuevas innovaciones mecánicas, etc., quitan su trabajo a las masas de obreros ; cuando las crisis industriales violentas y cíclicas determinan por una parte, la existencia de un gran ejército de reserva de parados y, por otra parte, echa momentáneamente a la calle una gran masa de trabajadores ; cuando estos se amontonan en las grandes ciudades a un ritmo más rápido que el de la construcción de alojamientos en las circunstancias actuales y cuando los tabucos más innobles encuentran siempre inquilinos ; cuando, en fin, el propietario de una casa, en su calidad de capitalista, tiene no solamente el derecho sino también en cierta medida, gracias a la competencia, el deber de extraer de su casa, sin escrúpulos, los alquileres más elevados.» (Engels, La cuestión de la vivienda, Editions sociales, p.55-56)

La crítica pequeño-burguesa se concentra en algunas formas, las formas más parasitarias, las más evidentemente parasitarias, debiera decirse, para así enmascarar mejor y salvaguardar el esclavismo asalariado, dejando intacto el modo de producción capitalista[98].

---

[98] «Por otro lado, son muy bellas esas cuestiones con las que amenaza nuestro proudhoniano: ¡el *crédito*! ¿Qué crédito puede necesitar el trabajador, si no es el crédito a fiado o el del Monte de Piedad? ¿Y si este se contrata gratuitamente o con intereses usurarios como los del Monte de Piedad, que diferencia le supone? Y si, de forma general, obtuviera un beneficio y así los gastos de producción de la fuerza de trabajo se hicieran menos elevados ¿no debería también caer el precio de esta fuerza de trabajo? Pero para el burgués, y especialmente para el pequeño burgués, el crédito es un tema importante; muy especialmente para el pequeño burgués sería maravilloso poder en cualquier momento disponer de crédito, y por debajo del mercado, sin pagar intereses. ¡«La deuda pública»! La clase obrera sabe que no es responsable de la misma y que, cuando tome el poder, dejara el pago para aquellos que la contrajeron. ¡«Las deudas privadas»! Repetimos lo mismo que se ha dicho para el crédito. ¡«Los impuestos»! Interesan mucho a la burguesía, muy poco a los trabajadores: lo que pagan como impuestos se incorpora a largo plazo a los gastos de producción de la fuerza de trabajo y en consecuencia debe ser compensado por los capitalistas. Todos estos puntos que se nos presentan aquí como cuestiones de alta importancia para la clase obrera no interesan esencialmente más que a los burgueses y a los pequeño-burgueses, y, pese a Proudhon, sostenemos que los trabajadores no tienen como misión velar por los intereses de estas clases.» (Engels, La cuestión de la vivienda, Editions sociales, p.48-49)

El marxismo vulgar y la sobreacumulación

Vamos a ver como algunos representantes del marxismo vulgar maltratan la teoría de la sobreacumulación. Recorreremos rápidamente, en la medida en ya les hemos consagrado una larga refutación, los puntos de vista desarrollados por Grossman/Mattick, que influencian a la ultraizquierda, si bien está ahora en total delicuescencia. Posteriormente pasaremos a Paul Boccara cuyas teorías juegan un papel notable en la historia del PCF y, para terminar, tomaremos por emblema ecuménico del marxismo de cátedra las teorías de Marcel Roelandts, ya que él pretende sintetizar tendencias contradictorias. Son otros tantos intentos de asfixiar la teoría de Marx.

Grossmann/Mattick

El marco de la exposición de Marx sobre la sobreacumulación absoluta no sólo hace entusiastas. Hemos destacado la dimensión pedagógica de las hipótesis de Marx (pero que tienen reflejos en un pasado de la producción capitalista) y que esta elección tendría como motivo descartar el proceso valorización/desvalorización.

Entre los descontentos nos encontramos con Paul Mattick, el cual afirma:

«Para ilustrar el concepto de sobreacumulación, Marx recurre a otro ejemplo, cuya elección en cualquier caso no es muy afortunada.» (…) «ejemplo (…) cojo, porque contradice todos los datos de la experiencia y hasta la misma teoría marxiana de la acumulación.» (Mattick, Crisis y teorías de las crisis, Editions Champ Libre, p.86 y p.88).

Hemos demostrado que no era nada de eso. Aunque se trate de borradores, hay una coherencia en este ejemplo de la que se deduce la voluntad simplificadora de Marx por lo que concierne a la exposición de las causas que engendran la sobreacumulación.

La teoría de Grossman, retomada por Mattick, una vez desprovista de algunas máscaras tras las que se disimula es particularmente vulgar. Parte de la idea de que la acumulación debe estar en relación con el capital ya adelantado y no con la plusvalía producida, y que esta acumulación se realiza sobre la base de una tasa de beneficio marginal decreciente.

Por ejemplo, supongamos que el valor de la producción se descompone en:

100 c + 100 v + 100 pl. (c = capital constante, v= capital variable y pl = plusvalía)

Si las necesidades de la acumulación[99] se elevan a 50 c + 25 v[100] le quedará a la clase capitalista una plusvalía de 25 para consumir.

En el período siguiente tenemos pues la siguiente situación:
150 c + 125 v + 130 pl[101]

Las necesidades de acumulación se hacen entonces[102], por ejemplo, 90 c + 30 v. Para consumir a la clase capitalista no le queda más que 10. En cierto momento pues, el consumo de la clase capitalista disminuye para hacer frente a las crecientes necesidades de acumulación.

---

[99] Uno de los fundamentos de la estafa intelectual de Grossman yace en esta absurda extrapolación.

[100] En este ejemplo, la composición orgánica marginal –c/v- se dobla; dejamos a un lado el capital fijo, cuya rotación se supone igual a 1.

[101] La tasa de plusvalía ha aumentado, pero la tasa de beneficio disminuye. La tasa de acumulación se incrementa.

[102] Forzamos el rasgo para llegar más rápido al resultado de Grossman.

114

En el siguiente período tenemos pues un producto social igual a: 240 c+ 155 v + 175 pl[103].

Si las necesidades de acumulación, determinadas según la lógica de Grossmann, es decir, poniendo en relación la plusvalía acumulada con el montante de capital existente, suponen, por ejemplo, un capital constante adicional de 150 c para un capital variable de 40 v, la plusvalía se hace insuficiente.

En efecto, una plusvalía de 175 está disponible, mientras que la necesidad (imaginaria) para financiar la acumulación es de 190 (150 + 40). Aquí es cuando, según Grossmann, comienza la crisis.

De hecho, Grossmann crea una desproporción imaginaria que se traduce en medios de producción no empleados, acumulando la totalidad de c (150) mientras que la no acumulación de la totalidad de v (40) deja la fuerza de trabajo por los suelos (15 v, es decir 190-175).

El esquema de Grossmann no es tan grosero porque la superchería sería demasiado evidente. Grossmann ha recurrido a numerosos artificios para enmascarar sus infamias[104] pero el fondo de la teoría está ahí con toda su vulgaridad.

Se trata pues de una variante ricardiana del descenso de la tasa de beneficio. El alza de salarios y de la renta que reducen la tasa de beneficio como una piel de zapa, son sustituidos por Grossmann/Mattick por el alza autónoma, desconectada de la plusvalía, de la composición orgánica y de la tasa de acumulación. Todo termina en una desproporción (es decir, excedente de capital

---

[103] La tasa de plusvalía continúa progresando mientras que la tasa de beneficio continúa disminuyendo. La tasa de acumulación se aproxima al 100%. Se comprende bien todo el interés que encuentra Grossman en falsificar a Marx pretendiendo que el alza de la tasa de acumulación es un corolario de la disminución de la tasa de beneficio.

[104] Ver una crítica detallada en nuestro texto «La teoría marxista de las crisis» (http://www.robin goodfellow.info).

por un lado e insuficiencia por el otro); ¡y siendo además esta desproporción una desproporción artificial, imaginaria!

Grossmann hace correctamente la distinción entre el descenso tendencial de la tasa de beneficio y el descenso de la tasa de beneficio que caracteriza a la sobreacumulación[105], pero es incapaz de explicarlos por otra vía que no sea una teoría ricardiana.

---

[105] « Esta baja de la tasa de ganancia en la fase de sobreacumulación difiere, no obstante, de la baja de la tasa de ganancia en el estadio inicial de la acumulación de capital. La baja de la *tasa de ganancia* en sí misma constituye un fenómeno que acompaña constantemente a la acumulación en el curso de sus fases sucesivas, incluso acompaña las primeras fases de la misma, es decir aun aquellas en que se acumula una *masa creciente de ganancia* y en las que está se produce junto con el crecimiento de la parte k, destinada al consumo de la clase capitalista. (Aquí dejamos de lado las partes ac y av del plusvalor, destinadas a la acumulación.)» (Grossmann, La Ley de la acumulación y del hundimiento del sistema capitalista, Ed. Siglo XXI, p.83)

Paul Boccara y el PCF

Una nueva águila en el cielo del pensamiento

Al igual que Keynes se consideraba, con su «teoría general», el nuevo Einstein de la economía política, Paul Boccara se cree el nuevo Newton del marxismo clásico. En un documental a él dedicado, uno de los principales teóricos en su época del capitalismo monopolista de Estado y del Partido Comunista francés, arenga parafraseando a Newton, «Yo estoy subido en las espaldas del gigante [Marx, se supone, NDR] y he visto más lejos que él»[106]. Se puede temer que sin embargo, en ausencia de equilibrio sobre dichas espaldas, no ha podido ver más allá de los pies, sino el culo, del gigante en cuestión.

Nos lo volvemos a encontrar, en tanto que inspirador de la ultra-izquierda[107], con su análisis de la revolución informática[108], de la regulación[109], del papel de las clases medias[110] o de la crisis. Que sea el

---

[106] Citado por Samuel Dixneuf (http://blogs.mediapart.fr/blog/sam uel-dixneuf/160110/les-derniers-rayons-de-paul-boccara)

[107] Ver los textos sobre el análisis de las revoluciones industriales en nuestra página web http://www. Robin goodfellow.info.

[108] « Del análisis de Marx del remplazo de manos por las máquinas-herramientas y de las tendencias a las máquinas automáticas, con el uso de la ciencia, se puede pasar al análisis del remplazo de ciertas funciones cerebrales como en los ordenadores. Y se llega a la predominancia de la información, como las búsquedas, compartidas posiblemente de forma mundializada. Esto se opone a las características de una máquina que no se comparte pero que está aquí o allí, base de la propiedad privada capitalista de los medios de producción, propiedad que resiste mediante la monopolización de las informaciones por parte del capital financiero.» (Paul Boccara, Actualidad y superación de Marx, http://www.gabrielperi.fr /Actualite-et-depassements-de-Marx.)

[109] «Un capital según Marx no es una simple propiedad privada de los medios de producción, como en la sociedad esclavista, sino una propiedad que toma la forma de dinero que proporciona dinero, por una rentabilidad, su tasa de beneficio, ligada con el salario y el crédito. Y El Capital estudia en

estalinismo, a través de Grossmann o de Boccara, la fuente teórica en la que abreva la ultraizquierda es preocupante en cuanto a su capacidad de ser otra cosa que un apéndice de la socialdemocracia.

La teoría del capitalismo monopolista de Estado (CME) en su contexto.

En el seno del PCF la teoría del CME se presenta como un intento de librarse de la doxa estaliniana abandonando toda referencia al leninismo (el centralismo democrático, el partido de vanguardia, la dictadura del proletariado) para reunirse más fácilmente en el seno socialdemócrata, del cual, desde hace mucho tiempo, nada les distingue teóricamente. El marxismo-leninismo se abandonará oficialmente en 1978, en el XXIII Congreso del PCF. Esto no sucede sin resistencias y en la medida en que Boccara busca «desarrollar» la teoría de Marx, sus adversarios alarman sobre el revisionismo (entre los que se encuentra de forma destacada Henri Claude - 1909-1994 -, uno de los iniciadores de la revista Economía y Política[111]). Boccara desarrolla sus tesis desde principios de los años 60[112] (nació en 1932).

---

esencia esta regulación, y no la propiedad, como corazón del sistema» (Paul Boccara, Ob.cit.)

[110] «Las concepciones de Marx sobre la generalización del salariado y de la explotación del sistema capitalista se verifican en la salarización del todo el mundo, de las mujeres, de todas las actividades...« «De los análisis de la clase obrera y del proletariado, pero también de sus bocetos sobre otras capas sociales, la dominación de las mujeres o de los pueblos, se puede pasar al análisis de las posibles convergencias actuales, de las luchas y de las aspiraciones de todas las categorías de asalariados, de las mujeres y aún de los jóvenes y de las personas de edad, de todos los pueblos y también de las poblaciones inmigradas o culturalmente mestizas» (Paul Boccara, Ob.cit.)

[111] «Henri Claude et les débuts de la section économique» (Claude Willard, Cahiers d´histoire n° 62, http://constel07.u-bourgogne .fr: 8080 /sdx/sdx/apiurl/getatt?app=org.pleade.test&base=fa&id=FRMSH021_000 8 _de-1420-image-35218)

[112] «El 15 de noviembre de 1967, en la Mutualité, indiqué el principio de la crisis del capitalismo monopolista de Estado (CME). Esto sucede tras la Conferencia internacional de Choisy-le-Roi de mayo de 1966 sobre la

118

En el seno del PCF el debate se duplica con un conflicto entre los economistas y los otros intelectuales (filósofos como Althusser[113], sociólogos…) que combaten la teoría del CME y principalmente su concepción subyacente del Estado.

La teoría se impondrá, «reapropiada» por el PCF, porque servirá de fundamento teórico al programa común de la izquierda[114]. Esa teoría es vulgarizada por la dirección del partido y ejerce una notable

---

teoría del CME, y esta tras el choque del XX Congreso y del denominado informe secreto de Kruschev. De ahí mi regreso a Marx, también inacabado, como oposición al dogma marxista-leninista, en mis artículos de 1961 sobre El Capital. (Paul Boccara, http://www.gauchemip.org/spipphp?article654 0)

[113] « (…) en «Lo que ya no puede durar en el partido comunista», donde a propósito de la «teoría marxista» en el PCF, él [Althusser] no habla más que de la denominada «teoría» del CME, versión francesa (adornada de consideraciones boccarianas sobre la sobreacumulación-desvalorización del capital) de la teoría soviética….fabricada a órdenes de nuestra dirección»! (Le Monde 27/04/78). Boccara, http://www. gauchemip.org/spip.php?article6540. Althusser hacía alusión al hecho de que la noción de capitalismo monopolista de Estado fue introducida, en el seno del PCF, por la traducción de estudios económicos aparecidos en la URSS.

[114] «La teoría del CME se ha convertido en la teoría oficial del PCF porque va a servir de cimiento teórico a la estrategia del programa común», «La estrategia del programa común aparecía en fase con las teorizaciones sobre el CME. Recuerdo cursos en las escuelas centrales del PCF en donde se ponía en evidencia el papel del Estado en el mecanismo de «sobreacumulación/desvalorización» y el del programa común, rompiendo con este mecanismo mediante nacionalizaciones y la planificación, permitiendo avances democráticos, como «antecámara» del socialismo. La coherencia del proyecto, la dinámica de la unión llevaba a la Sección económica una multitud de nuevas colaboraciones. El estatismo del proceso favoreció ciertamente su instrumentalización política: recordemos las peripecias de la «cuantificación», de la contabilización del número preciso de filiales a nacionalizar para superar un «mínimo» de cambio…» (Francette Lazard, ex miembro de la oficina política, citado por Jean Lojkine, http://www.gabrielperi.fr/IMG/pdf/Jean_Lojkine_PC_CME_et_autogesti on.pdf)

influencia no solamente sobre el PCF sino también sobre el PS[115]. Dará lugar a debates, cómicos en el aspecto teórico pero de una gran importancia para la política de nacionalización y las relaciones PC/PS, a fin de determinar a partir de que mínimo de nacionalización se podía contemplar abandonar «la antecámara del socialismo»[116] para ganar rápidamente el salón de ceremonias. Fijado en 25 grupos, el umbral de nacionalizaciones será reducido a 9 tras discusiones sobre el programa común. Después, una vez firmado éste, aumentará la sequía y tras la ruptura de la unión de la izquierda (1977), servirá de pretexto para rechazar el acuerdo electoral de las legislativas de 1978. En 1981, cuando el PCF ejerce el poder con los socialistas, la teoría se deja en los armarios del partido. Boccara se queja hoy de las deformaciones estructuralistas de su teoría. Mostraremos sin embargo, yendo a la fuente, como la teoría de la sobreacumulación-desvalorización presentada por Paul Boccara es una falsificación descarada de la teoría de Marx.

La sobreacumulación sin problemas

La representación que hace el PCF a través del Tratado marxista de economía política consagrado al capitalismo monopolista de Estado (CME), así como la del principal artífice de la teoría, Paul Boccara, consiste en primer lugar en una falsificación de la definición de la noción de sobreacumulación, de la mano tanto de Michel Husson

---

[115] Hugues Portelli, politólogo comentarista de Gramsci, pasado de Ceres al rocardismo antes de llegar a ser senador de la UMP constata «la toma en la práctica [por el PS] de la teoría del capitalismo monopolista de estado, de la estrategia de alianza anti-monopolista. Esta referencia se duplica, en el aspecto cultural, por una dependencia con relación a la producción «marxista» del PCF». («El socialismo francés tal como es», 1980, p.153, citado por Boccara, http://www.gauchemip.org/spip.php? Article 6540)

[116] Fórmula tomada de Lenin, quien a su vez la tomó de Hilferding. Pero Lenin sabía que para pasar al salón, el proletariado tendría que derribar violentamente la puerta y ejercer sobre entradas y salidas una dictadura revolucionaria.

como de Marcel Roelandts[117]. Boccara es, sin embargo, más sutil que estos últimos, en su intento de desviación.

---

[117] Tom Thomas, un resto maoísta a la deriva en el océano de la contrarrevolución, tiene también su interpretación de la sobrecumulación. (http:// www.demystification.fr/blog/la-suraccumulation-generalisee- % E2 % 80%A8du-capital/). Él no define la sobreacumulación absoluta por el hecho de que la tasa de beneficio marginal sea nula, o negativa, sino por el hecho de que la plusvalía se acumula únicamente bajo la forma de capital constante, y por tanto que la composición orgánica marginal de capital es igual a infinito (sin capital variable adicional). La masa de plusvalía producida disminuye porque el número de trabajadores productivos disminuye. (lo que implica que no solamente la plusvalía acumulada esté compuesta únicamente de capital constante sino que la reproducción del capital existente está igualmente afectada ; es siempre el caso, pero, en tanto que la composición orgánica del capital está definida se puede, en primer análisis, hacer como si se tratara de una evolución de la composición orgánica marginal. Estas dimensiones, a pesar de ser importantes, no han sido prácticamente nunca estudiadas por el movimiento comunista). Esta perspectiva supone alcanzado uno de los límites intrínsecos del capital, a saber, la disminución absoluta de la clase productiva.

«El número de obreros empleados por el capital, y por tanto la masa absoluta de trabajo que pone en funcionamiento, y por tanto la masa absoluta de plustrabajo que absorbe, la cantidad de plusvalía que crea, y por tanto la cantidad de beneficio que produce, *pueden*, por consiguiente, incrementarse, e incrementarse de forma progresiva, a pesar de la disminución objetiva de la tasa de beneficio. En el sistema capitalista eso no es solamente una *posibilidad*; es una *necesidad*, si nos olvidamos de fluctuaciones temporales.» (Marx, Capital, L.III, Pléiade, T.2, p.1006)

«Por otro lado, el modo de producción capitalista exige que el número de asalariados aumente de forma absoluta (…). Un desarrollo de las fuerzas productivas que disminuyera el número absoluto de obreros, tal que permitiera a toda la nación alcanzar su producción total en un tiempo menor, supondría una revolución, porque haría superflua la mayor parte de la población. Henos aquí una vez más ante el límite específico de la producción capitalista; ella no es bajo ningún aspecto una forma absoluta de desarrollo de las fuerzas productivas ni de creación de riqueza; muy al contrario, llegando a un cierto punto, esa producción capitalista entra en

Paul Boccara escribe que se trata de un «*exceso de acumulación de capital (...) respecto a los límites de la suma total de plusvalía o de beneficio* que es posible obtener para valorizar el capital» (Paul Boccara, Etudes sur le

---

conflicto con ese desarrollo.»(Marx, Capital, L.III, Pléiade, T.2, p.1043-1044).

¡Es efectivamente una manera radical de crear sobreacumulación! Lógicamente, Tom Thomas deduce de ello que ahora es crónica. En cierta forma, Tom Thomas adopta el punto de vista de Claude Bitot, adepto de una disminución de la clase productora compensada en todo caso por un crecimiento de las clases improductivas, y cuya concepción vulgar del valor le lleva a contradicciones teóricas insostenibles (http://membres.multima nia.fr/resdisint/Arch _capit/ 010217 RGFcri.htm). Después Claude Bitot ha abandonado el marxismo para sustituirlo por una teoría neomaltusiana inspirada por argumentos ecologistas. Malthus, que se atrajo el odio de la clase obrera inglesa defendiendo las prebendas de las clases reaccionarias, y preconizando la pobreza, la explotación y el celibato para el proletariado, aún está por encima de los modernos neomaltusianos quienes, en el programa clásico de Malthus, sustituyen las clases reaccionarias por las modernas clases medias, y añaden el vegetarianismo y los desplazamientos a pie a las obligaciones del proletariado.

Sin prejuzgar su teoría del valor, si el punto de vista de Tom Thomas fuera exacto, debiera verse como se infla la parte del capital fijo en el PIB. Pero el PIB se ha duplicado desde 1975 (fecha considera por los observadores como el principio del declive de la clase obrera en Francia, por ejemplo), mientras que la población activa aumentaba fuertemente (se han creado más empleos en los denominados treinta penosos que en los llamados treinta gloriosos, pero los empleos adicionales tienen el siguiente perfil: son todos a tiempo parcial, precarios, (CDD, Intérim), mal pagados, subvencionados o con cotizaciones sociales reducidas, ocupados por mujeres con una cualificación superior a la media social). Teniendo en cuenta las premisas del razonamiento de Tom Thomas, se debiera deducir que los empleos creados son, como para Claude Bitot, empleos improductivos. Una clase productiva reducida pues a ser capaz de producir, al menos aparentemente, el doble de valor (la parte de capital fijo permanece en proporciones similares) manteniendo a la vez a una creciente clase improductiva. No se ve, en este caso, en donde estaría la disminución de la plusvalía y, tampoco, de la tasa de beneficio.

122

capitalisme monopoliste d'Etat sa crise et son issue, Economie et politique, Editions sociales, p.42).

Desde que se asimila la sobreacumulación al exceso de acumulación, no se habla fundamentalmente de sobreproducción de capital, de crisis general de una relación social, sino de un excedente parcial de capitales. Por otro lado, se tiende a dar a este excedente un carácter permanente. De hecho, para Boccara, el excedente, la plétora de capital para usar un término de Marx, no es el resultado de una crisis brutal, sino que toma un carácter crónico. Este carácter permanente lleva a minimizar la dimensión cíclica y periódica de las crisis, para sustituirla por una concepción de ciclo largo, de ciclo Kondratiev[118]. Igualmente, la articulación (y lo específico) entre el descenso brutal de las tasas de beneficio, la crisis periódica de sobreacumulación, de sobreproducción de capital, y el descenso tendencial de las tasas de beneficio (inter ciclos) se edulcora. Sobre la base de una definición parcial y cuantitativa, se nos presenta una representación con menos aristas del curso del modo de producción capitalista.

---

[118] «En este capítulo, Marx aplica su teoría sobre todo al caso de la crisis cíclica. Pero también la usa a propósito de la perspectiva de la economía capitalista.» (Paul Boccara, Etudes sur le capitalisme monopoliste d'Etat sa crise et son issue, Economie et politique, Editions sociales, p.45).
Sea una nueva falsificación de la teoría de Marx que se ha obtenido fundando en un mismo conjunto vago la baja tendencial de la tasa de beneficio y la sobreacumulación.
Cuarenta años después, nuestro hombre no se ha desarmado: « A nivel económico, no hay sólo crisis periódicas de siete a doce años, hay crisis más durables, crisis del sistema capitalista mismo, pues el tipo de tecnología se ha hecho demasiado pesado, el tipo de relaciones sociales demasiado duro. Son crisis de sobreacumulación durable de los capitales, como la de entre-dos-guerras, o la crisis actual.» Entrevista en l'Humanité del 4 Noviembre 2010 http://www.humanite.fr/03_11_2010paul-boccara-une-autre-civilisation-est-en- gestation-456987.

En cualquier caso, recordando que sobreacumulación es un sinónimo de sobreproducción, Boccara reconoce implícitamente que su definición es insuficiente[119]. Pero, de forma sistemática, se elude la cuestión para hacer de la sobreacumulación un sinónimo de excedente (parcial y tendencialmente permanente) del capital[120].

---

[119] «En el texto que quedó como borrador del capítulo XV del Libro III del *Capital*, Marx emplea la expresión de *sobreacumulación* (aunque utilice más a menudo la de sobreproducción de capital)» (Paul Boccara, Etudes sur le capitalisme monopoliste d'Etat sa crise et son issue, Economie et politique, Editions sociales, p.44).

[120] «Llegados a este punto, pueden concebirse tres soluciones que desemboquen en la disminución del excedente» (Paul Boccara, Etudes sur le capitalisme monopoliste d'Etat sa crise et son issue, Economie et politique, Editions sociales, p.43).

«Se comienza a conocer muy ampliamente, entre los marxistas, el principio de la explicación del capitalismo monopolista de estado (y ahora de su crisis) por lo que Marx denomina la «sobreacumulación» del capital y también el «excedente de capital».» (Paul Boccara, Etudes sur le capitalisme monopoliste d'Etat sa crise et son issue, Economie et politique, Editions sociales, p.295).

El tratado marxista de economía política redactado por toda una pléyade de intelectuales miembros de la sección económica del PCF es más directo: «El excedente permanente de capital o sobreacumulación de capital provoca a la vez la tendencia a la baja de la tasa media de beneficio a escala social y el repliegue del mercado (de la demanda solvente).» (Traité marxiste d'économie politique – Le capitalisme monopoliste d'Etat, T.1, p.155). Se observará igualmente que aquí no es el descenso de la tasa de beneficio lo que provoca la sobreproducción sino que es la sobreproducción, el excedente de capital, lo que provoca el descenso de la tasa de beneficio. Doscientos años más tarde se vuelve a la visión de Adam Smith.

El mismo tratado declara que «Expresión de la tendencia a la baja de la tasa media de beneficio, la tendencia a la sobreacumulación no es un fenómeno nuevo. Es una constante del modo de producción capitalista. Lo que por el contrario es nuevo es lo característico del capitalismo monopolista de Estado, el carácter crónico y generalizado del fenómeno de sobreacumulación. En nuestra época, en todos los países capitalistas económicamente desarrollados, la sociedad sufre cada vez más un excedente

Excedente de capital y sobreproducción

En el párrafo dedicado a la sobreacumulación, Marx critica la idea, frecuente en los economistas, de una « pretendida plétora de capital », de un excedente de capital diferente a aquel producto temporal de la sobreproducción[121]

Para Marx la sobreproducción de capital no es un fenómeno permanente[122]. Esta sobreproducción es a la vez una de las

---

de capital.» (Traité marxiste d'économie politique – Le capitalisme monopoliste d'Etat, Editions sociales, T.1, p.36-37)

[121] « La pretendida plétora de capital, es siempre y sobre todo la plétora del capital para el cual la baja de la tasa de beneficio no es compensada por la masa del capital – y es siempre el caso para los jóvenes brotes de capitales antiguos – o bien aún la plétora que tales capitalistas, incapaces de actuar por cuenta propia, ponen en forma de crédito, a la disposición de los grandes hombres de negocios. Esta plétora proviene de las mismas circunstancias que provocan una sobrepoblación relativa y constituye así un corolario de ella, por bien que ambas se encuentren en polos opuestos, capital desempleado por una parte y población obrera desempleada por otra parte. » (Marx, Capital L.III, Pléiade, T.2, p.1033)

[122] « (…). Cuando Smith explica el descenso de la tasa de beneficio por la sobreabundancia de capital, accumulation of capital, está hablando de un efecto *permanente*, lo que es falso. Por el contrario, la sobreabundancia de capital transitorio, sobreproducción, crisis, es algo totalmente diferente. No existen las crisis permanentes. » (Marx, Théories sur la plus-value, Editions sociales. T.2, p.592)

« (…), demasiados medios de trabajo y de subsistencia se producen periódicamente para poder hacerlos funcionar como medios de explotación de los obreros a una determinada tasa de beneficio. Se producen demasiadas mercancías como para poder realizarlas y reconvertir en nuevo capital el valor y la plusvalía que en ellas están contenidas; es decir, ejecutar, en las condiciones de distribución y consumo de la producción capitalista, este proceso sometido a explosiones periódicas.

No es que se produzca demasiada riqueza. Pero periódicamente se produce demasiada riqueza en formas antagonistas del capital» (Marx, Capital, L.III, Pléiade, T.2, p.1040-1041)

manifestaciones de la crisis y una manera de resolver violentamente las contradicciones que han permitido esta crisis[123].

En otras palabras; en tanto que el capital se paraliza, se fija, se inmoviliza, deviene ocioso, es puesto en baldío, entra en letargo, se coloca en barbecho. El capital es excedentario, el capital se sobreacumula; hay una sobreproducción de capital. En la medida en que esto se expresa en crisis, se trata de un fenómeno repentino orientado al restablecimiento de las relaciones de explotación que prevalecen; es lo que lo hace temporal. Esto incluye la absorción del choque. La puesta en baldío o en barbecho del capital y una brutal desvalorización (ambas igualmente manifestaciones de la crisis) las pérdidas ocasionales del capital, contribuyen al restablecimiento violento de un equilibrio compatible con la salida de la crisis. Mientras, la sociedad ha quedado devastada, como si se tratara de una catástrofe natural. Pero aquí son únicamente razones sociales, por el hecho de la existencia de la producción capitalista, las que explican tal catástrofe. Es en este sentido que, para Marx, la crisis es catastrófica, y que por ello toda crisis general de sobreproducción es catastrófica. El marxismo no está pues a la espera de UNA crisis catastrófica, una reedición del Apocalipsis, que abrirá el camino de la nueva Jerusalén al proletariado redentor. Por el contrario, prevé que la repetición de las crisis y su tendencia a la agravación impulsarán al proletariado a la lucha por la conquista del poder político, a fin de subvertir el reino del capital y su recorrido catastrófico.

Una parábola sobre el excedente

Para ahondar en la diferencia de concepciones entre Marx y Boccara, pero también en muchas representaciones del mismo cariz, podemos aventurar una parábola.

---

[123] « Periódicamente, el conflicto de las fuerzas antagónicas estalla en crisis. Las crisis no son nunca otra cosa que soluciones momentáneas y violentas de las contradicciones existentes, erupciones violentas que restablecen momentáneamente el equilibrio perdido» (Marx. Capital, L.III, Pléiade, T.2, p.1031)

En la representación revisionista hay que imaginar que el cuerpo, el capital, produce grasa más o menos permanentemente. El capital se convierte en obeso y le cuesta avanzar cada vez más, impedido por el excedente de capital.

En la representación del marxismo ortodoxo el cuerpo ciertamente posee siempre, en proporciones variables según la coyuntura, un poco de grasa. Esta es necesaria para su metabolismo. El capital puede así usar sus reservas cuando acelera e inicia una furiosa carrera hacia la acumulación y a la caza de plusvalía. Pero siempre cuida de su cuerpo y prueba a optimizar esta presencia de grasa. Una repentina arritmia cardíaca, un dolor de flato, resultado de su desenfrenada carrera, lo inmoviliza repentinamente. Pierde el aliento, todo su metabolismo se transforma y su cuerpo parece pesar una tonelada. Debe de hacer una pausa para recuperarse y poder retomar su carrera. La crisis se manifiesta por una sobreproducción de capital y para remediarla debe darse una destrucción de capital, que toma diversas formas.

Paralelamente se desarrolla otro fenómeno que es igualmente un producto orgánico de la acumulación de capital. Con el desarrollo del crédito y del sobrecrédito (capital ficticio pues, en su significado III) que le es inherente, tenemos a la vez una estimulación de la acumulación del capital productivo o del capital que busca el beneficio y el desarrollo de tendencias parasitarias, que se traducen por la burbuja del capital ficticio en el sentido I (ficticio en el sentido de imaginario, ilusorio, es decir, aumento del valor de mercado de los valores) y en el sentido II (capital ficticio en el sentido de fraudulento). Es un poco como si nuestro atleta, y no nuestro obeso, pusiera sobre sus hombros una mochila llena de esponjas. Le sirven para refrescarse secando el sudor y mejorando su carrera. Pero al mismo tiempo el sudor se acumula, hincha las esponjas y pesa sobre sus espaldas. Se induce así una fatiga suplementaria y se forma una burbuja. Ello contribuye a la parada en seco, a la salida de la carrera de nuestro participante. Nuestro ejemplo no debe llevar a creer que la mochila podría ser retirada. Se trata de una excrecencia orgánica. La burbuja puede explotar por sí misma, produciendo una crisis que queda limitada a esta esfera[124], pero cuando el corazón se embala y obliga a parar en seco la carrera, la burbuja se desinfla a la vez y acentúa la catástrofe social. Es también en esta esfera cuando la crisis, en el aspecto formal, comienza.

Al envejecer nuestro atleta, debilitado por crisis tendenciales cada vez más graves, renuncia a su vocación, abandona las participaciones y las competiciones para darse un entrenamiento más o menos adecuado. De joven llevó más lejos que todos los demás el nivel de ejecución y los records, puso en práctica nuevos métodos de preparación y de entrenamiento que auguraban nuevos records pero, sobreviviendo a sí mismo, admite que una nueva organización para avanzar más allá es necesaria. Un nuevo atleta que ha contribuido a formar y que está calzado con las botas de siete leguas entra en escena para reemplazarlo.

Este último aspecto de la previsión, la senilidad del capital, no ha tenido lugar en el período contemplado por Marx y Engels. A continuación de las dos guerras mundiales y de una contrarrevolución sin precedentes, el capital ha rejuvenecido. Aplicando su podrida boca al joven proletariado, ha ganado una nueva bocanada de aire, una nueva sangre, una dinámica que le permitido llevar el nivel de las fuerzas productivas a una altura, y a una velocidad sin parangón en la

---

[124]« Hay que distinguir la crisis monetaria de la que hablamos aquí, y que es una fase de cualquier crisis, de esta especie de crisis particular a la que se da el mismo nombre, pero que puede formar sin embargo un fenómeno independiente, de tal manera que su acción no influye más que a contrapelo sobre la industria y el comercio. Las crisis de este tipo tienen por centro el capital-dinero y su esfera inmediata es también la de este capital: la Banca, La Bolsa y las finanzas.» (Marx, Capital, L.I, Pléiade, T.1, p.681)

historia[125]. Es evidentemente una cuestión que debe afrontar lo que queda del partido comunista en el sentido histórico del término.

---

[125] « En la noche clareada por la luna, la ceremonia los reúne, tal vez por millares; los menos vestidos de blanco, que se desplazan lentamente, impasibles y tiesos, durante los cantos fúnebres, las pausas y las oraciones repetidas. Cuando forman un círculo muy amplio, se percibe algo en el centro de la explanada: es el cuerpo de uno de los hermanos tendidos de espaldas. No está ni hechizado ni desvanecido; está muerto, no solamente debido al hecho de su absoluta inmovilidad, revelada a la luz de la luna, sino porque la hediondez de la carne descompuesta, cuando el viento cambia de dirección, alcanza a las narices del Europeo aturullado.

Tras haber girado y cantado largo tiempo, y tras otras oraciones incomprensibles, uno de los sacerdotes abandona el círculo y se aproxima al cadáver. Mientras que el canto continúa sin interrupción, se inclina sobre el muerto, se extiende sobre él recubriendo totalmente su cuerpo, y posa su boca viva sobre aquella en descomposición.

La oración continúa, intensa y vibrante, y el sacerdote levanta el cadáver por las axilas, le eleva lentamente y lo pone ante sí en posición vertical. La ceremonia y el canto fúnebre no se interrumpen; los dos cuerpos emprenden un largo giro, como un lento paso de baile, y el vivo mira al muerto y lo hace marchar frente a sí. El espectador extranjero mira las pupilas desorbitadas: es la gran experiencia del revivir de la doctrina asiática oculta lo que tiene lugar. Los dos caminan siempre en el círculo de los orantes. En un momento dado, ya no hay duda: en una de las curvas que la pareja traza, el rayo de luna ha pasado entre los dos cuerpos que deambulan: el cuerpo del vivo ha bajado los brazos y el otro cuerpo se mantiene y se desplaza por sí mismo. Gracias a la energía del magnetismo colectivo, la fuerza vital de la boca sana ha penetrado en el cuerpo descompuesto y la ceremonia alcanza su punto culminante: durante algunos instantes o durante horas el cadáver, de pie, camina por su propia fuerza.

Una vez más de manera siniestra, la joven y generosa boca del proletariado potente y lleno de vida ha sido aplicada contra la boca pútrida y fétida del capitalismo, volviendo a donar mediante este abrazo inhumano un nuevo lapso de vida.» (Bordiga, El cadáver sigue todavía andando, *Sul Filo del Tempo*, n° 1 Mayo de 1953.)

A - La productividad per cápita multiplicada por 13

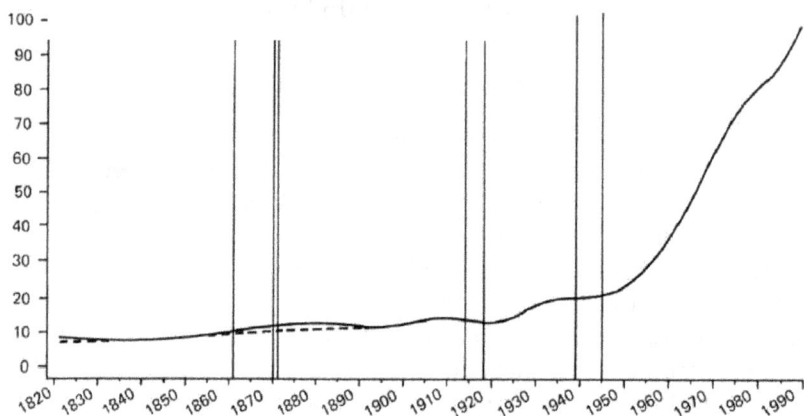

B - ...y la productividad horaria por 25, tras el despegue económico (1820)

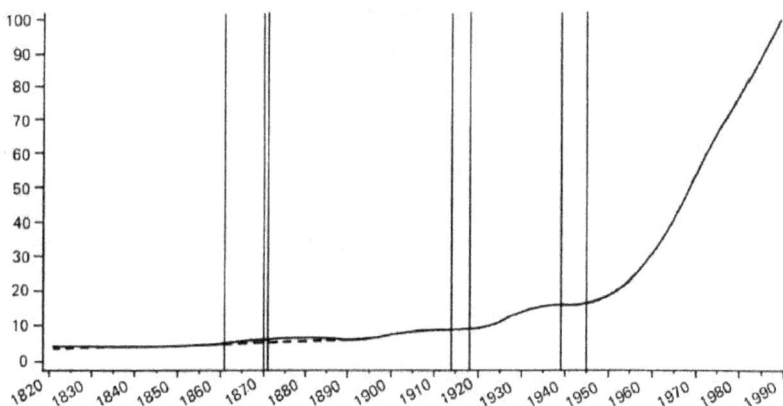

Los autores precisan que los trazos verticales corresponden a los cambios de territorios y a las guerras, y que la curva de 1821 a 1896 corresponde a los índices obtenidos de los trabajos de J.C. Toutain y M.Lévy-Leboyer.

Fuente : Olivier Marchand, Claude Thélot, Deux siècles de productivité en France. Economie et statistiques, n° 235-236, Noviembre-Diciembre de 1990.

La sobreacumulación/desvalorización

Según Boccara, si Marx emplea el término de «sobreacumulación», emplea poco el de «desvalorización». Cuando Boccara nos dice que «sobreacumulación» es utilizado más a menudo que «desvalorización», estamos ante una forma de understatement (una forma de eufemismo), como dicen nuestros amigos británicos. ¡Si nuestro cálculos son exactos, en los párrafos correspondientes, Marx usa dos veces el término «sobreacumulación» -prefiere en general hablar de sobreproducción- y una vez el término «desvalorización»! Salvo error, de toda la obra de Marx, únicamente en los borradores del libro III de El Capital se hace mención (dos veces lo hemos visto nosotros) del concepto de «sobreacumulación». Ese término equivale, como hemos demostrado, a sobreproducción de capital. Por el contrario, igualmente lo hemos visto, el término de desvalorización es empleado en numerosos lugares con múltiples acepciones. Aquí, Boccara se presenta más como un comediante que como un comentarista serio de Marx.

Una buena parte de las acepciones que hemos revisado se encuentra en los pasajes correspondientes al análisis de Boccara, con un variado vocabulario (depreciación, destrucción y también -una vez- desvalorización, en su significado de desvalorización/depreciación del que hemos hablado y no en el sentido de insuficiente valorización como insinúa Boccara). En el contexto al que hace referencia Boccara, es decir, en el capítulo dedicado a la sobreacumulación, ciertos significados de «desvalorización» son, por una parte, reagrupados bajo el término de destrucción. Marx habla igualmente de depreciación, que aquí es uno de los sinónimos de desvalorización.

Hemos mostrado más arriba que estos diferentes términos eran sinónimos de desvalorización en acepciones a menudo diferentes. Pero Boccara encuentra la forma de crear un concepto de desvalorización que le es propio. Tras haber falsificado el concepto de «sobreacumulación», la emprende con el de «desvalorización». El sentido global general que Boccara da a la desvalorización es el de valorización a una tasa de beneficio inferior a la media, el sentido de una menor puesta en valor del capital. Mattick utiliza igualmente la expresión de «valorización imperfecta» para calificar la concepción de Grossmann. Las representaciones de Boccara y de Grossmann están, en cualquier caso, muy alejadas. Su único punto común es que falsifican, cada uno a su manera la teoría de Marx. La valorización imperfecta de Grossmann procede de la separación entre el deseo (imaginario) de plusvalía a acumular y la plusvalía disponible, mientras que para Boccara se trata de capitales que obtienen una tasa de beneficio inferior a la tasa de beneficio media debido a su puesta en letargo. Mattick marca un rasgo de igualdad entre la valorización imperfecta y la sobreacumulación[126], mientras que Boccara la identifica con la desvalorización.

Marx no ha empleado nunca el término de desvalorización en el sentido general que le da Boccara. El significado que más se acercaría de los tres casos reunidos por Boccara bajo el concepto de desvalorización es aquel que opone la valorización a la ausencia de valoración, la puesta en valor del capital a la ausencia de puesta en valor (es decir, la desvalorización en el sentido de ausencia de valorización del capital, desvalorización en su significado III, cf. 2.7.3)[127]. Pero la amalgama que hace Boccara entre diversos aspectos

---

[126] «es así como Henryk Grossmann, que asimila la sobreacumulación a una imperfecta valorización del capital, ha recibido las críticas de Martin Trottmann por haber asimilado dos tendencias distintas, totalmente opuestas, de la misma y única acumulación capitalista» (Mattick, Crises et théories des crises, Editions Champ libre, p.87)

[127] De hecho, se podría admitir que existen dos lazos, muy tenues, entre la teoría de Boccara y de Marx. Por una parte, cuando Marx trata de la desvalorización en su sentido 3. Con la crisis, como el capital cesa de valorizarse, y por tanto se desvaloriza (en el sentido 3). Por otra parte, aunque esto se diga de manera confusa podría considerarse que la desvalorización de Boccara es bien idéntica, en algunos casos considerados, a la desvalorización/desacumulación de las que desaparecería, en las crisis, el carácter repentino y brutal en relación con la no realización del producto

132

de la crisis, que reagrupa bajo el concepto de desvalorización, falsea completamente el concepto que se encuentra por otra parte asociado mecánicamente a la sobreacumulación. El nombre dado por Boccara a su concepción teórica, la «sobreacumulación desvalorización» es revelador del nexo mecánico y no dialéctico que introduce en las relaciones entre los dos conceptos.

Al excedente de capital responde la desvalorización vista como un capital valorizado a una tasa de beneficio inferior a fin de que la otra fracción del capital pueda mantener su tasa de beneficio.

El desarrollo de conceptos es naturalmente uno de los componentes de la actividad científica y, desde este punto de vista, corresponde al movimiento comunista el desarrollo de lo que Marx dejó apuntado. Pero aquí la exégesis, aunque Boccara se toma por el Newton del marxismo, no lleva más que a colocar a Marx en el seno de la economía política. Aprovechando conceptos aún en estado fragmentario, hay un esfuerzo en alterar su sentido y, de paso, su alcance revolucionario.

La desvalorización sin problemas

De hecho, sabemos que cuando se habla de sobreacumulación se trata de una sobreproducción general de capital que se manifiesta al darse una insuficiencia de plusvalía respecto al capital invertido. Se trata por tanto de una disminución repentina de la tasa de beneficio que corresponde (desde el plano del capital global) a una bajada, un giro brutal en relación con la tendencia general, del grado de explotación de la fuerza de trabajo[128].

---

social. Pero, a la vez, se ignorarían igualmente las otras dimensiones de la desvalorización: la desvalorización destrucción y la desvalorización depreciación.

[128] Aumento de los salarios en el ejemplo de Marx, quien no tiene en cuenta el proceso clásico valorización/desvalorización, descenso brutal de la productividad del trabajo, retroceso respecto a la tendencia general del

La representación de Boccara consiste en limitar la cuestión únicamente a la porción acumulada de la plusvalía, haciéndola un excedente de capital. Este excedente no es un excedente temporal que debe ser reabsorbido por las diversas formas brutales de destrucción y de desvalorización del capital[129]. Aquí, en la concepción de Boccara, el excedente de capital toma un carácter permanente. Es reabsorbido por una « desvalorización », definida como una menor puesta en valor del capital, una puesta en valor con una tasa de beneficio inferior a la media (pudiendo la tasa de beneficio llegar a ser negativa, a través de un déficit, una pérdida, en el caso extremo).

Más concretamente, Boccara contempla tres soluciones para aliviar el capital, descargando su excedente:

1° Una parte del capital, por lo menos igual al valor en excedente, no se invierte para su valorización. Deja de funcionar como capital, « de alguna manera se pone en letargo ». El beneficio es nulo.

2° Una parte del capital, más importante que la otra para tener el mismo efecto, se pone en valor a una tasa de beneficio reducido, inferior a la tasa media de beneficio.

3° Una parte del capital, eventualmente inferior a la primera, sufre pérdidas. Para Boccara, se trata de una valorización negativa. Una parte del valor del capital acumulado se destruye.

« Estas tres soluciones, valorización nula, reducida o negativa, corresponden a los que llamamos la *desvalorización* de una parte del capital total, permitiendo en principio la consecución de la puesta en valor de los demás capitales y del capital global ». (Paul Boccara, Etudes sur le capitalisme monopoliste d'Etat sa crise et son issue, Economie et politique, Editions sociales, p.44).

---

modo de producción capitalista que induce un desarrollo de la productividad del trabajo, desde el momento en que reintroducimos ese proceso.

[129] Desvalorización/desacumulación, desvalorización/destrucción del valores de uso, desvalorización/ depreciación. Ver 2.7

La misma cuestión se retoma en el tratado marxista de economía política, que no se libra de las sombras y las vueltas de Boccara[130]. Las últimas reticencias del investigador ante el texto de Marx son aquí eliminadas. Hay desde este punto de vista un cierto contraste entre los trabajos de Boccara cuyas falsificaciones no se diferencian de las costumbres, precauciones y precisiones del investigador y la exposición del tratado marxista de economía política. En éste último, el areópago de los sabios de la sección económica se muestra más laxo. El cerebro colectivo, contrariamente a lo previsto, simplifica el pensamiento y hace resurgir aún más la absurdidad[131].

---

[130] Tras repetir el extracto del artículo de Boccara sobre las tres soluciones, el tratado concluye «Estas tres soluciones –valorización nula, reducida ó negativa- corresponden a lo que Marx denomina «puesta en letargo del capital » y que también se puede llamar desvalorización del capital total» (Traité d'économie politique marxiste, Le capitalisme monopoliste d'Etat, Editions sociales, T.1, p.39). Boccara había tomado la precaución de precisar que « (…) es el caso del beneficio nulo que proporciona la expresión que Marx más a menudo emplea, pero no exclusivamente, el de puesta en letargo (hemos visto que Rubel por ejemplo lo traduce de otra manera) de capital.» (Paul Boccara, Etudes sur le capitalisme monopoliste d'Etat sa crise et son issue, Economie et politique, Editions sociales, p.44). El tratado atribuye pues a Marx aspectos que Boccara había ensombrecido y confirma igualmente que el significado dado a la desvalorización es propio de Boccara y del P.C.F.

[131] «El conservadurismo es complejo. Por un lado, tiene sus raíces en la sociedad existente y en todo el partido. Por otro lado, están las oposiciones, las incomprensiones, las deformaciones. No es por tanto un simple freno. Sólo Henri Claude se oponía a la sobreacumulación de capital, pero hasta 1971 en el momento del «Tratado sobre el capitalismo monopolista de Estado», en que también se opusieron Philippe Herzog o Jean-Pierre Delilez. Se me ha pedido modificar capítulos en torno a este punto que no se referían más que al descenso de la tasa de beneficio. Pero por otro lado, el Traité ha rechazado mi análisis de los ciclos largos, reducido la crisis del CME y la necesidad de otra regulación. De ahí la censura del capítulo primero que yo redacté, su reescritura y mi exclusión (que pasó desapercibida, pero explícita en la página 2) del equipo que oficialmente ha redactado la versión final, mientras que la obra me será a menudo atribuida.

Marx, como hemos visto, tenía al menos siete acepciones para el término «desvalorización», y Boccara consigue añadir una que no tiene nada que ver son las siete precedentes. Es, evidentemente, una manera de falsificar a Marx[132].

Una parte del capital se retira de la actividad. Este fenómeno no es el corolario de la crisis de sobreproducción, no indica una crisis general, un hundimiento de la producción capitalista sino el desarrollo de tendencias (el desarrollo del «capital público») que retiran el capital «desvalorizado», es decir, un capital cuya valorización es menor. Aquí, la disminución brusca de la tasa de beneficio no induce una sobreproducción de capital que exija la desvalorización brutal del capital. Se observa el interés que pueden obtener nuestros falsarios del concepto revisado de sobreacumulación relativa. Partiendo no ya de la sobreacumulación absoluta, sino de la sobreacumulación relativa, se admite que toda disminución de la tasa de beneficio conlleva un excedente de capital. De alguna manera se postula, sin decirlo, una «tasa dorada de beneficio». Es decir, se admite implícitamente la existencia de un apogeo de la producción capitalista, una edad de oro, una época en la cual la tasa de beneficio era óptima. Esta «tasa dorada

---

Sin embargo, si se podía deformar la teoría en el partido, al mismo tiempo el partido daba una gran resonancia y una considerable autoridad a esta teoría, refiriéndose a ella como a una gran fuerza social y política. Esta referencia era terrible para todos» (Paul Boccara, Mesa redonda sobre los 50 años de Economía y Política, http://www.pcf.fr/30518)

[132] El tratado de economía política marxista añade a ello contrasentidos respecto a su propia concepción. «Para esta fracción del capital social, habrá una insuficiencia, y a veces ausencia de seguridad de rentabilidad. Es la causa de que se llegue a lo que se llama la «sobreacumulación» de capital. Esta sobreacumulación -que analizamos con precisión posteriormente- supone necesariamente la «desvalorización» de una parte del capital.» (Traité d'économie politique marxiste, Le capitalisme monopoliste d'Etat, Editions sociales, T.1, p.38, T.1, p.30-31) y citar a Marx (Capital, L.III, Editions sociales, T.1, p.261) quien, en este párrafo habla de desvalorización en el sentido de disminución del valor del capital bajo el efecto de desarrollo de la fuerza productiva del trabajo, es decir la desvalorización en el sentido II, (ver 2.7.2)

de beneficio» no engendraría ningún excedente. El descenso de la tasa de beneficio induce una creciente retirada de capital ante esta tasa dorada de beneficio y se traduce por una sobreacumulación relativa, crónica. Este excedente permanente y creciente de capital se «desvaloriza», es decir, se valoriza a una tasa de beneficio inferior a la tasa de beneficio media actual, para mantener la otra parte a la tasa dorada de beneficio. A cada disminución de la tasa de beneficio el fenómeno debe producirse[133]. Puede verse diferido por la inflación[134].

El capital excedentario, desvalorizado al modo Boccara, se alberga en el seno del Estado o de las empresas públicas. Los menores resultados, la débil tasa de beneficio o las pérdidas de estas empresas no se explican principalmente por su gestión burocrática, favoreciendo su posición de monopolio la disipación de la productividad, sino exclusivamente por el pillaje de los grandes monopolios y la sobreacumulación, es decir, en este caso, un excedente de capital, excedente que toma un carácter permanente y supone inflar el capital público a la vez que una débil rentabilidad.

---

[133] «En los dos casos, [sobreacumulación absoluta o relativa, NDR] la búsqueda, para un capital adicional, de una tasa de beneficio como mínimo igual a la tasa media, necesita que una parte del capital social total no se ponga en valor, que sea desvalorizada, por así decir (Traité d'économie politique marxiste, Le capitalisme monopoliste d'Etat, Editions sociales, T.1, p.38).

[134] Este excedente está en relación con los límites de beneficio que es posible producir y realizar, en razón del aumento de la composición orgánica del capital, para remunerar el capital acumulado. En la realidad concreta, el descenso de la tasa de beneficio no se manifiesta de forma inmediata en tanto que la misma es necesaria por las relaciones de valor. Bien al contrario, la acumulación y la puesta en valor del capital continúan efectuándose, sobre la base de una tasa de beneficio cada vez más *inflada* en términos de *precios*, con una retención inflacionista del beneficio más allá de la plusvalía producida. (Paul Boccara, Etudes sur le capitalisme monopoliste d'Etat sa crise et son issue, Economie et politique, Editions sociales, p.295)

Una doble falsificación.

En este nuevo sentido, pues, el capital es puesto en letargo. Muy lejos de establecer una ligazón entre capital fijado, inmovilizado, temporalmente paralizado, puesto en baldío, Boccara traza un rasgo entre esta ociosidad, esta hibernación, esta puesta en barbecho y la tendencia del capital, tendencia que marca el paso y agarra al capital cuando éste renuncia a su misión, cuando se hace senil, es decir, cuando el descenso de la tasa de beneficio se hace evidente, se impone, y el capital sobrevive. A este respecto, nos dice Marx:

«La tasa de beneficio, es decir, el incremento proporcional del capital, es importante sobre todo para todos los retoños del capital que buscan agruparse de forma independiente. Y, en tanto que la formación de capital afectaría a un pequeño número de grandes capitales muy establecidos, para los que la masa de beneficio compensaría la tasa, veríamos apagarse el fuego vivificante de la producción, que entraría en letargo. La tasa de beneficio es la fuerza motriz de la producción capitalista; únicamente se produce lo que proporciona beneficio.» (Marx, Capital, L.III, Pléiade, T.2, p.1041-1042).

Marx contempla aquí el fin de un ciclo histórico que supone que las fuerzas centrífugas de los capitales jóvenes ya no pueden regenerar suficientemente el capital[135], que las crisis de sobreproducción debilitaron hasta el punto de renunciar a su misión mientras que el descenso de la tasa de beneficio presiona. Únicamente mediante el uso del término «letargo» puede Boccara establecer esta ligazón. Pero por una parte hemos visto que las traducciones eran diferentes, lo que hace más difícil la equiparación sin retorcer el significado, sobre todo cuando no estamos en el mismo contexto.

---

[135] Este proceso [concentración y centralización del capital, NDR] no tardaría en suponer el hundimiento de la producción capitalista si no hubiera tendencias contrarias actuando continuamente para producir un efecto descentralizador paralelamente a la fuerza centrípeta (Marx, Capital, L.III, Pléiade, T.2, p.1028)

Con las crisis de sobreproducción el capital se fija, se inmoviliza entrando en letargo, y este letargo constituye dialécticamente una respuesta a la crisis de sobreacumulación. En este caso la puesta en letargo (colocación en baldío) es simultáneamente la manifestación de la crisis y una forma brutal de superarla.

A la relación dialéctica le sustituye una relación mecánica. En Boccara no existe una crisis de sobreproducción que se traduce en una destrucción de capital, una brutal desvalorización/ depreciación, sino un progresivo adormecimiento de la producción capitalista que engendra capitales excedentarios que el Estado acoge para valorizarlos a una tasa inferior a la tasa media, relanzándose a la vez el beneficio de los monopolios[136].
Se confunde aquí, alterando profundamente el sentido, las manifestaciones últimas del descenso tendencial de la tasa de beneficio y el descenso brutal de la tasa de beneficio en el momento de las crisis.

Boccara falsifica simultáneamente el concepto de sobreacumulación y el de desvalorización. Tiene a la vez la tendencia a minimizar la importancia de las crisis de sobreproducción que se presentan

---

[136] Este esquema conceptual sirve también a Louis Fontvieille, también del CNRS, director de la edición de la obra de Kondratiev en francés, de cimiento a su análisis del crecimiento del papel del Estado « Tomando por hipótesis la ley del descenso tendencial de la tasa de beneficio, hemos demostrado en nuestro estudio « Evolution et croissance de l'Etat français, 1815-1969 » que no era posible el mantenimiento de la tasa de beneficio más que a condición de que, en el capital total necesario para la producción capitalista, el capital desvalorizado se desarrolle más rápidamente que el capital invertido. El crecimiento del Estado, más rápido que el de la economía en su conjunto, resultaría pues de su creciente intervención en el proceso de desvalorización » (Louis Fontvieille, Dépenses publiques et problématique de la dévalorisation du capital, *Annales E.S.C.*, 1978, marzo-abril, n° 2, p.245).

periódicamente en beneficio de una concepción de ciclo largo[137], pretendiendo aportar una teoría unificadora[138]. Boccara rehabilita pues el ciclo de Kondratiev[139]. No es nuestra intención criticar aquí las teorías y los análisis de Kondratiev y otros teóricos del ciclo y de las ondas largas[140]. Estas concepciones están en las antípodas de las de

---

[137] De paso se observarán el flirteo mantenido por Mandel con las concepciones de Boccara.

[138] « A través de la desvalorización de capital todas las transformaciones concernientes a la tasa de beneficio y la recuperación de la acumulación se efectúan, ya se trate de crisis cíclicas de sobreproducción de tipo decenal, o se trate de largas fases repetidas de tendencia a crisis más fáciles y a depresiones consecutivas más largas. Estas largas fases empujan, a través de luchas de clases exacerbadas, a la desvalorización estructural del capital y a las transformaciones estructurales del capitalismo hasta la misma puesta en cuestión de su existencia » (Paul Boccara, Etudes sur le capitalise monopoliste d'Etat, sa crise et son issue, Economie et politique, Editions sociales, p.295-296)

[139] « Estas dificultades cambian el clima del crecimiento capitalista, parece ser, en ese momento. Están relacionadas sin duda con la teoría de la sobreacumulación larga del capital y las largas ondas de tipo Kondratieff » (Paul Boccara, Etudes sur le capitalisme monopoliste d'Etat sa crise et son issue, Economie et politique, Editions sociales, p.139)

«Se me puede responder recordando las críticas que fueron hechas a Kondratieff, cuyo análisis causal, por otra parte, me parece unilateral, de tipo sobreconsumista. Pero la mayor parte de las críticas de Kondratieff no han contestado la validez de las series de precios, de las fluctuaciones largas de precios." (Paul Boccara, Etudes sur le capitalisme monopoliste d'Etat sa crise et son issue, Economie et politique, Editions sociales, p.140)

[140] Boccara es uno de los pioneros de la postguerra de la Segunda Guerra mundial en este tipo de análisis. Los ciclos Kondratiev, según sus defensores, tienen generalmente una duración de entre 50 y 60 años, delimitados en dos fases ascendentes y descendentes sensiblemente iguales. Boccara pretende situar el inicio de la fase depresiva, en occidente, a partir de 1967. Esto nos ofrece pues una fase descendente, que parece estar lejos de finalizar, desde hace ya 46 años, lo que constituye un nuevo record Guinness. En este proceso, como buen estaliniano, consideraba que los falsos socialismos (pero verdaderos capitalismos, como han acabado por

140

Marx; nos contentaremos aquí con la crítica de Trotski, a la cual remitimos al lector[141].

---

reconocer) de Europa del este, con sus proezas y competencias tecnológicas jugaban un papel.

[141] Para una ojeada al horizonte del ciclo Kondratiev, ver: Eric Bosserelle, Le cycle Kondratieff, Théories et controverses, Masson.

Marcel Roelandts

El proyecto de Marcel Roelandts

Marcel Roelandts se presenta como docente e investigador en la universidad y en numerosas escuelas superiores. Se está pues en condiciones de considerar su producción intelectual como la enésima variedad del marxismo de cátedra. Esta circunspección en el juicio está tanto más permitida cuanto que Marcel Roelandts se anuncia acompañado[142].

Además de estas autoridades del marxismo de cátedra a las que da un elevado crédito, Marcel Roelandts no deja nunca de enviar fraternales abrazos a otros «economistas marxistas»[143], oxímoron con el cual se definen sin ruborizarse. De forma clara, Marcel Roelandts

---

[142] «Aconsejamos sin embargo intensamente leer las tres obras siguientes para un dominio riguroso de los conceptos marxistas en economía política» a lo que sigue una lista de obras cuyos autores son Jacques Gouverneur, Michel Husson y la pareja Gérard Duménil y Dominique Lévy. (Marcel Roelandts, Dynamiques, contradictions et crises du capitalisme, Editions Contradictions, p.8).

«(…) Jacques Gouverneur me ha proporcionado numerosas claves para profundizar en El Capital, Michel Husson me ha enseñado mucho por el rigor y la enorme riqueza de sus análisis (…)» (Marcel Roelandts, obra citada, p.8). Ver también la nota 9 de este texto en la que celebra a Alain Bihr.

[143] « (…) Aconsejamos la estimulante lectura de la obra de Isaac Johsua…» (Marcel Roelandts, Dynamiques, contradictions et crises du capitalisme, Editions Contradictions, p.69)

« (…) existen demasiado pocas consideraciones sobre la evolución de la tasa de plusvalía, los problemas de reparto, el estado de la lucha de clases y la evolución de la parte salarial. Y solamente es con los trabajos de algunos economistas marxistas (Jacques Gouverneur, Michel Husson, Alain Bihr, etc.) con los que estas consideraciones vuelven a colocarse en escena. Las compartimos y esperamos que sean seguidas por otros.» (Marcel Roelandts, Dynamiques, contradictions et crises du capitalisme, Editions Contradictions, págs. 86-87)

parece haber apoyado la fracción subconsumista del movimiento (lo que no es el caso de Isaac Johsua, quien más bien pertenece a la tendencia opuesta pero es sobre un aspecto particular –la dominación del salariado- sobre el que recibe la proclamación de Marcel Roelandts. Por otra parte, hemos visto que Johsua atribuía a Marx una teoría subconsumista). Los oponentes no son nombrados, pero si reprendidos[144].

El proyecto de Marcel Roelandts no es proponer una nueva interpretación de las crisis del modo de producción capitalista. Busca en primer lugar alinearse con un marxismo para el que la crisis pone en cuestión los fundamentos del capitalismo, y, en consecuencia, orientado a superar revolucionariamente este modo de producción. Acto seguido, se esfuerza en deducir, en el seno de las grandes controversias que han atravesado el marxismo, las tendencias más claras, actualizándolas y profundizándolas. Principalmente, Marcel Roelandts busca superar la oposición entre los que mantienen la explicación de las crisis por sobreacumulación, el descenso de la tasa de beneficio y aquellos para los que es el resultado de la insuficiencia de la demanda solvente.

De alguna manera, piensa encontrar esta superación en el cuestionamiento de la unidad de la teoría de Marx, en la que distingue dos ejes principales ; «por una parte, las contradicciones ligadas a la

---

[144] «En respuesta, los primeros esgrimen «la ortodoxia» de la ley de la *disminución tendencial de la tasa de beneficio* y relegan los argumentos de los segundos al rayo de la escuela de la regulación y de las teorías del subconsumo; algunos de entre ellos llegando a proponer otros métodos de cálculo a fin de «borrar» el alza de la tasa de beneficio y hacer corresponder la realidad a su «ortodoxia» » (Marcel Roelandts, obra citada, págs. 3-4). Este párrafo es nuevamente la ocasión para dar otro sombrerazo a Michel Husson : « Sobre esta cuestión, el lector encontrará la destacable puesta al día hecha por Michel Husson : el alza tendencial de la tasa de beneficio (…)» (Marcel Roelandts, Dynamiques, contradictions et crises du capitalisme, Editions Contradictions, p.4)

extracción de la plusvalía que se traducen en el mecanismo del descenso tendencial de la tasa de beneficio ; por otra parte, la tendencia inmanente del sistema a comprimir sus propias salidas como consecuencia de los cambios en el reparto entre los salarios y los beneficios por las «condiciones antagónicas de reparto» del producto total entre el trabajo y el capital (y entre los sectores de este último). Por sus lógicas internas, estos dos ejes desembocan en crisis recurrentes de sobreproducción» (Marcel Roelandts, Dynamiques, contradictions et crises du capitalisme, p.5).

Un proyecto que busque defender el marxismo ortodoxo sería digno de elogios y encontraría en nosotros el más decidido apoyo. Pero, como veremos, la realidad está muy lejos de la promesa. Mostraremos que el proyecto teórico de Marcel Roelandts, lejos de unirse a Marx en una crítica revolucionaria de la economía política, retoma en una horrible síntesis lo que *hay de peor* en cada una de estas tendencias para, finalmente, volver a una variante subconsumista de la crisis. Dado el carácter sintético de su análisis, haremos pues del mismo un abanderado del marxismo de cátedra.

El tiempo, el tiempo, el tiempo y nada más

Marcel Roelandts recuerda muy oportunamente que para Marx el descenso tendencial de la tasa de beneficio no se manifiesta de forma neta más que, como hemos visto, en ciertas circunstancias y en un largo período de tiempo[145].

---

[145] «*Así la ley* [del descenso tendencial de la tasa de beneficio] *no actúa más que como tendencia cuya acción no se manifiesta de forma neta más que en ciertas circunstancias y en el transcurso de largos períodos*» El Capital, Libro III, La Pléiade II : 1023. Marx define así dos casos en los cuales '*la acción de la ley se manifiesta de forma neta*': (1) «*en ciertas circunstancias*» y (2) «*en el transcurso de largos períodos*». Pero ¿qué entiende por «*largos períodos*? La respuesta se da claramente al principio de ese mismo capítulo sobre las *influencias contrarias* : «*Si se considera el enorme desarrollo de las fuerzas productivas del trabajo social, no se dio más que en los treinta últimos años, y si comparamos este período con todos los períodos anteriores ; si se considera más particularmente la enorme masa de capital fijo que, aparte de las máquinas*

En la obra que analizamos, la presentación de Marcel Roelandts tiene acentos de ortodoxia. Pero de hecho, no hay nada de eso.

En un artículo[146] lleno de deferencia por Alain Bihr[147], quien expondría «claramente una dimensión importante del análisis de las crisis en Marx», Marcel Roelandts vuelve sobre el tema de los períodos largos. Se presenta entonces como defensor de una «tendencia (suponemos que se trata de la tendencia del descenso de la tasa de beneficio, NDR) [la cual] sólo actúa a muy largo plazo como final de todo el arco de desarrollo capitalista.» (Marcel Roelandts, artículo, p.4).

Más adelante precisa en que dimensión temporal hay que contemplar el descenso tendencial de la tasa de beneficio. «SI a corto (ciclos decenales) y medio plazo (+/- 30 años), NO a largo plazo (tendencia secular)… y sin duda SI a muy largo plazo (plurisecular)…pero esta tendencia a muy largo plazo aún no se

---

propiamente dichas, entra en el proceso social de producción, tomado como un todo, entonces la dificultad que los economistas han encontrado hasta ahora no es explicar el descenso de la tasa de beneficio como tal, sino más bien las razones por las cuales este descenso no ha sido más importante ni más rápido» (ídem : 1014). Así, cuando Marx evoca *«largos períodos»* durante los cuales se ejerce la ley del descenso tendencial de la tasa de beneficio, habla de una *'treintena de años'*. Por ello no estamos ni en la temporalidad de los ciclos decenales, ni en una temporalidad *secular* avanzada por ciertos autores, temporalidad que está ausente de la obra de Marx ya que éste data el principio de la época moderna del capitalismo en 1825 y escribe *El Capital* en la segunda mitad del siglo XIX.» (Marcel Roelandts, Dynamiques, contradictions et crises du capitalisme, Ediciones Contradictions, p.16-17)

[146] « Discussion de l'article d'Alain Bihr : D'une crise de valorisation à une crise de réalisation », Marcel Roelandts, 11 de marzo de 2011

[147] Ráscame la espalda, y yo rascaré la tuya. Cuatro meses después, Alain Bihr, que ha tenido en cuenta algunos comentarios de Marcel Roelandts respecto al papel de Socialisme ou Barbarie como pionero si no inspirador de las tesis regulacionistas, hace una presentación más bien elogiosa de las posiciones de Marcel Roelandts, y por ende de las suyas – nunca se es mejor servido que por uno mismo-, en Le Monde Diplomatique de julio de 2011.

146

constata empíricamente (…)» (Marcel Roelandts, extractos del artículo, pág. 5). Parece que tras haber descartado en su libro los ciclos «decenales»[148] llamados de corto plazo, en este artículo posterior a su libro los reintroduce con los ciclos seculares (rechazados) y pluriseculares (cuyo estatuto es dudoso), como complemento a los ciclos de medio plazo sobre los que descansa el descenso de la tasa de beneficio.

En el libro que citamos parece claro que Marcel Roelandts considera que, para Marx, el descenso tendencial de la tasa de beneficio tiene como ámbito temporal numerosos ciclos. Por el contrario, en este artículo, reúne en un mismo movimiento el denominado ciclo a corto plazo («ciclo decenal») y un ciclo de medio plazo estimado más o menos en treinta años.

Tenemos por consiguiente aquí un conjunto de afirmaciones puramente revisionista.

Por una parte, se introduce la idea de un descenso tendencial de la tasa de beneficio intraciclo mientras que Marx escribe claramente que es interciclos. Este enfoque tiende a justificar, como veremos, la identificación del descenso brutal de la tasa de beneficio que acompaña a las crisis y la bajada tendencial de la tasa de beneficio que abarca numerosos ciclos. Marcel Roelandts no escapa, como un buen número de exégesis al error, que ya hemos puesto de manifiesto, consistente en asimilar, sin otra forma de proceso, el descenso tendencial de la tasa de beneficio y el descenso brutal de la tasa de beneficio característico de la sobreacumulación de capital[149]

---

[148] Veremos que también sobre este punto existen muchas aproximaciones revisionistas.

[149] En nota a pie de página, Marcel Roelandts explica que lo que expone bajo el término de ley de descenso tendencial de la tasa de beneficio se encuentra en la literatura sobre las teorías de las crisis bajo las denominaciones de «crisis de sobreacumulación», «escasez de beneficio» (profit squeeze), «problema de valorización del capital», «insuficiente grado

Por otra parte se canoniza un ciclo de medio plazo de más o menos treinta años, que no corresponde más que a una expresión, por otro lado coyuntural, de Marx. En la época en la que escribe esto corresponde al retraso en el curso de la producción capitalista más desarrollada. Lo que importa en el análisis no son los treinta años, sino el hecho de que el descenso tendencial de la tasa de beneficio sea entre ciclos. Su ámbito temporal es el largo plazo (numerosos ciclos) en la que ella misma está inserta en una configuración del mercado mundial (véase más abajo las apreciaciones de Engels), una determinada configuración geohistórica. No sabría por tanto asimilarse a un fenómeno que trasciende toda la historia del modo de producción capitalista más desarrollado.

Este texto complementario nos permite igualmente comprender mejor que Marcel Roelandts no rechaza la idea en sí de un descenso secular de la tasa de beneficio.[150] No la constata en las estadísticas y por tanto la descarta, pero ello no es por razones teóricas. Muy al contrario; la última frase de la obra que citamos en nota no descarta esta posibilidad. La misma no hace más que constatar que Marx y Engels no han podido contemplar este retroceso porque ellos datan en 1825 la primera crisis moderna de sobreproducción y han fallecido respectivamente en 1883 y en 1895. Teniendo en cuenta los complementos de análisis proporcionados en el artículo sobre Alain Bihr, podemos comprobar que esto deja abierta la perspectiva de un descenso que vaya más allá de estos treinta años para abarcar el siglo, o numerosos siglos. En este caso, ¿por qué introducir, paralizando a Marx, un período de más o menos treinta años? Por otra parte, esto sería olvidar que en el espíritu de Marx el modo de producción

---

de explotación de la clase obrera», etc. (Marcel Roelandts, Dynamiques, contradictions et crises du capitalisme, Ediciones Contradictions, p.13)

[150] «(…) no he visto nunca un gráfico que muestre un declive secular o plurisecular de la tasa de beneficio (…) » (Marcel Roelandts, Discussion de l'article d'Alain Bihr, D'une crise de valorisation à une crise de réalisation, p.5)

capitalista entraba en una fase de envejecimiento, su período senil[151], y que los límites que él opone al progreso de la fuerza productiva del trabajo eran además manifestaciones de este envejecimiento. Engels pensaba que la victoria del socialismo estaba próxima y que, incluso si no conseguía impedir la guerra mundial que amenazaba cada vez más, saldría pese a todo vencedor en ella. Por consiguiente, Marx y Engels no imaginaban el descenso de la tasa de beneficio por los siglos de los siglos[152]. Y más Engels, insistiendo sobre el hecho de que los ciclos no se manifestaban tan netamente en el último cuarto del siglo XIX, atribuía el fenómeno a las nuevas configuraciones del mercado mundial, lo que significa que el descenso de la tasa de beneficio debe ser analizada durante numerosos ciclos en el seno de una configuración geohistórica dada delimitando una cierta organización del mercado mundial.

Para el período actual, una nueva página en la historia del modo de producción capitalista se ha abierto tras la segunda guerra mundial. Es muy probable que la configuración que reinaba hasta el final de los años ochenta haya sido modificada con la caída/metamorfosis, el cambio de «modelo», del capitalismo tal y como se desarrolló en la URSS y los países que tenía bajo su dependencia, con la extensión y la unificación del mercado mundial, ese nuevo episodio tan mal definido como «mundialización». Por ello, el descenso de la tasa de beneficio no puede comprenderse sin tomar en cuenta el espacio geohistórico en la que se inscribe y lo que se presenta como una evolución /metamorfosis bajo el efecto de las modificaciones producidas en el mercado mundial. Esta no es una ley abstracta, desencarnada, ahistórica, una ley transcendente[153], sino un fenómeno material que no puede ser totalmente separado de la historia real.

---

[151] Véase Marx, Capital, Libro III, Editions sociales, T.6, p.274.

[152] «el sistema capitalista ha superado su apogeo en el Oeste, aproximándose el momento en que no será más que un sistema social regresivo.» (Marx, Segundo borrador de la carta a Vera Zassoulitch, 1881)

[153] «Gloria al Padre, al Hijo, y al Espíritu Santo, por los siglos de los siglos» (Magnificat : Luc 1, 46-55)

Una concepción ricardiana extravagante

En su representación del descenso de la tasa de beneficio, Marcel Roelandts opta por la más mala. Se sitúa en la lógica ricardiana (los «rendimientos decrecientes») del descenso de la tasa de beneficio, pero pretende abrir, a través de ella, una perspectiva a la crisis[154]. Marcel Roelandts no tiene en cuenta lo específico de este descenso brutal de la tasa de beneficio que caracteriza la sobreacumulación del capital. Para justificar su punto de vista, es llevado a una representación extravagante de la acumulación capitalista pasando del plano del capital total al plano del capital individual, haciendo desempeñar a la competencia un papel contradictorio, para justificar lo injustificable.

La secuencia es la siguiente:
o Primera época: la tasa de beneficio disminuye como consecuencia de una acumulación que se revela poco beneficiosa. Estamos en el plano del capital total
o Segunda época: los capitalistas individuales se ven obligados a acelerar la acumulación a causa del descenso de la tasa de beneficio. Hemos pasado al plano del capitalista individual. Ello permite justificar un comportamiento cuya probabilidad sería mucho más débil en el plano del capital total.

---

[154] Marcel Roelandts es muy consciente del hecho de que no existe un punto absoluto a partir del cual la crisis sería inevitable. Lo expresa de esta manera : «...no existen límites cuantitativos predefinidos en el seno de sus fuerzas productivas (ya sea un porcentaje de la tasa de beneficio, una determinada cantidad de mercancías solventes o extracapitalistas, etc.) lo que determinaría un punto alfa que sería el precipitador de este modo de producción capitalista en la muerte» (Marcel Roelandts, Dynamiques, contradictions et crises du capitalisme, Editions Contradictions, p.53)

El papel contradictorio de la competencia

Esta transición entre las dos épocas es facilitada por una incomprensión del papel de la competencia y las manipulaciones de las citas de Marx.

Es cierto que para Marx, la competencia no era ese *deus ex machina* que interviene tan a menudo en la economía vulgar para hacer su labor de explicación.

Marcel Roelandts no lo ignora y, desde esta perspectiva, cita a Marx: «Es el descenso de la tasa de beneficio lo que provoca la competencia y no a la inversa». Esta primera cita le permite justificar la transición entre las dos épocas.

Según Marcel Roelandts, la acumulación de capital, en un momento determinado, se traduce en un descenso de la rentabilidad. Esto, lejos de desanimar a los capitalistas les impulsa, por el contrario, bajo el efecto de la competencia, a incrementar su esfuerzo de acumulación. Esto último desemboca en una rentabilidad aún más degradada que conduce, no se sabe porqué, a « (…) una crisis y una disminución de la actividad económica que restringe la demanda final: descenso de las inversiones en capital fijo y por tanto de la acumulación, quiebra de las empresas que están demasiado por debajo de la tasa media de beneficio, (…) » (Marcel Roelandts, Dynamiques, contradictions et crises du capitalisme, Editions Contradictions, pág. 23)

En la interpretación de Marcel Roelandts se tiene pues, en un primer tiempo, el descenso de la tasa de beneficio que suscita la competencia y después, en un segundo tiempo, la competencia que suscita el descenso de la tasa de beneficio. Los espíritus generosos, pero sin embargo ingenuos, verán en ello dialéctica; por nuestra parte, asimilaremos más bien este género de razonamiento al juego del trilero. En dos tiempos, Marcel Roelandts hace una proposición y a continuación la proposición inversa[155]. La primera es conforme al espíritu de Marx, la segunda le da la espalda.

Las variaciones de la tasa de acumulación de la plusvalía

El juego de manos de Marcel Roelandts induce consideraciones sobre la tasa de acumulación que son igualmente otras tantas contradicciones. Tras haber desnaturalizado el sentido de sobreacumulación[156], lo que facilita tanto más su propensión a evacuar sus especificidades, Marcel Roelandts establece de hecho el siguiente esquema intelectual:

- Primera época: la acumulación de la plusvalía se revela poco beneficiosa.

- Segunda época: la competencia provoca, a despecho de la baja de la tasa de beneficio, una aceleración de la acumulación y por tanto, en este marco teórico, una elevación de la tasa de acumulación de la plusvalía.

- Tercera época : ralentización de la actividad económica (asociada a la « crisis ») que esta vez induce una baja de la tasa de acumulación y por tanto una baja de la demanda final

---

[155] Es cierto que «el economista vulgar no hace, en realidad, más que traducir en términos aparentemente más teóricos y más generales las ideas extrañas del capitalista engañado por la competencia, y se esfuerza en demostrar la justeza de estas ideas » (Marx, Capital, L.III, Pléiade, T.2, p.1014).

[156] « (…) cada capitalista está obligado por los imperativos de la reproducción ampliada a invertir más y más bajo pena de desaparecer: es la sobreacumulación o *"acumulación acelerada"* como la llama Marx» (Marcel Roelandts, Dynamiques, contradictions et crisis du capitalisme, Editions Contradictions, p.23) Aquí, Marcel Roelandts introduce una nueva confusión al asimilar sobreacumulación y acumulación acelerada, cuando se trata de sobreproducción. Cf. capítulo sobre la acumulación acelerada.

Entre la segunda y la tercera época, las mismas causas producen efectos diferentes. También aquí se podría apelar a la dialéctica, pero no es la realidad la que es contradictoria, es la representación inconsistente de Marcel Roelandts. En la segunda época, la baja de la tasa de beneficio conlleva (con el argumento falacioso de la competencia) una elevación de la tasa de acumulación. ¿Por qué este fenómeno había de invertirse en la tercera época, la de la seudocrisis? ¿En efecto, por qué sólo la baja de la tasa de beneficio de la tercera época sería sinónimo de crisis? Sólo la variación de la tasa de acumulación es el vector de la crisis. La baja de la tasa de beneficio, interpretada a la moda ricardiana, es un puro embellecimiento externo, una decoración "ortodoxa" para adornar el decorado "marxista" de la crisis, pero, en el fondo, es inútil para su propósito. La mejor prueba es que su profesor de pensamiento, Michel Husson, clama[157] que la tasa de beneficio no baja y sin embargo desarrolla el mismo esquema intelectual.

Del arte de falsear las citas

Para intentar aportar crédito a su interpretación de un crecimiento de la tasa de acumulación con una tasa de beneficio en descenso (segunda época), Marcel Roelandts se libra a una manipulación de una cita de Marx.

Es la siguiente: «la baja de la tasa de beneficio y la acumulación acelerada son tan solo expresiones diferentes del mismo proceso (…)»

Hemos comentado ya esta cita, que decididamente, es un buen punto de apoyo para los falsarios, a propósito de la teoría de Grossmann. Hemos mostrado como éste la falsificaba de manera vergonzosa. Grossmann ha encontrado en Marcel Roelandts un buen alumno.

---

[157] Con el asentimiento, como hemos visto, de Marcel Roelandts, a quien no detiene una contradicción.

Releamos la cita en su integridad:

«La baja de la tasa de beneficio y la acumulación acelerada no son más que expresiones diferentes del mismo proceso: ambas expresan el desarrollo de la productividad del trabajo. Por su lado, la acumulación acelera la baja de la tasa de beneficio, en la medida en que implica la concentración del trabajo a gran escala y como consecuencia, una composición superior del capital. Por otra parte, la baja de la tasa de beneficio acelera igualmente la concentración del capital y su centralización por la expropiación de los pequeños capitalistas, del último de los productores directos al que quede algo por expropiar. **Así, la acumulación se encuentra acelerada, en cuanto a la masa[158], bien que la tasa de acumulación baja con la tasa de beneficio.** » (Marx, Capital, L.III, Pléiade, T.2, p.1024 - subrayado por nosotros)

Marx enuncia pues lo inverso de lo que se le quiere hacer decir. La tasa de acumulación baja con la tasa de beneficio. Como hemos ya remarcado, la tendencia de la tasa de acumulación está más bien en fase con la de beneficio. Las teorías de Grossmann, como la interpretación de Marcel Roelandts, suponen una elevación de la tasa de acumulación con la baja de la tasa de beneficio, lo que es una figura que, sin ser imposible, es menos probable que la inversa. Y lo

---

[158]Nuestro amigo el matemático dirá que si la acumulación es acelerada en cuanto a la masa, es contradictorio afirmar que su tasa de acumulación baja. Esto sería olvidar que Marx no contempla aquí (lo que es relativamente raro), un modo de producción capitalista "puro" sino que toma en cuenta las otras formas de producción ("productores directos"). Sino la buena fórmula sería que la masa de la plusvalía acumulada aumenta mientras que la tasa de acumulación baja. Por otra parte, Marx contempla aquí igualmente los efectos del desarrollo de la productividad del trabajo (y los efectos del proceso valorización /desvalorización que por otra parte descarta). En relación con el período precedente, para una misma masa de plusvalía acumulada, la cantidad de máquinas, de materias primas, de fuerza de trabajo, etc. aumenta y, desde este punto de vista, acelera la acumulación.

que es más, no se trata aquí de coyuntura, de casos particulares o de tendencias pasajeras, sino de comportamientos sistemáticos y sistematizados.

Se llega pues a una conclusión, sobre la base de prácticas falsarias, que está en las antípodas de la teoría de Marx. Para Marx, la tendencia de la acumulación capitalista es acrecentar la masa de plusvalía acumulada mientras que la tasa de acumulación tiene tendencia a bajar con la baja de la tasa de beneficio. En otras palabras, la tasa de acumulación tiene tendencia a adaptarse al comportamiento de la tasa de beneficio (elevación de la tasa cuando la tasa de beneficio se eleva y baja de la tasa de acumulación cuando la tasa de beneficio baja)

La sobreacumulación acelerada.

Volvamos con un poco más de detalle a la operación de desnaturalización del concepto de sobreacumulación que hemos evocado en nota en el capítulo sobre las las variaciones de la tasa de acumulación de la plusvalía.

En un primer tiempo Marcel Roelandts amalgama la baja tendencial de la tasa de beneficio y la sobreacumulación. «La sobreacumulación, la baja tendencial de la tasa de beneficio y la escasez de plusvalía no son sino diferentes manifestaciones de una misma realidad (...)» (Marcel Roelandts, Dynamiques, contradictions et crises du capitalisme, Editions Contradictions, p.23).

A continuación traza un nexo, que estaba efectivamente en Marx, pero del cual hemos visto que Marcel Roelandts manipulaba, falsificándolo, el sentido efectivo, entre baja de la tasa de beneficio y aceleración de la acumulación.

Tan solo queda confundir sobreacumulación (es decir sobreproducción de capital) y acumulación acelerada del capital. «En efecto, cada capitalista está obligado por los imperativos de la reproducción ampliada a invertir más y más bajo pena de desaparecer: es la sobreacumulación o *acumulación acelerada* como la llama Marx»

(Marcel Roelandts, Dynamiques, contradictions et crises du capitalisme, Editions Contradictions, p.23).

En tres movimientos, Marcel Roelandts ha llevado a Marx al seno del marxismo de cátedra.

Todo el acaloramiento vulgar de Marcel Roelandts tiene un inspirador: Michel Husson. Evidentemente, los discípulos de Mandel sólo juran por la competencia[159] pero ésta no puede explicar en absoluto la disminución de la tasa de beneficio. Es una visión que se remonta a Adam Smith[160].

---

[159]Hemos tenido ya ocasión de hacer una crítica de las concepciones de Mandel y de la competencia en nuestra defensa de Rosa Luxemburgo contra los vulgares.

[160] «A. Smith ha explicado la baja de la tasa de beneficio que va de la mano del crecimiento del capital por la competencia de los capitales entre ellos. Frente a esto Ricardo le replicó que la competencia podía ciertamente llevar los beneficios en las diferentes ramas de actividad a un nivel medio, que podía igualar las tasas, pero no podía bajar esta misma tasa. La proposición de A. Smith es exacta en la medida en que sólo en la competencia –en la acción del capital sobre el capital- las leyes inmanentes del capital, sus *tendencias*, se realizan. Pero es falsa en el sentido en que él la entiende, es decir, en el de que la competencia impondría al capital leyes externas, introducidas del exterior, que no serían leyes propias. La competencia no puede hacer descender de manera durable la tasa de beneficio en todas las ramas de industria, no puede rebajar en permanencia la tasa de beneficio, si una baja general es concebible, y solamente en la medida que lo es una baja general y permanente de la tasa de beneficio, actuando como ley *antes* de la competencia y sin tenerla en cuenta. La competencia hace manifiestas las leyes internas del capital; las convierte en leyes obligatorias para el capital tomado individualmente, pero no las inventa. Las realiza. Querer explicar estas leyes simplemente a partir de la competencia es confesar que no se las comprende.» (Marx, Manuscritos de 1857-1858, Grundrisse, Editions sociales, T.2, p.239-240)

156

Michel Husson comienza por distinguir la sobreacumulación y la sobreproducción.

«Se pueden notar dos contradicciones absolutamente centrales que combinan una tendencia a la sobreacumulación, por una parte, y a la sobreproducción por otra. » (Michel Husson, Accumulation et crise, 2004).

Por sobreacumulación se entiende que bajo el efecto de la competencia, los capitalistas son empujados a sobreinvertir y al mismo tiempo establecer las bases de una sobreproducción que un subconsumo relativo, debido a la limitación del poder de compra, va a precipitar.

Marx no dice nada de esto puesto que asimila sobreacumulación y sobreproducción de capital. Los dos términos son sinónimos. Al emplear el término de sobreacumulación en equivalencia a la sobreproducción de capital, Marx quiere mostrar que estamos frente a una forma específica de la crisis de sobreproducción. Aquí, ésta no es solo una sobreproducción de mercancías, es decir, una crisis de sobreproducción resultante de un excedente de plusvalía en tanto que sobreproducto. Aquí, la crisis proviene de una producción insuficiente de plusvalía en tanto que sobrevalor. Quiere pues mostrar que esta sobreproducción halla su origen en la esfera de la producción capitalista, que resulta de una producción insuficiente de plusvalía. Se trata pues, en este caso, no sólo de una sobreproducción de mercancías sino de una sobreproducción de capital. Su resorte no es la competencia, que empujaría al aumento de la tasa de acumulación al crear capacidades de producción excedentarias, sino una baja brutal de la tasa de beneficio, debida a una producción insuficiente de plusvalía, que va a hacer excedentarias las capacidades de producción (el capital productivo), el capital dinero, las mercancías (capital mercancía) y la fuerza de trabajo. Es falsificar el sentido de sobreacumulación el separarlo del de sobreproducción.

El marxismo de cátedra y la empresa.

Una gran ventaja, pero también inconveniente, del marxismo de cátedra sobre el proletariado es que no ha puesto nunca los pies en una empresa. Marx tampoco, diréis, pero él fue instruido por el empresario capitalista Engels. Aquí, estamos frente a pensadores de la universidad, un conjunto de profesores doctores, habituados y habilitados para razonar abstractamente sobre grandes categorías intelectuales, en resumen, verdaderos reyes del concepto.

El capital, la tasa de beneficio, son el pasto intelectual en el que se delecta el marxismo de cátedra, sin siquiera sospechar que estos conceptos se despliegan en la realidad de las empresas, estas células elementales de la producción capitalista. Las pequeñas empresas (bestias negras del socialismo) pululan en ellos[161]. Podemos ilustrar rápidamente la situación actual en Francia, por ejemplo.

El Insee, que utiliza nuevas categorías (que no comentaremos aquí) desde 2008, clasifica las empresas (aparte de la agricultura[162]) de la manera siguiente (datos de 2007):

	Micro empresas	PME no micro	ETI (talla media)	Grandes empresas
Número	2 660 000	162 400	4 510	219
% de empresas	94%	5%	<1%o	<1%oo
% de empleo asalariado	21%	29%	20%	30%

---

[161] Ver nuestro texto: "Crise du capital, crise de l'entreprise".

[162] Tampoco están las asociaciones, que a veces juegan un papel económico notable.

158

Evidentemente, no es a nivel de la empresa que hay que hablar de beneficio medio. Éste es más la excepción que la regla. La tasa de beneficio medio se sitúa no sólo al nivel de las ramas de industria sino también a nivel de los capitales reunidos en el seno de grupos capitalistas que invierten, compran y venden empresas, panes enteros de sectores de la economía (Marx hacía igualar *masas iguales* de capitales) otros tantos factores (sin hablar de las cuestiones ligadas a la renta, a los impuestos, a la incidencia de los capitales que emplean trabajo no productor de plusvalía, a las relaciones entre el capital ficticio y el capital real, a los movimientos de contracción y de expansión del capital,...) que hacen absurdas las críticas relativas a los susodichos errores de Marx sobre el tema de la transformación del valor en precio de producción (uno de los grandes temas de debate en el seno del marxismo de cátedra)

La desaparición de las empresas[163] implica que ellas pierdan dinero, que estructuralmente su actividad sea deficitaria. Una pérdida, por otra parte, no engendra necesariamente el fin de una empresa, pero supone, si no es puramente coyuntural, la búsqueda de una nueva organización, nuevos mercados, etc. Cuanto más importantes sean los capitales propios, hablando como los contables, mejor le podrá hacer frente. Cuanto más fácil de obtener el crédito, mejor podrán ser suavizados los eventuales golpes. Al mismo tiempo, estos factores preparan la crisis de sobreproducción a una mayor escala.

Por consiguiente, es una ilusión, como las que sabe producir el marxismo de cátedra, el anuncio, como corolario de la crisis, de la «quiebra de empresas que están ya más abajo de la tasa de media de beneficio» (Marcel Roelandts, Dynamiques, contradictions et crises du capitalisme, Editions Contradictions, p.23) No es que una empresa que no obtenga bastante beneficio no pueda ser revendida, ni que su

---

[163] Hacemos abstracción de los procesos de fusión adquisición y del cese de actividad que conlleva principalmente la marcha por jubilación de los dirigentes, el fin de empresas de hecho ficticias-sin ser necesariamente todas delictivas-

dirección no intente mejorar su rentabilidad, ni que beneficios insuficientes no puedan ser un obstáculo para su desarrollo desde que son necesarias inversiones consecuentes para permanecer en el mercado, pero escribir que las empresas poco beneficiosas van a la quiebra es una pura representación intelectual que es a la vez falso teóricamente (la igualación de las tasas de beneficio no se sitúa a este nivel) y prácticamente (¿se ha visto empresas aun débilmente rentables hacer una quiebra?)[164]

La cuestión es evidentemente bien diferente cuando la empresa se enfrenta al impago de un cliente en concurso de acreedores o va a la quiebra. Ella descubre brutalmente que su activo está compuesto por una gran parte de capital **ficticio** (a través de sus facturas en curso y contratos firmados tan sólo tiene reconocimientos de deudas a cambio de un crédito cliente; en cuanto a su cuenta en el banco, está a la merced de una quiebra bancaria) y puede entonces ser arrastrado al fondo, mientras que sus resultados viran a rojo. No estamos pues, en este caso, en el débil beneficio o el beneficio minorado por un choque externo (a pesar del hecho de que todas las empresas tengan ahí o allá malos negocios) sino en el mundo de la pérdida.

De hecho, a través de este argumento que no es uno solo, Marcel Roelandts intenta introducir, a contrapelo, una crisis resultante de la baja de la tasa de beneficio mientras que no ha aportado ninguna justificación cuanto a sus modalidades. Hemos visto que hay una buena razón para esto: su ignorancia de la articulación entre baja tendencial de la tasa de beneficio y sobreacumulación de capital.

El marxismo de cátedra y la estadística

Si el marxismo de cátedra ignora felizmente la empresa, tiene una predilección por las estadísticas macroeconómicas y particularmente

---

[164]Excluimos aquí el caso de una crisis de tesorería que vendría a alterar el funcionamiento "normal" de una empresa y que no podría encontrar ni accionista ni banquero —o, en ciertos casos, obligarla (ley Dailly, por ejemplo)- para ayudarla a hacer frente a los "plazos".

por la econometría[165], esta práctica a base de grandes ecuaciones tras las cuales se agitan pequeños hombres animados por teorías lamentables.

Las desviaciones teóricas como las que ponemos en evidencia a propósito del capital fijo, los debates ociosos sobre la tasa de plusvalía, la composición orgánica y la tasa de beneficio, se ponen en consonancia con esta necesidad de tratamiento estadístico.

No es nuestra intención contestar al uso en sí de estas estadísticas, aun cuando sean tratadas según procesos técnicos siempre delicados y sobre la base de teorías opuestas a las nuestras. De hecho es muy difícil adecuarlas con la teoría revolucionaria con el fin de extraer conclusiones relativamente pertinentes. Sin embargo, es posible que análisis hábiles puedan hacer emerger resultados interesantes a partir de estadísticas disponibles. De entrada, la claridad teórica es indispensable y estamos lejos de ella.

El capital fijo y el ciclo

Capital fijo y capital constante.

Marcel Roelandts tiene una predilección por el capital fijo. Esta pasión es tan fuerte que él desnaturaliza el proceso de acumulación. Por ejemplo escribe esta frase, sibilina en una primera aproximación, que intentaremos comprender.

«Después de un cierto tiempo, el aumento del capital consecutivo a las inversiones no produce las mismas ganancias de productividad, no llegando estas últimas a compensar los gastos en nuevas máquinas para obtenerlas. La acumulación sufre entonces rendimientos decrecientes: (…)» (Marcel Roelandts, Dynamiques, contradictions et crises du capitalisme, Editions Contradictions, p.13)

---

[165] El término "déconométrie" (sin **traducción** al español, *Es un juego de palabras con « déconner » que en lenguaje popular significa aquí "decir cualquier cosa", "equivocarse"* NDT) sería generalmente más apropiado.

Marcel Roelandts habla aquí de «inversiones» aparentemente asimiladas únicamente al capital fijo, mientras que la acumulación supone la acumulación de capital constante –del que el capital fijo es tan sólo una parte- y de capital variable, para centrarnos en el capital productivo.

Por otra parte, la idea de que los beneficios de productividad no llegan a compensar los gastos concedidos a nuevas máquinas viene a corroborar la impresión de que Marcel Roelandts sólo se preocupa de la parte fija del capital constante.

Mezclando alegremente los conceptos de la economía política burguesa, los de Marx y las interpretaciones de la economía política marxista vulgar, Marcel Roelandts concluye en un batiburrillo conceptual en que la teoría de Marx está totalmente diluida. Combinando una alondra de Marx, una mula de economía política marxista vulgar y un asno de economía política burguesa vulgar, ¡Marcel Roelandts pretende producir un paté de alondra etiquetada marxista ortodoxa bio! ¡y pretenden que no nos escandalicemos!

Capital fijo y composición orgánica del capital

Podría pensarse que se trata sólo de una imprecisión puntual en el lenguaje, pero el hecho es que esta confusión es sistemática. Volviendo a las contratendencias a la baja de la tasa de beneficio, Marcel Roelandts escribe:

«De hecho, todo depende de la intensidad de los beneficios de productividad: ellos disminuyen el precio de las máquinas, lo que tiende a compensar su adquisición en número creciente.» (Marcel Roelandts, Dynamiques, contradictions et crises du capitalisme, Editions Contradictions, p.33) y más adelante «lo mismo sucede con la composición orgánica del capital. Contrariamente a lo que se suele afirmar, ésta no aumenta ineluctablemente: todo depende de los beneficios de productividad, que vienen a compensar la utilización creciente de máquinas al disminuir el precio de éstas. Es la razón por la que la composición orgánica del capital no hace más que fluctuar: al alza cuando el crecimiento del número de máquinas por trabajador (la composición técnica del capital) es superior a los beneficios de productividad (haciendo disminuir su precio) y a la baja en la configuración inversa.» (Marcel Roelandts, Dynamiques, contradictions et crises du capitalisme, Editions Contradictions, p.34).

Marcel Roelandts identifica pues el numerador de la composición orgánica del capital con el capital fijo únicamente. En el libro I, como en el III, Marx expone lo que entiende por composición orgánica del capital. Distingue la composición valor (la relación entre el valor del capital constante y el valor de la fuerza de trabajo, la masa de los salarios) y la composición técnica (la relación entre la masa de los medios de producción y la cantidad de trabajo necesario para hacerlos funcionar). La composición orgánica del capital es la composición valor al reflejar la composición técnica. Es pues desolador tener que recordar que la composición orgánica (que unifica la composición técnica y la composición valor, o más exactamente, que es la composición valor en la medida en que ella refleja la composición técnica[166]) relaciona el capital constante (es decir, el capital que en el proceso de producción tan sólo transmite su valor al capital mercancía resultado de este proceso de producción. Comprende pues principalmente, aparte del capital fijo, las materias primas, combustibles y otras fuentes de energía, etc. en resumen, todo el capital constante circulante) con el capital variable.

Por otra parte, con todas las circunstancias iguales, el desarrollo de la productividad del trabajo aumenta la masa de las materias primas utilizadas en el proceso de producción y, por consiguiente, la

---

[166] «Esta relación [una cantidad determinada de fuerza de trabajo representada por un número determinado de obreros es necesaria para crear en una jornada, por ejemplo, una cierta cantidad de productos, para poner en marcha, o consumir productivamente, una cierta cantidad de medios de producción, de máquinas, de materias primas, etc.] constituye la *composición técnica* del capital y el fundamento verdadero de su composición orgánica.» (Marx, Capital, L.III, Pléiade, T.2, p.[937]-938)

composición orgánica del capital. Por ejemplo, si a partir de una nueva organización del trabajo y la introducción de máquinas que favorecen el desarrollo de la productividad del trabajo, se produce dos veces más de zapatos por persona, habrá que utilizar dos veces más cuero, dos veces más de clavos o de cola, de hilo, de cordones, etc. Otros tantos factores que, aparte del capital fijo, aumentan la composición orgánica del capital. El desarrollo de la productividad en las esferas altas de la cadena, como el cuero, tendrán igualmente un efecto contrarrestante, aniquilando el alza de la composición valor. Lo mismo sucederá con el alza de la productividad en las empresas que producen las máquinas y otros componentes del capital fijo; estando éste más particularmente sometido al proceso de obsolescencia que contribuye a su desvaloración. Estos factores muestran que el cambio en la composición valor "no indica más que de lejos el cambio en la composición técnica"[167]. Por otro lado, en el denominador de la composición orgánica tenemos el capital variable, cuyas evoluciones tienen igualmente influencia sobre la composición valor.

El alza de la composición orgánica del capital, por una parte, no debe ser asimilada a la relación entre el capital fijo y el capital variable, y por otra, no debe comprenderse en una lógica continuista en que tendencias y contratendencias se oponen en permanencia para ir en una dirección que se ha clasificado muy pronto de indefinida. El alza de la composición orgánica debe traducir, reflejar, el aumento de la composición técnica (evidente desde que hay aumento de la productividad). Saltos en la composición técnica, discontinuidades en el proceso de producción o nuevas técnicas y organización del trabajo inducen una subida en la productividad del trabajo. La composición valor es entonces el reflejo del cambio en la composición técnica. No se trata pues de seguir las fluctuaciones del valor y de los precios para una composición técnica dada. Encallados en concepciones absurdas, nuestros economistas están a menudo, para estabilizar una parte de los movimientos de la composición orgánica, prontos a cambiar su

---

[167] Marx, Capital, L.I, Pléiade, T.1, p.1135

estatuto, relacionando el capital constante con el conjunto del trabajo vivo c/v+pl.

> Para contrariar el punto de vista (cuando por azar no se ponen de acuerdo para descarrilar la teoría revolucionaria) que razona al infinito sobre las variaciones continuas de la composición orgánica, la otra tendencia responde intentando otorgar una mayor estabilidad a la composición orgánica. Para hacerlo, no duda en falsificar el concepto de composición orgánica. Por ejemplo, Louis Gill, tras citar a Marx, en cuanto a la definición de la composición orgánica, declara que «la composición técnica es la relación entre el trabajo muerto y la masa total del trabajo vivo, es decir, tanto su parte pagada capital variable, v, como la parte no pagada, fuente de plusvalía, pl. Traducida en valor, esta relación técnica "trabajo muerto/trabajo vivo" está representada por c/(v+pl)» (Louis Gill, Carré rouge, N°43, p.63) Es verdad que Gill podría apoyarse en un párrafo de Marx para legitimar su interpretación ambigua. Marx dice: «Un número determinado de trabajadores corresponde a una cantidad determinada de medios de producción y, por consiguiente, una cantidad de trabajo vivo corresponde a una cantidad dada de trabajo materializado en los medios de producción.» (Capital, L.III, Pléiade, T.2, p.937-938). Pero en este pasaje, como en otros, la relación trabajo muerto sobre trabajo vivo es siempre una relación de valor, por el contrario, la relación técnica opone la masa de los medios de producción a la cantidad de trabajo para ponerlos en funcionamiento. Modificar el concepto de composición orgánica (y más haciéndolo pasar por el de Marx, falsificándolo) tan sólo puede aportar confusión. La plusvalía está destinada a la acumulación en su esencia, la parte acumulada se dividirá ella misma entre capital constante y capital variable; tampoco hay que olvidar que las modificaciones de la composición orgánica no son únicamente resultado de la acumulación de la plusvalía. El valor del capital fijo transmitido al producto es susceptible de ser reemplazado, y esta nueva acumulación tendrá en cuenta el estado actual de la composición orgánica. Por consiguiente, la evolución de la

composición orgánica marginal no depende sólo de la plusvalía. En las empresas esto se traduce principalmente por la noción de "cashflow", noción más o menos traducida por "margen bruto de autofinanciación". Además, desde que la acumulación del capital es creciente, el valor del capital fijo transferido al producto es superior a la necesidad dictada por su renovación (a menos que la evolución de la productividad del trabajo y la obsolescencia no contradigan este fenómeno) lo que permite, en este caso, una aceleración de la acumulación. En cuanto a la única medida que prácticamente domina al capitalista son los costes de producción, y es sobre ellos que se basa para evaluar el interés de una nueva tecnología, la compra de nuevas máquinas, una nueva organización del trabajo, en resumen una evolución de la composición técnica del capital. En consecuencia, es el concepto de Marx (c/v) el más pertinente para evaluar especialmente la masa del trabajo vivo que será empleada para poner en funcionamiento los medios de producción. La crítica de Louis Gill es dirigida contra Michel Husson, el cual, por otra parte, está perfectamente de acuerdo con la revisión operada por Louis Gill.

Dejaremos aquí este tema, que es aún más complejo que lo que sale de la presentación calmante que hace Marcel Roelandts. Especialmente, los movimientos de la composición orgánica no están vinculados únicamente a la acumulación de la plusvalía, sino a la reproducción del capital en su conjunto (incluida la llegada de nuevos entrantes, más fácilmente portadores de innovaciones)

Capital fijo y revisionismo estadístico

Todas estas aproximaciones tienen por objetivo, por una parte, llevar la teoría al marco de las categorías estadísticas utilizadas y realizadas por la burguesía. La teoría es desnaturalizada por este hecho, con el pretexto de rendir cuenta de los hechos a partir de los instrumentos estadísticos existentes. Por otra parte, ella articula la baja de la tasa de beneficio y el capital fijo de manera inadecuada. Se aporta así aún más confusión, tanto a la teoría de la baja de la tasa de beneficio como a las consideraciones propias al capital fijo (en especial en lo que concierne a la determinación del ciclo)

La rotación del capital fijo y el ciclo

Retomando la cuestión de la temporalidad del primer eje explicativo de las crisis que ha puesto en evidencia (la dificultad de extraer suficiente plusvalía) Marcel Roelandts nos dice que esta dificultad «hunde sus raíces en la necesidad de aumentar el capital constante en detrimento del capital variable; su ritmo está pues ligado esencialmente, por una parte, a los ciclos más o menos decenales de rotación del capital fijo, y por otra, a los rendimientos decrecientes de las ganancias de productividad sobre el término medio (+/- 25 a 30 años)» (Marcel Roelandts, Dynamiques, contradictions et crises du capitalisme, Editions Contradictions, p.16).

En la nota a este párrafo, Marcel Roelandts precisa:

«Ya en *el Capital*, pero aún más en su correspondencia con Engels, Marx está, sin ninguna ambigüedad, por unir los ciclos decenales de acumulación y de crecimiento principalmente al creciente peso del capital fijo, lo que induce una inversión de la tasa de beneficio. Precisemos aún que Marx hace del período decenal una media y no un absoluto.»

La exposición de Marcel Roelandts es particularmente negligente.

Marx, es cierto, ha buscado toda su vida poner en evidencia una relación entre la periodicidad del ciclo y la duración de la rotación del capital fijo. Sería igualmente justo afirmar que el aumento de peso del capital fijo, su importancia relativa creciente en el capital avanzado es un factor que acrecienta la incidencia del capital fijo en la determinación del ciclo. Pero es inexacto decir que:

1° los ciclos están ligados ***principalmente*** a este aumento del capital fijo.

Marx (Marcel Roelandts le cita) nos dice que se trata de *una* de las bases materiales del ciclo, y no de la base material principal. Aparte de la problemática propia de la rotación del capital fijo, hay que tomar al menos en cuenta el ciclo de la acumulación por sí mismo (al integrar el movimiento valorización desvalorización del capital, la evolución de la tasa de beneficio en el seno del ciclo) que recorre diferentes fases características de la coyuntura del ciclo[168], el ciclo financiero, con el desarrollo del crédito y la incidencia del capital ficticio, las reacciones ligadas a la intervención del Estado, especialmente en materia de política monetaria, económica, fiscal, y, last but not least, el nivel de la lucha de clases. Hay pues una gran conjunción de factores[169] en el seno de los cuales la rotación del capital fijo es una componente.

2° hay que poner en relación aquí la tasa de beneficio y el capital fijo (Marcel Roelandts habla de "aumento de peso" y de "inversión").

En estas últimas apreciaciones sobre la relación entre el capital fijo y el ciclo, Marx insiste sobre la diferencia entre el valor del capital fijo que es liberado por fracciones, en función de su usura y su existencia como valor de uso, donde cumple completamente su papel mientras está en situación de funcionar. Al estudiar la reproducción

---

[168] «Cuando se considera los movimientos cíclicos de la industria moderna: mercado calmo, animación creciente, prosperidad, sobreproducción, crack, estancamiento; mercado calmo, etc., ciclos cuyo análisis supera el marco de nuestro estudio) nos apercibimos que una débil tasa de interés corresponde a menudo a los períodos de prosperidad o de superbeneficios, que una alza del interés se inscribe en el final de la prosperidad y que el interés máximo, llegando hasta la usura, es la pendiente de la crisis» (Marx, Capital, L.III, Pléiade, T.2, p.1123)

[169] El movimiento comunista dispone en adelante de al menos cuatro veces más de hechos que conciernen la historia de las crisis modernas (más de una veintena de crisis de sobreproducción desde 1825) que los que tenían Marx y Engels. A pesar de esto, el análisis del ciclo y de la tasa de beneficio han quedado en barbecho.

del capital en los esquemas epónimos, Marx constata que la reproducción del capital fijo puede realizarse teóricamente sin obstáculos, también insiste en las variaciones en la acumulación de este capital para apuntalar la perspectiva de un ciclo correspondiente a la rotación del capital fijo. Si lo inacabado de los trabajos de Marx sobre este tema han podido abrir una perspectiva revisionista de la cual Mattick es un buen representante[170], el error simétrico sería hacer de ello un componente mecánico y principal del ciclo.

La dimensión cíclica inducida por la reproducción del capital fijo no proviene de su "aumento de peso" progresivo en el curso del ciclo para precipitar la "inversión" de la tasa de beneficio al fin de ésta, lo que sería una concepción mecánica de lo más bonito. Tras descartar la baja tendencial de la tasa de beneficio en el seno del ciclo, se reintroduciría una baja mecánica de ella.

Lo que está en juego es, para Marx, mostrar que la reproducción del capital fijo contiene un elemento cíclico. No llegó nunca a alcanzarlo. Corresponde pues al movimiento comunista demostrar y en especial demostrar *matemáticamente*[171] que las variaciones de la acumulación del capital fijo contienen una dimensión cíclica y que la longitud de este ciclo es igual al período de rotación del capital fijo.

---

[170] «El ciclo *determinado* de crisis que el siglo pasado ha recorrido, constituye sin embargo un dato empírico que la teoría marxiana no ha tratado directamente. Es cierto que Marx debía esforzarse por vincular esta periodicidad fija a la rotación del capital. Pero no insistió nada sobre la validez de esta interpretación y, de todos modos, su teoría no se basa en una periodicidad particular de las crisis. Se limita a decir que las crisis estallan forzosamente, bajo forma de sobreproducción de capital y como instrumentos para asegurar la recuperación de la acumulación» (Paul Mattick, Marx y Keynes, Gallimard, p.93)

[171] Hemos realizado esta demostración. Está publicada en el libro destinado al ciclo de las crisis en los Estados Unidos después de 1929. Una edición separada de los capítulos concernidos puede hallarse igualmente en nuestra página web: www.robingoodfellow.info

3° el ciclo contemplado por Marx es decenal, sin decir que en su espíritu, la duración de este ciclo iría acortándose.

Esta perspectiva no es indicada en los borradores o entre los trabajos de investigación preparatorios sino en el libro I del capital publicado en vida[172]. Está claro que corresponde después a los hechos resolver y al análisis poner en evidencia con las estadísticas disponibles la periodicidad de las crisis. Después de 35 años hemos puesto en evidencia que, de conformidad con la previsión de Marx, el ciclo se ha acortado y que es hoy en día (después de 1945 y comprendidos los susodichos treinta gloriosos) de alrededor de 6 años. Añadamos aún que Marx contemplaba la existencia de crisis intermedias (susceptibles de atenuar la crisis general) como lo que pasó antes de 1848 en que el ciclo, si se tenían en cuenta estas crisis intermedias, parecía ser de alrededor de cinco años.[173]

---

[172] «Pero es solamente de la época en que la industria mecánica, habiendo echado raíces lo bastante profundas, ejerció una influencia preponderante en toda la producción nacional; cuando, gracias a ella, el comercio extranjero comenzó a primar el comercio interior; cuando el mercado universal se anexó sucesivamente vastos terrenos en el Nuevo Mundo, en Asia y en Australia; cuando en fin las naciones industriales que entraron en liza fueron bastante numerosas, es sólo de esta época que datan los ciclos renacientes cuyas fases sucesivas abrazan años y que concluyen siempre en una crisis general, fin de un ciclo y punto de partida de otro. Hasta aquí la duración periódica de estos ciclos es de diez u once años, pero no hay ninguna razón para considerar esta cifra como constante. Por el contrario, de las leyes de la producción capitalista, tal como las hemos desarrollado, debe inferirse que es variable y que el período de los ciclos se acortará gradualmente.» (Marx, Capital, L.I, Pléiade, T.1, p.1150)

[173] Es esto lo que condujo a Marx y Engels, tras el fracaso de las revoluciones de 1848, a contemplar una nueva crisis hacia 1853, lo que no se produjo.

El subconsumo y las crisis

La unidad de la teoría de Marx

Una unidad maltratada

Una práctica habitual de los adversarios de Marx es la de intentar oponer Marx a sí mismo. Encontramos este rumbo en lo que concierne a las teorías explicativas de los fundamentos de las crisis. Oponer un Marx partidario de la baja de la tasa de beneficio, de la sobreacumulación, de la sobreproducción a un Marx subconsumista es una actitud frecuente[174]. ¿No es ahí dónde, apoyándose cada una en un rosario de citas, se separan las dos tendencias del marxismo de cátedra que hemos revisado?

Sin embargo hay una profunda unidad en la teoría de las crisis de Marx. Es además, como hemos visto, una de las promesas del proyecto de Marcel Roelandts el hacernos sentir esta unidad, el superar las aparentes contradicciones y las escuelas concurrentes para librarnos una síntesis unitaria de la teoría de Marx. A diferencia de un Mattick, para quien la separación en dos tendencias descansaba en la ambigüedad de las formulaciones marxianas[175], Marcel Roelandts se esfuerza en superar esta falsa oposición y presentar una teoría global; esta constituye la dimensión ortodoxa de su proyecto.

---

[174] La cita de Johsua en 1.2 es un ejemplo de ello.

[175] Para Mattick, estas ambigüedades enmascaran las incertidumbres de un Marx adepto a dos teorías opuestas antes de decidirse definitivamente por una teoría de la baja de la tasa de beneficio, independientemente de todos los fenómenos ligados al consumo obrero. Como hemos visto, Mattick se alinea con la teoría ultravulgar de Grossmann, minimiza la sobreacumulación, la rotación del capital fijo, niega toda dificultad en la realización del valor y de la plusvalía, en definitiva, lleva a Marx al marco de la economía marxista vulgar de tipo ricardiano.

Hemos dicho que mostraríamos que, desgraciadamente, este proyecto no se traduce en una superación crítica sino que retoma lo peor de cada tendencia para llegar a una síntesis[176] catastrófica para la teoría revolucionaria. En los capítulos precedentes, hemos puesto en evidencia que Marcel Roelandts había retomado buen número de los puntos más obscuros de las teorías de la sobreacumulación. Hemos mostrado que él tan sólo desarrollaba una visión desmirriada e intrínsecamente errónea de la perspectiva marxiana para alinearse con las interpretaciones más sumarias de la economía política marxista vulgar, interpretaciones que conducen a eternizar la existencia del modo de producción capitalista y a justificar la práctica y la política de la socialdemocracia. Veremos que lo mismo vale para lo que se clasifica tradicionalmente bajo la etiqueta "subconsumista".

Hemos recordado igualmente que el ciclo de la acumulación vía la búsqueda del máximo de plusvalía y el proceso valorización/desvalorización conducía a la necesidad de las crisis. Periódicamente, estas crisis toman la forma ya de una sobreproducción de capital (sobreacumulación) ya de una sobreproducción de mercancías. Son los dos escollos entre los que navega la acumulación del capital. Ambos tienen, en cuanto al fondo, el mismo origen, son expresiones diferentes del mismo límite en conexión con el proceso valorización/desvalorización del capital. Este ciclo está en el fundamento de la producción capitalista y se articula con el ciclo financiero[177] y el ciclo del capital fijo, que es él mismo un factor de crisis y un elemento susceptible de afirmar la regularidad del ciclo. El conjunto de estos elementos se insiere en un período que se extiende por varios ciclos y en un marco geohistórico dado; el movimiento del capital se expresa en él en la ley de la baja tendencial de la tasa de beneficio.

---

[176] Seudosíntesis además, pues Marcel Roelandts acaba de hecho en el subconsumismo, rama en la que le hemos clasificado.

[177] Crédito, capital ficticio —la esfera financiera puede igualmente conocer crisis específicas favoreciendo y agravando las crisis generales de sobreproducción.

Una unidad clamorosa

Como hemos dicho, hay una profunda unidad en la teoría de Marx. Un pasaje de los manuscritos de 1857-1858 (Grundrisse), que citamos íntegramente por su importancia, nos lo muestra explícitamente:

«El concepto simple de capital debe contener en sí tendencias civilizadoras, etc. y no hacerlas aparecer, como han hecho los teóricos de la economía hasta ahora, como simples consecuencias exteriores. Igualmente hay que mostrar que las contradicciones que surgirán más tarde se encuentran en él de forma latente.

Hasta aquí, sólo hemos puesto en evidencia la indiferencia recíproca de los momentos singulares del proceso de valorización (Marx ha mostrado que las desproporciones eran una necesidad permanente NDR); que interiormente se condicionan y que exteriormente se buscan; pero que pueden encontrarse o no, coincidir o no, corresponder o no unos con los otros. La necesidad interna de lo que forma un todo; al mismo tiempo que su existencia autónoma e indiferente que constituye ya la base de contradicciones.

Pero estamos lejos de haber terminado. La contradicción entre la producción y la valorización –de las que el capital, según su concepto, constituye la unidad- debe ser aprehendido de forma aún más inmanente, como manifestación indiferente y aparentemente independiente de los diferentes momentos singulares del proceso o, más exactamente, de la totalidad de múltiples procesos que se oponen.

Tratemos de precisar la cosa: **Al principio existe un límite inherente, no a la producción en general, sino a la producción fundada sobre el capital** (subrayado por Marx NDR). **Este límite es doble, o más bien se trata de un solo y mismo límite, contemplado en dos direcciones** (subrayado por nosotros, NDR). Basta mostrar aquí que el capital contiene una limitación *particular* de la producción –contradiciendo su tendencia general a superar todos los obstáculos que entorpecen esta producción-, para descubrir de golpe la causa de la sobreproducción, la contradicción fundamental del capital desarrollado; para descubrir simplemente que el capital no es, como piensan los economistas, la forma *absoluta* de desarrollo de las fuerzas productivas –ni una forma de la riqueza que coincidiría absolutamente con el desarrollo de las fuerzas productivas. Los estadios de la producción anteriores del capital aparecen, si se contemplan desde el punto de vista del capital, como otros tantos obstáculos a las fuerzas productivas. Pero el mismo capital, si se comprende bien, aparece como una condición del desarrollo de las fuerzas productivas, tanto tiempo como ellas necesitan un estimulante exterior, el cual aparece al mismo tiempo como una brida que les frena. Una disciplina que les es impuesta, y que deviene superflua y molesta cuando han alcanzado un cierto nivel de desarrollo; lo mismo las corporaciones, etc. Estos límites inmanentes deben coincidir con la naturaleza del capital, con sus determinaciones esenciales y fundamentales. Estos *límites* necesarios son:

1)   El *trabajo necesario* como límite del valor de cambio de la potencia de trabajo vivo o del salario de la población industrial;

2)   El *sobrevalor* como límite del exceso de tiempo de trabajo y, en relación con este exceso de tiempo de trabajo relativo, como obstáculo al desarrollo de las fuerzas productivas.

3)   lo que es la misma cosa, la *transformación en dinero*, el valor de uso simplemente como límite de la producción; o aún el intercambio fundado sobre el valor o el valor fundado sobre el intercambio como límite de la producción. Es:

4)   aún la misma cosa, como *limitación de la producción de valores de uso* por el valor de cambio; o aún que la riqueza real debe, para convertirse en un objeto de la producción, tomar una forma *determinada*, diferente del mismo valor de cambio y por tanto no absolutamente idéntica a él.

174

Por otra parte, resulta de la *tendencia general del capital* (el mismo fenómeno se manifestaba en la circulación simple cuando el dinero aparecía sólo como un medio de circulación evanescente, sin necesidad autónoma y por tanto, no aparecía como límite y obstáculo) que no tiene en cuenta y hace abstracción:

1) del trabajo necesario como límite del valor de cambio de la potencia de trabajo vivo; 2) del sobrevalor como límite del sobretrabajo y del desarrollo de las fuerzas productivas; 3) del dinero como límite de la producción; 4) de la limitación por el valor de cambio de la producción de valor de uso.

Hinc (de dónde), la sobreproducción: es decir, el recuerdo súbito de todos estos momentos necesarios de la producción fundada sobre el capital; de dónde la desvalorización general que sigue al hecho que se los había olvidado. Y, al mismo tiempo, la obligación en la que se encuentra el capital de retomar su tentativa a partir de un nivel de desarrollo de las fuerzas productivas más elevado, y esto estando cada vez más debilitado como capital. De esto se desprende claramente que, cuanto más desarrollado está el capital, más aparece como un obstáculo a la producción –y también pues al consumo-, sin hablar de las otras contradicciones que lo hacen aparecer como un obstáculo molesto para la producción y los intercambios» (Marx, Manuscritos de 1857-1858, Grundrisse, Editions sociales, T.1, p.354-356)

En nuestra comprensión de este pasaje ¿qué señalamos? Cuando Marx habla de dos direcciones, él contempla la esfera de la producción y la de la circulación, de la reproducción o aún la producción vista desde el ángulo de los límites puestos por el valor de cambio y la producción bajo el ángulo de los límites puestos por el valor de uso. En cuanto al límite único, que Marx ha descompuesto en cuatro aspectos, cuatro sub-límites, es el capital mismo. El capital es el valor en proceso, valor a la busca de un máximo de plusvalía. En este proceso, la contradicción valorización/ desvalorización se traduce por límites en la extracción de la plusvalía. Estos límites provienen de la esfera de la producción, de la producción de valor de cambio, de la producción de plusvalía en tanto que sobrevalor. Pero existen también límites ligados al valor de uso. Es el caso con el paso de una forma de valor a la otra, cuando se da la realización del producto social, por el hecho de la misma forma valor, por el hecho de que el valor se expresa en dinero y que por tanto el conjunto del producto social tiene un carácter mercantil. Es igualmente el caso cuando se considera la *forma material* del producto social. Con este término se reagrupa dos cosas que hay que distinguir. Por una parte, la *composición material* del producto social: con este término se contempla la distinción entre medios de producción y medios de consumo, entre mercancías destinadas al consumo productivo – materias primas, máquinas,...- y mercancías destinadas a un consumo no productivo (consumo individual –medios de consumo necesarios, medios de consumo de lujo- o consumo colectivo); por otra parte, la masa, el volumen de los valores de uso producidos. Tocamos aquí los límites de la producción de plusvalía como sobreproducto.

Los límites inherentes a la esfera de la producción se refieren a las contradicciones que surgen sobre la base del movimiento del valor, de las relaciones de valor, de la producción del máximo de plusvalía. Provienen pues de la primera dirección apuntada por Marx. Se traducen, en el marco del proceso valorización/desvalorización en que, bajo la influencia del desarrollo de la productividad del trabajo, el sobrevalor crece mientras que el tiempo de trabajo necesario disminuye el valor de la fuerza de trabajo como el de las otras mercancías. Al valorizarse, el capital se desvaloriza, y el valor en proceso, es decir, el capital, viene a ser negado en este movimiento. Mientras que por otro lado, para aumentar el sobretrabajo, se precisa un desarrollo cada vez más consecuente de la productividad del trabajo. La extracción de una unidad de plusvalía suplementaria precisa un crecimiento más que proporcional de la productividad. Estos límites (sublímites) son inherentes a la esfera de la producción y provienen de la primera dirección del límite inherente al capital evocado por Marx.

Otro límite (sublímite) tiende a la realización del valor-capital en dinero, de la cual hemos visto que no tenía nada de automático y que contenía la posibilidad de crisis. Ella abre la segunda dirección del límite inherente al capital del que habla Marx. Los límites propios a la esfera de la circulación pero que son la continuación de las contradicciones de la producción fundada sobre el capital. Es por esto que Marx nos dice que, de hecho, se trata de un límite único en dos direcciones. Aquí, son las contradicciones entre el valor de cambio y el valor de uso, entre la producción y la realización, entre la mercancía y el dinero las que se ponen de relieve.

Un último límite (sublímite) ligado por Marx a los precedentes pertenece igualmente a esta segunda orientación que contempla la esfera de la circulación. No se le ha prestado, generalmente, una atención suficiente. Se trata de la forma que reviste el producto social, es decir, por una parte, los valores de uso que lo constituyen, la composición material del producto social, su destino (medios de producción, medios de consumo) y por otra su volumen, la masa de las mercancías producidas. Estas dimensiones inducen, en el marco de la producción capitalista, una contradicción, un límite particular que explicitaremos.

Estos dos últimos límites, componentes de la segunda dirección, son justamente característicos de las contradicciones puestas en evidencia por los teóricos del subconsumo.

Si bien estas orientaciones, estas contradicciones, estos límites tienen un origen común en el modo de producción capitalista, ellas pueden manifestarse de manera autónoma[178]. La primera orientación

---

[178] «Las condiciones de la explotación directa y las de su realización no son las mismas; ellas difieren no sólo de tiempo y lugar, sino también de naturaleza.» (Marx, Capital, L.III, Pléiade, T.2, p.1026)

conduce a una crisis de sobreacumulación. Una sobreproducción de capital y en consecuencia de mercancías, en relación con una insuficiencia de plusvalía y una baja súbita de la tasa de beneficio por la expansión insuficiente de la producción y de la baja del grado de desarrollo de la fuerza productiva del trabajo que le corresponde. Notemos que esta sobreacumulación funda también la necesidad de las crisis mientras que su posibilidad es dada por la contradicción entre la mercancía y el dinero, por el hecho de que la realización no se da por sí sola y que depende del nivel de la tasa de beneficio. En el caso de la sobreproducción de capital, todas las contradicciones, todos los límites se unen para culminar en la crisis general de sobreproducción[179]. La segunda orientación, que posee su autonomía, su especificidad, conduce a una sobreproducción de mercancías por la rápida expansión de la fuerza productiva del trabajo y la incapacidad de la sociedad para absorberla, por el hecho de las relaciones entre las clases y de la forma del producto social (composición material y volumen). Ella se traduce de la misma manera por una crisis general de sobreproducción que induce una desvalorización del capital que tiene también por función reconstituir la relación de explotación apropiada. En parte es vano querer saber ante qué forma de sobreproducción nos hallamos en las crisis. La acumulación del capital navega entre los dos escollos y se opone regularmente a uno o al otro, insuficiencia de plusvalía, de sobrevalor, desde el punto de vista del valor de cambio, excedente de plusvalía, de sobreproducto, desde el punto de vista del valor de uso, lo que engendra los mismos

---

«En efecto, siendo el mercado y la producción factores independientes, la extensión de uno no corresponde forzosamente a la extensión de la otra» (Marx, Materiales para "La Economía", Pléiade, T.2, p.489)

[179] «Las crisis del mercado mundial deben ser vistas como la síntesis real y el aplanamiento violento de todas las contradicciones de esta economía, de la que cada esfera manifiesta los diversos aspectos reunidos en estas crisis. Cuánto más impulsamos el análisis, más debemos, por una parte, desarrollar las nuevas modalidades de este antagonismo y, por otra, demostrar el retorno y la persistencia de formas más abstractas a las más concretas» (Marx, Materiales para "La Economía", Pléiade, T.2, p.476)

efectos[180]. Si los dos aspectos pueden y deben ser distinguidos (insuficiencia de plusvalía, de sobrevalor –en valor- y excedente de

---

[180] Para Tom Thomas, del que ya hemos visto los límites, la sobreacumulación se define como un exceso en todas sus formas de capital (dinero, medios de producción, mercancías). Si con esto se habla de sobreproducción de capital esto es exacto. Pero lo mismo valdría para la sobreproducción de mercancías, que se traduce igualmente por el hecho de que todas las formas del capital se congelan y se convierten temporalmente en excedentarias. Esta aproximación prepara de hecho desviaciones. Tom Thomas entiende por "exceso" la imposibilidad de realizar una plusvalía suficiente para la venta. Por nuestra parte hemos distinguido por un lado la sobreacumulación (sobreproducción de capital) que supone una producción insuficiente de plusvalía (en tanto que sobrevalor) en el seno mismo de la esfera productiva y que induce una crisis general, y por otro lado la sobreproducción de mercancías, que comporta igualmente una crisis general por la realización de una cantidad insuficiente de plusvalía (por el hecho de un excedente de plusvalía en tanto que sobreproducto) o sea de una mayor parte de producto social.

Para Tom Thomas, sobreacumulación y subconsumo son dos maneras diferentes de decir la misma cosa. Nosotros mostramos que la antítesis (se trata de etiquetas cómodas para calificar dos fenómenos distintos, pues la sobreproducción de capital no va sin sobreproducción de mercancías y la sobreproducción de mercancías es una sobreproducción de capital-mercancía e induce todas las características de la sobreproducción general : el capital dinero como el capital productivo se congelan, la tasa de beneficio desciende,...) es sobreproducción de capital y sobreproducción de mercancías, lo que es una manera de indicar que son dos expresiones de la misma contradicción, dos escollos entre los que la acumulación del capital se debate y que tienen un origen común: la busca del máximo de plusvalía, y una de sus consecuencias será la baja tendencial de la tasa de beneficio.

No se puede pues oponer sobreacumulación y subconsumo pero se puede distinguir la sobreproducción de capital de la de mercancías. Cada una de ellas expresa una de las componentes de la contradicción entre el valor de cambio y el valor de uso entre los objetivos limitados del capital: la producción del máximo de plusvalía y el desarrollo de la fuerza productiva

plusvalía, de sobreproducto –en valor de uso), las dos dimensiones no son necesariamente antagónicas. Si la sobreacumulación tiene por fundamento una insuficiencia de plusvalía, ella induce sin embargo un aumento de la masa de valores de uso, por no decir nada de su composición material y de las relaciones entre las clases. Por consiguiente, no se pueden excluir casos en que la insuficiencia de plusvalía se combina con el excedente de sobreproducto para converger en la crisis general de sobreproducción. En otro extremo, un crecimiento fenomenal de la productividad podría combinar un sobreproducto considerable y talmente desvalorizado que el sobrevalor adicional aparente sería nulo. Todos estos aspectos provienen de un análisis del proceso valorización desvalorización que Marx tan sólo ha esbozado.

---

del trabajo que le acompaña. La sobreacumulación, la sobreproducción de capital, reposa sobre el valor de cambio, sobre la producción insuficiente de plusvalía como sobrevalor, la sobreproducción de mercancías reposa sobre el valor de uso, la producción excedentaria de plusvalía como sobreproducto, la forma material del producto social y las relaciones entre las clases.

180

Las teorías del subconsumo

Fundamentos generales

Marx contemplaba una crítica completa de Sismondi, la figura de proa, plagiada por Malthus, de la tendencia subconsumista, en el libro destinado a la concurrencia y al crédito[181]. Ella no llegó a buen puerto, pues este libro no vio nunca el día. En el texto citado en la nota se encuentra no obstante el párrafo siguiente:

«Sismondi tiene el sentimiento profundo de que la producción capitalista se contradice; que sus formas —sus relaciones de producción- incitan por una parte a un desarrollo *desenfrenado* de la fuerza productiva y de la riqueza; que por otra parte estas relaciones son condicionadas, que sus contradicciones: valor de uso, valor de cambio, mercancía y dinero, compra y venta, producción y consumo, capital y trabajo asalariado, etc., toman dimensiones tanto más grandes cuanto más se desarrolla la fuerza productiva. Él siente en especial la contradicción fundamental: por una parte desarrollo sin barreras de las fuerzas productivas y crecimiento de la riqueza, que al mismo tiempo se compone de mercancías y debe ser necesariamente transformada en dinero; por otra parte, como base, limitación de la masa de los productores a los medios de consumo necesarios. Es por lo que las crisis no son en él fortuitas, como en Ricardo, sino que son, a gran escala y en períodos determinados, explosiones esenciales de las contradicciones inmanentes.» (Marx, Teorías sobre la plusvalía, Editions sociales, T.III, p.58-59)

Encontramos pues los dos límites de la segunda orientación definida en el capítulo precedente. Por una parte, la cuestión de la realización del producto social, que por la contradicción entre la

---

[181] «Aquí, he excluído a Sismondi de mi mirada histórica, teniendo la crítica de sus concepciones su lugar en una sección que tan sólo podré tratar después de esta obra: el movimiento real del capital (competencia y crédito).» (Marx, Teorías sobre la plusvalía, Editions sociales, T.III, p.55)

mercancía y el dinero abre la posibilidad de una crisis general. Por otra, la cuestión de la forma del producto social (composición material de éste y masa de los valores de uso en los que se expresa) en el marco de una relación social entre las clases. En la cita de abajo, la exposición relativa a la forma del producto social, a los valores de uso que lo componen, insiste aquí, como lo hacen los teóricos subconsumistas, sobre los medios de consumo necesarios consumidos, consumo por esencia limitado por la clase productiva, por el proletariado.

Al poner de relieve estas contradicciones, los teóricos subconsumistas admiten la existencia de crisis generales, es decir, de crisis que afectan al conjunto de las ramas de producción, mientras que en la concepción ricardiana la sobreproducción en una rama es el corolario de una subproducción en otra. Bajo el ángulo de la extensión de la crisis, los teóricos subconsumistas conciben efectivamente la existencia de una crisis general, de una crisis que toca a todos los sectores a la vez. Por el contrario, bajo el ángulo de la profundidad, de la relación con el producto social, la crisis tan sólo afecta una parte de él. Se trata de la plusvalía y generalmente, en su seno, de la fracción destinada a la acumulación.

No comprenden que los límites que se manifiestan en la esfera de la circulación y de la distribución de los ingresos deben ponerse en relación con las relaciones de producción, y buscan soluciones que preconizan ya sea el retorno a formas de producción caducas ya una nueva forma de distribución de los ingresos sin cuestionar la producción capitalista, el salariado y la existencia del estado. En esta representación, las políticas salariales y fiscales, en la medida en que sostienen la demanda, son favorables a la estabilidad de la producción capitalista, amenazada por una acumulación que conduce a la sobreproducción, cuando ella no se vuelve hacia esferas especulativas que amenazan aún más rápidamente la cohesión del edificio. Para los oponentes a este análisis, al bajar la tasa de beneficio, dejando al

Estado acaparar los recursos para dilapidarlos mejor, estas políticas perjudican la acumulación y favorecen el estancamiento y la crisis.

Para los subconsumistas como Sismondi la tendencia a la crisis es permanente porqué existe un desequilibrio permanente, intrínseco, estructural, entre la producción y el poder de consumo de la sociedad. Para Sismondi, los fundamentos de las crisis resultan de un desequilibrio permanente. En la medida en que él considera que con la renta del período precedente se compra el nuevo producto anual, la crisis es potencialmente permanente.

Para Rosa Luxemburgo, la plusvalía a capitalizar no puede ser realizada en el seno de un modo de producción capitalista "puro"

Para la vulgata keynesiana, un "equilibrio" dicho de "subempleo", es decir, un nivel de producción bajo, vector de "desempleo involuntario", por el hecho de una "demanda efectiva" minorada es posible. Sin embargo, la teoría keynesiana busca tratar teóricamente tanto las situaciones de "subempleo" como las de "pleno empleo" que se convierten ya no en la norma sino en un caso particular, no automático, en el seno de la teoría general (tomándose Keynes por el Einstein de la ciencia económica).

A esta visión mecanista, Marx opone una visión dialéctica. Regularmente, periódicamente, lo que se ha hecho posible por la separación entre la venta y la compra, por la contradicción entre la mercancía y el dinero, la realización del valor de la mercancía en dinero no se realiza. Hay una escisión entre la venta y la compra. La crisis que estalla en la esfera de la circulación tiene un origen en la esfera de la producción capitalista, en relación, ya con la baja brutal de la tasa de beneficio por una insuficiencia de la producción de plusvalía (sobreproducción de capital) ya por una expansión considerable de la producción que no podría encontrar el mercado que le corresponde (sobreproducción de mercancías). La escuela subconsumista ha puesto el dedo sobre ciertas contradicciones de la producción capitalista, y esto es mejor que la escuela rival, pero ella pone en el mismo marco (el del valor de cambio) el del poder de consumo (en valor). Para hacer nacer la crisis, hay que poner en evidencia un desequilibrio permanente entre el valor de la producción y el poder de consumo.

Una parábola térmica

Para ilustrar las diferencias entre las concepciones podemos arriesgar una parábola "térmica".

Para los teóricos subconsumistas, hay una fuga permanente en la caldera (una insuficiencia estructural de la demanda solvente) y el rendimiento no puede ser óptimo. Se siguen fallos permanentes que podrían ser corregidos en parte por un aporte exterior (sostén de la demanda) cuando no por un retorno a un modelo antiguo y superado de caldera.

Para los teóricos de la desproporción, los fallos observados en la caldera no pueden ser sino fenómenos puntuales, que se traducen por un nuevo ajuste de la caldera, sabiendo que la marcha interna de la caldera dispone de mecanismos de autorregulación que deben permitir, si nadie se entromete procediendo a acciones intempestivas, restablecer el nivel de presión apropiado para el buen funcionamiento de la caldera.

Visto bajo el ángulo de la baja de la tasa de beneficio, la visión ricardiana conduce a considerar que la presión tiende a disminuir en la caldera para acabar dejando de producir suficiente energía adicional. Para la variante ricardiana de tipo Grossmann/Mattick, que busca un punto absoluto a partir del cual la baja de la tasa de beneficio significaría una crisis, basta substituir la presión del vapor por la masa de ella para obtener el buen indicador.

Desde que esta masa es considerada insuficiente para un uso dado, un punto bien definido, la caldera se extingue, la crisis puede manifestarse.

Para los teóricos estalinianos, tenemos una baja de presión permanente. Cada baja de la tasa de beneficio equivale a una disminución de la presión. Para hacer frente a esta situación se trasvasa a una caldera anexa de dimensiones crecientes una parte del vapor a presión muy baja, así la presión y el rendimiento de la caldera restante, cuya talla relativa disminuye, son mantenidos.

Para el marxismo una presión creciente tiene tendencia a reinar en la caldera, y mecanismos correctores, válvulas, evacuan por una parte esta sobrepresión (busca del máximo de plusvalía, valorización/desvalorización del capital). Cuando a la fuerte expansión sucede un retroceso brutal de la presión, los mecanismos internos son fuertemente desestabilizados, una contradicción violenta interviene en la caldera y amenaza con hacerla explotar (sobreacumulación, sobreproducción de capital). Si no es así, una fuerte expansión de la presión es igualmente capaz de estropear la caldera ya que los mecanismos de evacuación no están bien adaptados a esta sobrepresión y la explosión amenaza (sobreproducción de mercancías). En un caso como en el otro, los mecanismos reguladores no funcionan correctamente, hay que abrir la caldera, que derrama su calor y lo quema todo a su paso (desvalorización brutal, crisis catastrófica). Cuando el calor ha sido evacuado suficientemente, la caldera puede reemprender un nuevo ciclo. Para intentar limitar estas crisis, se trata de hacer que la presión en la caldera no suba muy deprisa. Se limita el aporte en energía y su rendimiento (limitación de la tasa de acumulación, baja tendencial de la tasa de beneficio) y se trata de instalar válvulas complementarias (consumo improductivo, exportación, desarrollo de grandes obras fijando el capital sin recaídas productivas inmediatas).

El grano de verdad de las teorías subconsumistas

Contrariamente a lo sostenido a menudo por muchos representantes del marxismo de cátedra, la teoría de las crisis de Marx no compete al subconsumo. Vamos a ver en qué no es posible ponerla en esta categoría. Pero en la falsa teoría subconsumista se esconde un grano de verdad, el cual está inextricablemente mezclado en una madeja teórica altamente criticable. Pero se puede resaltar:

1° La realización del producto social no se da por sí sola. Las crisis generales son posibles

2° Los factores concernientes a la composición material como al volumen del sobreproducto y del producto social no carecen de importancia para comprender las crisis de sobreproducción.

La realización del producto social.

La ausencia de realización del valor y de la plusvalía (la transformación en dinero del producto social) no es un proceso mecánico debido a un déficit crónico de la demanda social, intrínseco al funcionamiento de la sociedad. No se trata de un límite permanente en el poder de consumo absoluto de la sociedad. Las crisis son periódicas, y su posibilidad reside en la posibilidad de una escisión entre la venta y la compra, cuyo origen debe buscarse en la naturaleza del dinero. Esta crítica de la mercancía y del dinero conduce ya a una superación de la economía mercantil, a poner fin a una producción donde el producto social se expresa en dinero. Éste último no es un simple mediador de los cambios sino una forma de existencia de la mercancía, una forma de existencia necesaria puesto que ésta debe representarse necesariamente bajo la forma de un valor de cambio, expresarse en dinero. Estos factores son una primera condición de la producción capitalista, en la cual el producto social debe ser necesariamente una mercancía y expresarse en dinero. La crítica de la ausencia de realización es pues claramente más vasta que la dada por los teóricos subconsumistas, puesto que toca a la existencia misma de la producción capitalista. La crítica deviene entonces una crítica revolucionaria.[182]

La escisión potencial entre la mercancía y el dinero, entre la venta y la compra, hace posibles las crisis. Para que el capital prosiga su proceso, el capital mercancía salido del proceso de producción debe transformarse en dinero, el valor debe realizarse, autonomizarse en la forma dinero para poder retomar a continuación la carrera hacia la valorización, a la busca del máximo de plusvalía. Contrariamente a las ideas ricardianas, esta realización no tiene nada de automática. La realización supone la venta de la mercancía; no se da sola. Pero esta ausencia no es debida a una insuficiencia de demanda intrínseca, estructural, del modo de producción capitalista. La mayor parte del tiempo esta realización se efectúa. No se debe pues extraer la conclusión de que, al no tener lugar sistemáticamente, la crisis no va a producirse. De hecho, la crisis es periódica.

Además, hacer de este potencial la causa de las crisis remite a explicar la crisis por la crisis[183]. Por consiguiente, es importante

---

[182] Criticando a Ricardo y Say, para los que la realización de las mercancías no plantea dificultad particular, Marx concluye «Desde el momento en que se elimina la esencia del valor de cambio al transformar la mercancía en simple valor de cambio (producto) puede también negarse fácilmente el *dinero* como forma esencial *autónoma* en el proceso de la metamorfosis, frente a la forma original de la mercancía, o mejor, debe negarse» (Marx, Teorías sobre la plusvalía, Editions sociales, T.II, p.598)

[183] «En cuanto al resto, los otros economistas (como Stuart Mill) no lo hacen mejor, cuando tratan de explicar las crisis por simples *posibilidades* de crisis contenidas en la metamorfosis de las mercancías, pongamos en la separación de la compra y la venta. Estas determinaciones explican bien la posibilidad de la crisis, pero para nada su realidad, el *porqué* del conflicto entre las fases del proceso, conflicto cuya naturaleza es tal que solo una crisis –un movimiento violento- puede revelar su unidad interna. Esta *separación* es visible en la crisis; es su forma elemental. Explicar la crisis por su forma elemental reviene a explicar la crisis, la existencia de la crisis enunciándola bajo su forma más abstracta, dicho de otro modo, a explicar la

188

comprender y explicar las crisis sobre la base de una concepción unitaria. Es el principal interés de la teoría de la sobreacumulación. Al mostrar que la sobreproducción de mercancías, que puede existir de manera autónoma, es también el resultado de la sobreproducción de capital, de la sobreacumulación, cuyas raíces se hallan en la producción capitalista, por el hecho de la insuficiencia de plusvalía, Marx explica, unifica, la posibilidad y la necesidad de las crisis. Por su lado, la sobreproducción de mercancías por el hecho de la insuficiencia (puntual, periódica) de la capacidad de consumo, proviene igualmente del mismo fin de la producción capitalista que es la busca del máximo de plusvalía. Para alcanzarlo, el capital desarrolla la fuerza productiva del trabajo como si no tuviera límite, entonces el mercado se revela incapaz de seguir la progresión de la producción y el desarrollo de la productividad que le acompaña.

Pero para el marxismo, a diferencia de los subconsumistas, siendo periódicas y no permanentes, potencialmente estas crisis son sin embargo más importantes. Contrariamente al punto de vista subconsumista, es el conjunto del producto social el concernido por la crisis de sobreproducción y no solo la plusvalía o una parte de ella. Los subconsumistas han percibido mejor la posibilidad de la crisis, los límites del capital, que la escuela de Ricardo, pero no han dado sus fundamentos. Asimismo buscan soluciones utópicas y reaccionarias, en lugar de contemplar un salto revolucionario, no mercantil, para el futuro de la humanidad.

La forma material del producto social

La composición material del producto social, como su masa o su volumen, son factores de crisis. Si desde un punto de vista abstracto importa poco producir tal o cual valor de uso, mientras pueda ser vendido con beneficio, la cuestión se plantea diferentemente a nivel social.

---

crisis por la crisis.» (Marx, Materiales para "la Economía", Pléiade, T.2, p.468-469, Teorías sobre la plusvalía, Editions sociales, T.II, p.599)

¿Qué ocurre cuando se instala el modo de producción capitalista más desarrollado? El capital busca el máximo de plusvalía. Para una duración, una intensidad, una calidad y una complejidad dadas del trabajo, el capital obtiene más sobretrabajo, más plusvalía, desarrollando la productividad del trabajo. Constatamos así que el proceso valorización desvalorización se traduce por un crecimiento de la masa de las mercancías en relación con el desarrollo de la productividad del trabajo. Con todos los demás factores iguales, es necesaria una productividad cada vez mayor para obtener una masa suplementaria igual de plusvalía.

Supongamos que el valor equivalente al trabajo vivo que se descompone en capital variable y plusvalía sea de 100 y que la masa de mercancías (suponemos aquí una mercancía única) correspondiente sea de 100 unidades. Tenemos la situación inicial siguiente:

W = v+pl = 100 para una masa de 100 unidades (100 u) a un valor unitario de 1.

Para reproducir su fuerza de trabajo, los asalariados consumen 50 unidades. Suponemos el salario real constante.

¿Cuánto debe aumentar la productividad del trabajo vivo (ignoramos ahora las incidencias del capital constante y la acumulación) para obtener una plusvalía adicional de 10?

Para llegar a este resultado, el valor de la fuerza de trabajo debe reducirse de 50 a 40, mientras que la plusvalía aumenta de 50 a 60. Las 50 unidades que permiten la reproducción de la fuerza de trabajo deben valer en adelante 40, un valor unitario de 0,8 contra 1 en la situación inicial. La masa total de mercancías producidas se eleva entonces a 125. La masa de mercancías ha aumentado un 25 %. La plusvalía ha aumentado en 10, un 20 % (10/50) pero la masa de las mercancías que la compone ha aumentado en un 50% (25/50). La plusvalía bajo forma de valor de cambio, el plusvalor, ha aumentado un 20 % pero la plusvalía bajo forma de valores de uso, el sobreproducto, ha aumentado un 50 %, 2,5 veces más.

El consumidor no compra una mercancía por su valor de cambio (aparte de los efectos del esnobismo) sino por su valor de uso. El crecimiento considerable de los valores de uso no les da ipso facto una salida. No porque el equivalente valor (el poder absoluto de consumo) está potencialmente presente su manifestación será efectiva, pues las necesidades a satisfacer están en relación con el valor de uso y su masa.

El consumo del proletariado es limitado, pues su desarrollo entra en contradicción con el fin de la producción capitalista: el máximo de plusvalía.

El consumo de los capitalistas no va a extenderse necesariamente en proporciones tan grandes como lo que permite el desarrollo de la productividad. Este crecimiento del consumo por los capitalistas es tanto más limitado cuanto que la función del capitalista no es el consumo –aún si él se deja llevar por él cada vez más con el desarrollo de producción capitalista- sino la acumulación.

El sobreproducto ha pasado de 50 a 75 unidades. Si la clase capitalista consumiera 25 unidades, debería aumentar su consumo en un 50 % para que la relación entre la plusvalía consumida y la acumulada fuera mantenida. Si la parte consumida de la plusvalía permaneciera idéntica, la clase capitalista consumiría 37,5 unidades contra las 25 de antes. El sobreproducto disponible para la acumulación sería entonces igualmente de 37,5 unidades, igualmente un 50 % más. Para mantener la acumulación al nivel anterior de 25 unidades, la clase capitalista debería doblar su consumo, haciéndolo pasar de 25 a 50 unidades. Con el aumento de la productividad, el valor unitario de las mercancías ha bajado un 20% (0,8 en lugar de 1). Para mantener únicamente la relación de valor entre plusvalía acumulada y plusvalía consumida, es decir, que el valor de la plusvalía acumulada sea igual al valor de la plusvalía consumida (en valor la mitad de 60 para cada fracción y la mitad de 75 unidades para cada fracción bajo el ángulo del valor de uso), la masa de mercancías consumidas por la clase capitalista debería crecer un 50 %, y debería doblar, aumentar un 100% para evitar el desbocamiento de la acumulación del capital. Suponiendo que tal crecimiento sea posible, no es menos cierto que hacer del consumo de los capitalistas el objetivo de este modo de producción sería cometer un gran error, pues esto lleva a negar el capital[184]

Hagamos ahora la hipótesis, más bien restrictiva habida cuenta de la vocación del capital, que es la producción del máximo de plusvalía, de un mantenimiento de la acumulación al mismo nivel en valor (sea una valor de 25). Esta perspectiva supone la acumulación, ya no de 25 sino de 31,25 unidades (con un valor de 25 se obtienen ahora 31,25 unidades contra 25 antes, por la disminución del valor unitario de las mercancías). Por una parte, de la misma manera que para el consumo individual, hay que ampliar las salidas, vender más máquinas, materias primas, etc. y paralelamente acrecentar considerablemente el consumo improductivo de los capitalistas. Toda elevación de la acumulación de la masa de la plusvalía plantea la cuestión de sus salidas sobre una base ampliada. Sería otra manera de interpretar la famosa cita sobre la aceleración de la acumulación (si se entiende masa por la masa de valores de uso y no masa en valor). Pero toda aceleración de la acumulación cuyo objetivo es el máximo de plusvalía y de la cual hay que esperar un desarrollo de la productividad plantearía a una escala mayor la cuestión que acaba justamente de ser resuelta y con ella la perspectiva de otra solución a esta contradicción: la sobreproducción

---

[184] «Precedentemente, era el dinero lo que se negaba, para presentar la separación (como inexistente) entre compra y venta. Ahora es el capital que se niega, para transformar a los capitalistas en gentes que realizan la simple operación M-D-M (mercancía-dinero-mercancía) y producen para el consumo individual y no como capitalistas produciendo con fines de enriquecimiento, con el objetivo de reconvertir en parte la plusvalía en capital.» (Marx, Teorías de la plusvalía, Editions sociales, T.II, p.636)

192

de mercancías. Cuanto mayor es, más elevada es la tasa de beneficio, mayor es la tasa de acumulación, más alto el nivel de la productividad y más amenaza la sobreproducción de mercancías[185].

No hay más que un Tougan-Baranowsky, heredero de Ricardo, para imaginarse que la producción capitalista pudiera funcionar con un solo obrero haciendo funcionar el conjunto de la maquinaria capitalista, efectuándose el conjunto de la producción y de la realización del producto social sin obstáculos, con el pretexto de que los esquemas de reproducción no dejan aparecer contradicciones en las relaciones de valor (de valor de cambio). Siendo estos esquemas concebidos para explicar, a partir de los conceptos fundamentales del marxismo, por primera vez en la historia de la ciencia económica, el proceso de reproducción del capital, era lo mínimo que se les podía pedir[186]. Pero todo esto deja intacta la cuestión de la masa y de la forma de las mercancías según que ellas sean destinadas al consumo productivo o al no productivo (sea individual o colectivo), cuestión cada vez más lancinante desde que el proceso valorización desvalorización se avanza[187].

---

[185] «La *sobreproducción* tiene especialmente por condición la ley general de producción del capital: producir a la medida de las fuerzas productivas (es decir, según la posibilidad que se tiene de explotar la mayor masa posible de trabajo con una masa dada de capital) sin tener en cuenta límites existentes del mercado o necesidades solventes, y ampliando constantemente la reproducción y la acumulación por una reconversión constante de renta en capital, mientras que por otra parte la masa de los productores permanece y debe necesariamente permanecer a un nivel medio de necesidades por la naturaleza de la producción capitalista.» (Marx, Teorías de la plusvalía, Editions sociales, T.II, p.637)

[186] Aún en esbozo, conservan sin embargo algunos defectos. La solución de una parte de ellos está presente en "La théorie marxiste des crises" (accesible en www.robingoodfellow.info)

[187] Por ejemplo, un crecimiento suplementario de 10 de plusvalía, un aumento de 10/60 o aún de 16%, sería obtenido por un valor de la fuerza de trabajo que caería a 30, un valor unitario de 0,6 y por tanto una masa de mercancías de 166, un aumento de la masa de mercancías de 166/125 de

«Lo mismo sucede con la *fuerza productiva*. De una parte, el capital tiende necesariamente a aumentar al máximo para aumentar el exceso de tiempo relativo. Por otra, disminuye simultáneamente el tiempo de trabajo necesario, es decir, la capacidad de intercambio de los trabajadores. Por otro lado, como hemos visto, el plusvalor (plusvalía) relativo crece en una proporción menor que la fuerza productiva, y esta proporción disminuye tanto más cuanto que la fuerza productiva ha aumentado ya. *Pero la masa de los productos crece en una proporción parecida* —sino un nuevo capital así como un nuevo trabajo serían liberados, que no entrarían a la circulación. Pero, al mismo tiempo que la masa de los productos, aumenta también la dificultad de valorizar el tiempo de trabajo contenido en ellos —pues las exigencias del consumo aumentan.» (Marx, Manuscritos de 1857-1858, Grundrisse, Editions sociales, T.1, p.362)

Los subconsumistas confunden esta dificultad asimilándola a una ausencia teórica, una insuficiencia estructural, de demanda, en el sentido en que el poder de consumo de la sociedad sería diferente, *en valor*, al valor de la producción. Marx, por ejemplo, toma a Proudhon[188]: «Proudhon, que oye a los asnos rebuznar, pero no sabe nunca en qué establo, hace desprender la sobreproducción del hecho que "el trabajador no puede recomprar el producto que ha fabricado". Entiende con ello que el interés o el beneficio constituyen una carga que se añade al precio del producto; o que éste está sobrecargado en relación a su valor real. Esto prueba en primer lugar que no comprende nada de la determinación del valor, el cual, hablando en general, no puede incluir nada a manera de sobrecarga (...)».

33%. Un crecimiento más débil de la plusvalía (16% contra 20%) se obtiene tan solo por una aceleración del aumento de la productividad (33 % en lugar de 25 %). El proletariado consume siempre 50 unidades, pero en adelante hay que encontrar compradores para 116 unidades, una salida más importante que el conjunto de la producción inicial (100) la mitad de la cual estaba destinada a asalariar al proletariado.

[188] Citas extraídas de Marx, Manuscritos de 1857-1858, Grundrisse, Editions sociales, T.1, p.363 a 373.

Proudhon confunde el valor y los precios e imagina que el interés y el beneficio vienen a añadirse al precio del producto, sobrecargando así el valor real. Proudhon concluye "que el obrero no puede recomprar su producto, es decir, la parte alícuota del producto global que objetiva su trabajo necesario". Extrae entonces la conclusión de que "el capital no puede intercambiar de manera adecuada y que hay sobreproducción". Pero más allá de la comprensión errónea de Proudhon sobre la relación entre valor y precio de producción, en todo caso su comprensión de las raíces de la sobreproducción es igualmente falsa[189]. La sobreproducción no viene pues de una inadecuación estructural entre el valor de la producción y la capacidad de consumo. La contradicción no es mecánica sino dialéctica. La contradicción no se resuelve en sobreproducción de manera permanente sino periódicamente.

Este tipo de sobreproducción, la sobreproducción de mercancías, es decir, de capital-mercancía, resulta del desarrollo de una productividad del trabajo que persigue objetivos limitados: la valorización máxima del capital, la producción de un máximo de plusvalía, sin mirar la capacidad de consumo de la sociedad, capacidad para absorber el volumen y el tipo de mercancías producidas. Cuando ella estalla en la esfera de la circulación, con motivo de la realización del producto social, la crisis de sobreproducción induce una baja de la tasa de beneficio. Mientras que la sobreacumulación, la sobreproducción de capital resulta de una insuficiencia de plusvalía, de una baja brutal de la tasa de beneficio, aquí, es la sobreproducción de mercancías la que provoca esta baja.

Para restablecer una situación propicia a la reanudación de la acumulación del capital es necesaria una desvalorización, tanto en un caso como en el otro. La sociedad burguesa navega pues entre dos escollos, una acumulación rápida ligada a un alza de la productividad,

---

[189] «(…)la conclusión que él extrae, a saber, que es de ahí que vendría la sobreproducción, es falsa en su abstracción» (Marx, Manuscritos de 1857-1858, Grundrisse, Editions sociales, T.1, p.373)

como eventualmente la tasa de beneficio (estamos en las fases ascendentes del ciclo periódico) conduce el capital por el camino de la sobreproducción de mercancías y hunde la sociedad en el marasmo. Por otro lado, una baja súbita de esta productividad deteriora la relación de explotación, engendra una baja brusca de la tasa de beneficio que conduce a una parálisis de la reproducción social, a una crisis de sobreproducción del tipo sobreacumulación.

En la perspectiva de la sobreproducción de mercancías, hay en Marx la idea de que en su movimiento orgánico, el capital desestabiliza la relación entre medios de producción y medios de consumo y fragiliza la sociedad en la medida en que el consumo final (asimilado aquí al consumo no productivo), el consumo de medios de consumo es limitado[190]. No se trata de una desproporción clásica en que muchos medios de producción serían producidos contra insuficientes medios de consumo, sino de una contradicción necesaria

---

[190] «Pasa lo mismo con la demanda creada por la misma producción en cuanto a la materia prima, los productos semielaborados, las máquinas, los medios de comunicación, así como las materias auxiliares utilizadas y consumidas en la producción, como los colorantes, el carbón, el jabón, el talco, etc. Esta demanda, que paga y pone los valores de cambio, es adecuada y suficiente tanto tiempo como los productores se libran a intercambios entre sí. Su inadecuación aparece desde que el producto final encuentra un límite en el consumo inmediato y final. Esta *apariencia* que impulsa a la producción a superar las justas proporciones se desprende igualmente de la esencia del capital, que es esta repulsión de sí que habrá que desarrollar con más detalle, como en la competencia, que es una pluralidad de capitales enteramente indiferentes los unos a los otros. En la medida en que un capitalista compra a otro le vende o le compra mercancía, su relación es de intercambio simple, no de capitalistas. La proporción *justa* (imaginaria) en la que deben intercambiar para poder valorizarse como capital se sitúa *fuera* de la relación que mantienen» (Marx, Manuscritos de 1857-1858, Grundrisse, Editions sociales, T.1, p.360). Notaremos que, también ahí, Marx remite a otro lugar los análisis detallados de este aspecto de la crisis.

de la sociedad burguesa desde que sigue sus propias tendencias[191].
Cuando estalla la crisis, los dos tipos de mercancías se hallan en
sobreproducción. Pero es la tendencia a acumular para valorizar el
capital[192], a buscar un máximo de plusvalía, sea por la ampliación de la
producción[193] o el desarrollo de la productividad, la que tiende a
deteriorar la relación entre los dos tipos de mercancías y precipitar la
crisis de sobreproducción[194]

---

[191] «la medida de esta sobreproducción es el mismo capital, la escala
existente de las condiciones de producción y el apetito desenfrenado de
enriquecimiento y de capitalización de los capitalistas, pero de ninguna
manera el consumo, que está trabado de entrada en el juego, dado que la
mayor parte de la población, la población obrera, no puede ampliar su
consumo más que en límites muy estrechos y que, por otra parte, la
demanda de trabajo disminuye relativamente en la medida misma en que el
capitalismo se desarrolla, aunque aumente absolutamente.» (Marx, Teorías
sobre la plusvalía, Editions sociales, T.2, p.587)

[192] « (…) está claro pues que habría sobreproducción general, no
porqué se habría producido de manera insuficiente mercancías destinadas a
los obreros o destinadas al consumo de los capitalistas, sino porqué se
habría producido demasiadas mercancías de los dos tipos; demasiado no
para el consumo, sino para mantener la relación justa entre consumo y
valorización; demasiado para la valoración.» (Marx, Manuscritos de 1857-
1858, Grundrisse, Editions sociales, T.1, p.382)

[193] Lo que es más, la acumulación de capital que se traduce por una
elevación de la composición orgánica del capital reduce tanto más la parte
del consumo obrero en el producto social.

[194] «¿Qué significa *sobreproducción de capital*? (Marx critica aquí los
economistas que admiten una sobreproducción de capital para negar mejor
la sobreproducción de mercancías. Estamos pues en el marco de la crítica de
un concepto que no es el mismo que el que se emplea a propósito de la
sobreacumulación NDR) Sobreproducción de las masas de valores
destinadas a engendrar plusvalía (o, considerando el contenido material,
sobreproducción de mercancías destinadas a la reproducción)- o sea,
reproducción a muy gran escala, lo que, en resumen, es lo mismo que
sobreproducción.

Para determinarla de más cerca, esta fórmula no significa otra cosa sino
que se produce mucho con fines de *enriquecimiento*, o aún, que una muy gran

197

Estos fenómenos tienen una gran importancia para el desarrollo de tendencias inherentes al capital. Además del hecho de que la producción del máximo de plusvalía pueda traducirse por la creación de más valor y de plusvalía en el mismo tiempo (desarrollo de la intensidad[195], de la complejidad[196], de la calidad[197] y de optimización de su lugar en tanto que capital nacional en la división internacional del trabajo[198]), para diferir esta contradicción, para contrarrestar sus efectos, el capital pone en marcha un conjunto de respuestas de naturaleza diferente. Las podemos clasificar en función del tipo de respuesta que aportan:

1° Para facilitar la venta, la realización del producto social, desarrollo del crédito

2° Búsqueda de salidas y de nuevos campos de acumulación externas, exportación, lucha por la conquista de nuevos mercados.

---

parte del producto está destinada, no a ser consumida como renta, sino a *conseguir más dinero* (a ser acumulada), no a satisfacer las necesidades de su propietario sino a procurarle la riqueza general abstracta, del dinero, y más poder sobre el trabajo ajeno – o aún a aumentar este poder (…) Pero decir que hay *mucho capital* tan sólo significa: se consume (del producto social – ndr) y se puede consumir poco como *renta* en las condiciones dadas.» (Marx, Teorías sobre la plusvalía, Editions sociales. T.2, p.635-636)

[195] El desarrollo de la intensidad del trabajo induce la producción de más valor en más mercancías.

[196] Una fuerza de trabajo de igual cualificación y teniendo pues el mismo valor produce más o menos valor según que se halle afecta a trabajos simples o complejos.

[197] Una fuerza de trabajo más cualificada tiene más valor y produce más valor en el mismo tiempo.

[198] Hacemos alusión aquí a la ley del valor en su aplicación internacional, tema generalmente escamoteado tanto por el marxismo oficial como por su adversario heterodoxo. Se hallan disponibles elementos de análisis en "La théorie marxiste des crises.". Volveremos sobre el tema en un próximo texto.

3° Desarrollo de la publicidad y de la mercadotecnia (marketing) para avivar las necesidades y suscitar nuevas, conferir nuevos atractivos a la mercancía.

4° Diversificación, creación de nuevas necesidades, creación de nuevos valores de uso. Desarrollo de medios de consumo de lujo, uno de los intereses de los cuales es que generalmente ellos permiten, por el empleo relativamente más elevado de trabajo vivo, la producción de una masa mayor de plusvalía, y como estas ramas tienen una composición orgánica menos elevada que la media favorecen también el alza de la tasa de beneficio.

5° Evolución histórica de los valores de uso y de las necesidades conducentes a frenar la baja del valor unitario de las mercancías. "Revalorización" de los valores de uso[199], evolución de las necesidades: el lujo de ayer es lo necesario de hoy.

6° Programación de la obsolescencia de las mercancías. Organización del despilfarro de los recursos.

7° Fijación del capital. Acumulación de capitales fijos que no son inmediatamente productivos (grandes obras de arte, grandes trabajos, canales, por ejemplo) y que absorben pues plusvalía sin producir un efecto inmediato sobre la productividad del trabajo.

8° Desarrollo de una clase de consumidores que consume sin producir, de una clase improductiva. Una clase de consumidores es necesaria. Esto, los teóricos subconsumistas, en especial Malthus, lo han presentido. No puede ser el proletariado, cuyo consumo es limitado y tanto más limitado cuanto que el salario relativo baja con el progreso de la producción capitalista. Un alza del salario real puede darse, es cierto, pero siempre dentro de límites estrechos. Esta clase improductiva moderna es la clase media. Con su desarrollo se limita también la tasa de acumulación y la demanda de medios de consumo

---

[199] Por ejemplo, el automóvil que hace siempre la misma función no ha dejado de evolucionar en materia de equipamientos y de opciones. Su precio relativo ha bajado menos, cuando no se ha mantenido, a despecho de los progresos en la productividad y de las substituciones de materiales (fenómeno que juega en los dos sentidos)

se acrecienta, y con ella el consumo de productos más refinados y de productos de lujo.

9° Baja de la tasa de beneficio y de la tasa de acumulación. La acumulación se ralentiza, el crecimiento se ralentiza, el capital difiere sus contradicciones renunciando a su misión.

Es esta vía, como prevé Marx, la que toma el modo de producción capitalista. El desarrollo de las fuerzas productivas induce una limitación y una destrucción de ellas.

Nos contentaremos con evocar en este trabajo[200] la cuestión de la clase media, cuestión tanto más ignorada por el marxismo de cátedra, que es uno de sus portavoces, y dejaremos la del capital fijo, del comercio exterior, del crédito, de los diversos aspectos relativos al valor y al valor de uso, etc. a otro artículo.

---

[200] Un análisis detallado será objeto de otra obra. Sin embargo producimos en un anexo un capítulo que retomaremos más adelante, a fin de demostrar sin esperar más que este análisis estaba totalmente presente en Marx. Marx trata sólo de manera inconexa la cuestión de la clase media, pues contaba desarrollarla en otra parte de su obra –"El Capital", con todos sus libros, tan sólo representa 1/6 de su proyecto-

«No se trata ahora de analizar las determinaciones de la sobreproducción, sino sólo de mostrar su posibilidad, tal como se plantea primitivamente en la relación del capital mismo. De momento, debemos dejar de lado las otras clases poseedoras y consumidoras, etc. que no producen y que, viviendo de su renta, intercambian con el capital; constituyen para él centros de cambio. Sólo las podemos tomar en consideración parcialmente (lo haremos de manera más profunda en la *acumulación*) en la medida en que tienen una *gran importancia* para la constitución histórica del capital.» (Marx, Manuscritos de 1857-1858, Grundrisse, Editions sociales, T.1, p.358). Ver también la p.340

Sobreproducción versus subconsumo

Marx y Engels, éste último en especial en una obra releída y escrita en parte por Marx, se expresan sin ambigüedad contra una interpretación subconsumista de su concepción de las crisis. Los que pretenden lo contrario dan prueba de mala fe o de una gran incomprensión de su teoría.

La crítica de Engels

Comencemos por Engels, cuya interpretación de los propósitos es indiscutible. Él refuta explícitamente toda tentación de asimilar la teoría marxista de las crisis al subconsumo.

«Es, por tanto, evidente que el señor Dühring no concede en absoluto a las crisis industriales la importancia histórica que les hemos atribuido.

Las crisis son para él meras desviaciones ocasionales de la "normalidad", se limitan, a lo sumo, a dar ocasión para el "despliegue de un orden más normado". El "modo habitual" de explicar las crisis por la sobreproducción no satisface en absoluto a su concepción más exacta. Cierto que una tal explicación puede admitirse para crisis especiales en ciertos ámbitos". Así, por ejemplo, "una plétora en el mercado de librería causada por ediciones de obras cuyos derechos han quedado libres, y que son aptas para la venta en masa.

El señor Dühring puede acostarse desde luego con la conciencia tranquila: sus inmortales obras no producirán jamás esa universal catástrofe.

Pero en las grandes crisis no es la sobreproducción, sino más bien "el retraso del consumo popular... el subconsumo artificiosamente engendrado... la obstaculización de las necesidades populares (!) en su natural crecimiento, lo que hace al final tan críticamente grande el abismo entre los depósitos y la salida de los productos."

Y hasta ha conseguido felizmente un discípulo para esta su teoría de las crisis.

Pero el hecho es que el subconsumo de las masas, la limitación del consumo de éstas a lo imprescindible para el sustento y la reproducción, no es en absoluto cosa nueva. Ha existido siempre que ha habido clases explotadoras y explotadas. Incluso en los períodos históricos en que la situación de las masas fue especialmente favorable, como, por ejemplo, en la Inglaterra del siglo XV, estaban en una situación de subconsumo. Se encontraban muy lejos de poder disponer de su propio producto anual para el consumo. Si, pues, el subconsumo es un hecho histórico constante desde hace milenios, mientras que el bloqueo general de la salida de las mercancías que se produce en las crisis a consecuencia del exceso de producción no es visible sino desde hace cincuenta años, toda la trivialidad económico-vulgar del señor Dühring consiste en explicar la nueva colisión no por el nuevo fenómeno de la sobreproducción, sino por el del subconsumo, que tiene milenios de edad. Es como si en matemáticas se quisiera explicar la variación de la razón entre dos magnitudes, una variable y otra constante, no por el hecho de que la variable ha variado, sino por el de que la constante sigue siendo idéntica. El subconsumo de las masas es una condición necesaria de todas las formas de sociedad basadas en la explotación, y, por tanto, también de la sociedad capitalista; pero sólo la forma capitalista de la producción lleva ese subconsumo a elemento de una crisis. El subconsumo de las masas es, pues, también una condición de las crisis, y desempeña en ellas un papel de antiguo conocido; pero nos informa tan poco de las causas de la actual existencia de las crisis como de las causas de su anterior inexistencia».[201].

---

[201] Se puede unir este pasaje de Engels a lo que dice Marx sobre la concepción de Proudhon en cuanto a la sobreproducción (cf. arriba, el capítulo sobre la forma del producto social). «En el régimen esclavista, los amos no sienten ninguna pena de que los obreros no les hagan competencia

M. Dühring tiene además ideas curiosas sobre el mercado mundial. Hemos visto como, en verdadero erudito alemán, trata de explicar crisis especiales reales de la industria con la ayuda de crisis imaginarias sobre el mercado del libro de Leipzig, la tempestad en el mar por la tempestad en un vaso de agua. Se imagina, además, que la actual producción patronal debe "tener su salida sobre todo en el círculo de las mismas clases poseedoras" lo que no le impide, tan sólo dieciséis páginas más adelante, presentar, de modo corriente, como industrias modernas decisivas, la del hierro y la del algodón, es decir, precisamente las dos ramas de la producción en que los productos son consumidos por las clases poseedoras tan sólo en una infinitésima parte, que son hechos, más que todos los demás, para el consumo de masa. A cualquier lado que nos volvamos, sólo encontramos palabrería a diestro y siniestro, vacía y contradictoria. Pero tomemos un ejemplo de la industria algodonera. Si la relativamente pequeña ciudad de Oldham –una de las doce de 50 a 100.000 habitantes alrededor de Manchester que practican la industria del algodón- por sí sola, ha visto el número de brocas que hilan únicamente el número 32 elevarse de 1872 a 1875 en cuatro años, de 2 y medio a 5 millones, de manera que una sola ciudad media de Inglaterra posee tantas brocas que hilan un solo número como la suma total de la industria algodonera de Alemania entera, Alsacia comprendida; y si en todas las otras ramas y localidades de la industria inglesa y escocesa del algodón la extensión se produce en proporciones sensiblemente iguales, se necesita una fuerte dosis de aplomo radical para explicar el estancamiento total actual del mercado de hilos y tejidos de algodón por el subconsumo de las masas inglesas y no por la sobreproducción

---

como consumidores. (La producción de lujo como se encuentra en la antigüedad es sin embargo el resultado necesario del régimen esclavista: no hay sobreproducción, sino hiperconsumo y un consumo demente que, bajo formas monstruosas y extravagantes, marca el declive del antiguo sistema estatal.» (Marx, Manuscritos de 1857-1858, Grundrisse, Editions sociales, T.1, p.373)

de los fabricantes ingleses de algodón.» (Engels, Anti-Dühring, Editions sociales, p.323-324)

Una nota acompaña esta parte del texto: «La explicación de las crisis por el subconsumo viene de Sismondi, y en él todavía tiene un cierto sentido. Es de él que la ha tomado prestada Rodbertus y es de Rodbertus que M. Dühring lo ha copiado a su vez, con su habitual manera de descafeinar.» (Engels, Anti-Dühring, Editions sociales, p.325)

En este extracto, Engels opone pues la concepción que entiende que las crisis modernas (cuando lo escribe, son "cincuenta años" de existencia, lo que nos lleva a 1825 para la primera de este tipo) no son ligadas al subconsumo de las masas sino crisis de sobreproducción. No se trata de oponer aquí la sobreacumulación al subconsumo, pues es en este libro (el Anti-Dühring) donde encontramos las citas sobre la sobreproducción de mercancías que hemos evocado en el capítulo 2.4. Lo que significa que la contradicción que se pone por delante viene de la forma del producto social, dejando en segundo plano las relaciones de valor (valor de cambio). Además, el subconsumo no es específico del modo de producción capitalista, sino de todas las sociedades de clases. Al mismo tiempo, el subconsumo está en el fundamento de las crisis en el sentido de que es una "condición previa" de ellas. Pero no puede explicar su causa. Esto significa que la crisis moderna está claro que puede darse en una sociedad dividida en clases, pero esta característica no basta. Para que se manifiesten bajo forma de crisis de sobreproducción debe existir, no sólo el modo de producción capitalista y su sed de plusvalía, sino también el modo de producción capitalista más desarrollado. En este último, el capital se subordina realmente el trabajo, pues en adelante existe una tecnología específica al modo de producción capitalista: el maquinismo. La multiplicación de la productividad, el desarrollo de la plusvalía relativa, la acumulación del capital y el crecimiento de la masa de las mercancías que les acompañan tan sólo encuentran los límites inherentes a la producción capitalista.

Podría haber aún una duda sobre lo que Engels llama el subconsumo. ¿Está todo el mundo hablando de lo mismo?

La nota de Engels es inapelable. Para él, como para Marx, la referencia es Sismondi. La criba es pues idéntica. La ciencia económica de la burguesía ha alcanzado su apogeo con Ricardo y Sismondi. Este último, además, expresa dudas en cuanto a la perennidad del modo de producción capitalista. Con Sismondi pues se ha alcanzado el punto más elevado[202] propio de esta concepción, que prosigue a continuación bajo formas vulgares, incluso en los rangos del marxismo. La crítica de tipo subconsumista es hoy en día el vademécum del pensamiento socialdemócrata[203] (de la izquierda a los izquierdistas pasando por los altermundialistas) ya tome su inspiración en Keynes y Malthus o en un Marx revisado, corregido, mutilado, falsificado y aseptizado. ¿Cómo no reconocer el pensamiento de un Dühring en muchas declaraciones y análisis del reformismo moderno?

---

[202] Engels, como Marx, no se anda con rodeos (¡es tanto más verdad cuanto que el capítulo citado ha sido escrito por Marx!). «M. Dühring hace mucho caso a su hallazgo de que la doctrina económica es un "fenómeno enormemente moderno"

De hecho, se dice en El Capital de Marx: "La economía política...data como ciencia especial de la época de las manufacturas" y en la Contribución a la crítica de la economía política, se lee que "la economía política clásica...comienza en Inglaterra con Petty, en Francia con Boisguillebert y se termina en Inglaterra con Ricardo y en Francia con Sismondi".

M. Dühring sigue la vía que se le ha prescrito, la de que la economía superior comienza con los lamentables abortos que la ciencia burguesa ha creado tras la expiración de su período clásico» Engels, Anti-Dühring, Editions sociales, p.257)

[203] La aparición en escena del barbarismo "socialismo de la oferta" marca en Francia una evolución notable, al menos en palabras, pues, si estábamos largo tiempo fuera de Marx, henos aquí en adelante fuera de Keynes y tras los pasos de Say, Bastiat y otros vulgares.

Engels hace igualmente referencia a un período como el siglo XV en Inglaterra, en que los salarios han aumentado. Es pensando en este período que Marx trata la acumulación del capital y su propensión a favorecer el aumento de los salarios cuando la composición orgánica del capital permanece idéntica. Es este el marco, como hemos mostrado, que él utiliza para simplificar su presentación de la sobreacumulación absoluta.

Por consiguiente, que el salario sea más o menos elevado no cambia en nada el hecho de que el subconsumo de la clase explotada sea una condición de base de la existencia de las sociedades de clase. Por consiguiente, la cuestión no es tanto de un déficit de demanda (en el sentido del valor de cambio) como de la composición material y de la masa del producto social, los valores de uso y su volumen y las relaciones entre las clases que los condicionan. La sobreproducción es la culminación de la contradicción entre el valor de cambio y el valor de uso, la contradicción entre la persecución del valor de cambio (bajo la forma específica de la busca del máximo de plusvalía) y de la masa de las mercancías producidas que es su corolario y la renovación de esta contradicción en la esfera de la circulación con la realización de la plusvalía y el producto social[204]. Estos factores conducen, con la

---

[204] «Otros economistas, como Malthus, admitiendo la distinción entre trabajadores productivos e improductivos, prueban al capitalista industrial que éstos últimos le son tan necesarios, incluso para la producción de riqueza material, como los primeros.

En este caso no sirve de nada decir que producción y consumo son idénticos o que el consumo es la finalidad de toda producción, o aún, que la producción es condición previa de todo consumo. Lo que está en el fondo de toda esta discusión –aparte de su tendencia – es por el contrario esto:

La media del consumo de los obreros es igual a los únicos gastos de producción de éste, y no a su producción misma. Produce pues todo el excedente para otro, por consiguiente toda esta parte de su producción es producción para otro. Además, el capitalista que impulsa al obrero a esta producción de sobreplus (es decir, producción más allá de las necesidades vitales) y que pone todos los medios para acrecentarlo lo más posible, para aumentar esta sobreproducción relativa en relación con la producción

producción capitalista más desarrollada (a partir de 1825) a crisis de sobreproducción de mercancías.

La crítica de Marx

Pasemos a Marx.

«Afirmar que las crisis provienen de la ausencia de consumo o de consumidores solventes es pura tautología. El sistema capitalista sólo conoce los medios de consumo de pago, con excepción del consumo sub forma pauperis (la del pobre) y la del "ratero". Decir que las mercancías son invendibles significa simplemente que no han hallado adquirentes capaces de pagar, o sea consumidores solventes (sean las mercancías compradas con finalidad de consumo productivo o individual). Para dar una apariencia de justificación más profunda a esta tautología, se pretende que la clase obrera recibe una parte muy débil de su propio producto y que se podría remediar esto otorgándole una mayor parte de este producto, o sea, salarios más elevados. Pero basta recordar que las crisis son cada vez preparadas precisamente por un período de alza general de los salarios, en que la clase obrera obtiene efectivamente una mayor parte de la fracción del producto anual que la destinada al consumo. Desde el punto de vista de estos caballeros del "simple" buen sentido, este período debería alejar la crisis. Parece pues que la producción capitalista implica condiciones que no dependen para nada de la buena o mala voluntad, condiciones que sólo permiten esta prosperidad relativa de la clase

---

necesaria, se apropia inmediatamente el sobreproducto. Pero como capital personificado él produce, para producir él quiere el enriquecimiento por el enriquecimiento. En la medida en que es sólo un funcionario del capital, lo importante para él es el valor de cambio y su aumento y no el valor de uso y su aumento. Lo que le importa es el aumento de la riqueza abstracta, la apropiación creciente del trabajo ajeno.» (Marx, Teorías sobre la plusvalía, Editions sociales, T.1, p.321).

Se constatará que Marx habla de sobreplus y de sobreproducto. Alude pues a la forma material, a los valores de uso, de la plusvalía, y de manera general a la forma material del producto social.

obrera temporalmente, y esto únicamente como mensajera de una crisis.» (Marx, Capital, L.II, Pléiade, T.2, p.781)

Los caballeros del simple buen sentido, los teóricos subconsumistas, sólo ven la crisis bajo el ángulo de las relaciones de valor y consideran que existe un desequilibrio (permanente) entre el valor de la producción y la capacidad de consumo. Para el marxismo, no es tanto este desequilibrio lo que está en juego como las formas del producto social. Bajo la representación falsa de la teoría subconsumista se disimula un grano de verdad. Por una parte, la contradicción entre la mercancía y el dinero abre la posibilidad de una crisis general, por otra, la masa de las mercancías producidas y la diferencia en los valores de uso según que sean destinadas al consumo no productivo (individual o colectivo –la limitación intrínseca del consumo obrero abre pues una dificultad particular que habrá que resolver) o al consumo productivo plantean la cuestión del crecimiento del mercado, de las salidas. Si añadimos la posibilidad de desproporciones entre las diferentes ramas de la producción o entre las grandes categorías de capitales (capital fijo y circulante por ejemplo) tendremos un cuadro más completo aunque este tipo de crisis no sea muestra de la crisis general. Estas crisis se caracterizan por una sobreproducción de mercancías. Aquí es la sobreproducción la que engendra la baja de la tasa de beneficio, mientras que en el caso de la sobreacumulación es a la inversa. La capacidad de consumo, habida cuenta de las relaciones antagónicas entre las clases, de la limitación estructural del consumo obrero (por el hecho de la busca de un máximo de plusvalía) de los límites vinculados a la acumulación de la plusvalía, no sigue el desarrollo de la productividad del trabajo y la expansión de la producción

« (…) la producción capitalista no produce en absoluto a un nivel arbitrario, sino que, cuanto más se desarrolla, más obligada está a producir a una escala que no tiene nada que ver con la demanda inmediata, sino que depende de una extensión constante del mercado mundial. (…). No ve que la mercancía debe ser necesariamente transformada en dinero. La demanda de los obreros no bastaría, puesto que el beneficio proviene justamente del hecho de que la demanda de los obreros es inferior al valor de su producto y que es tanto mayor cuanto esta demanda es relativamente menor. La demanda de los capitalistas entre ellos tampoco puede bastar. La sobreproducción no provoca una baja *permanente* del beneficio pero es *periódica* permanentemente. Una subproducción le sucede, etc. La sobreproducción proviene justamente del hecho de que la masa del pueblo no puede nunca consumir más que la cantidad media de bienes de primera necesidad, que su consumo no aumenta pues al ritmo del aumento de la productividad del trabajo.» (Marx, Teorías sobre la plusvalía, Editions sociales, T.2, p.559-560).

«Las condiciones de la explotación directa y las de su realización «Desde que toda la cantidad de sobretrabajo que se puede extorsionar es materializada en mercancías, la plusvalía es producida. Pero esta producción de plusvalía tan sólo acaba el primer acto del proceso de producción capitalista, el proceso inmediato.

El capital ha absorbido una cantidad determinada de trabajo no pagado. A medida que el proceso se desarrolla, que se expresa en la baja de la tasa de beneficio, la masa de plusvalía así producida aumenta inmensamente. Viene entonces el segundo acto del proceso. Es necesario que toda la masa de mercancías, el producto total, tanto la parte que representa el capital constante y el variable como la que representa la plusvalía, se venda. Si la venta no se opera, o se opera parcialmente o a precios inferiores a los precios de producción, ha habido igualmente explotación del obrero, pero ésta no se ha realizado como tal para el capitalista: ella puede darse igualmente junto a la imposibilidad total o parcial de realizar la plusvalía extorsionada, acompañarse de la pérdida total o parcial del capital. Las condiciones de la explotación directa y las de la realización no son las mismas; ellas difieren no solo de tiempo y de lugar, sino también de naturaleza. Unas no tienen otro límite que las fuerzas productivas de la sociedad, las otras la proporcionalidad de las diferentes ramas de producción y del poder de consumo de la sociedad. Pero esto no es determinado ni por la fuerza productiva absoluta ni por el poder de consumo absoluto; lo es por el poder de consumo, que tiene por base condiciones de reparto antagónicas que reducen el consumo de la gran masa de la sociedad a un mínimo variable en límites más o menos estrechos. Además es restringido por el deseo de acumular, la tendencia a aumentar el capital y a producir plusvalía en una escala más extendida» (Marx, Capital L.III; Pléiade; T.2, p.1026-1027)

Para paliar esta dificultad, el consumo de los capitalistas, aunque tengan una sed creciente de gasto[205], no puede bastar. Las salidas exteriores, la realización de trabajos de gran amplitud que se extienden a varios años, la revalorización de los valores de uso, dotándoles de características suplementarias o la creación de nuevas (artículos de lujo por ejemplo) y last but not least, la creación de una clase de consumidores improductivos que consume sin vender son algunas de las respuestas que aporta la producción capitalista a esta amenaza recurrente[206]

---

[205] Ésta entra en contradicción con su tendencia a la acumulación, que es su función social como personificación del capital. El consumo de los capitalistas crece, tanto más cuanto que deben hacer ostentación de su riqueza, pero sin atentar jamás a la acumulación.

[206] No es un azar si la cita examinada, extraída de una sección del Capital donde Marx trata la reproducción simple, es seguida de una nota en la que Marx nos dice:

«En la medida en que la reproducción simple es una parte, la más importante de toda reproducción anual en una escala ampliada, este móvil (el consumo individual del capitalista NDR) va parejo con el del enriquecimiento como tal, aun oponiéndose a él. En realidad, el problema aparece más complejo, puesto que intervienen "socios" como consumidores independientes con el fin de repartir el botín, la plusvalía del capitalista.» (Marx, Capital, L.II, Pléiade, T.2, p.781)

210

El "fondo de trabajo" o el subconsumo imposible

Capital variable, capital avanzado.

Los detentores del subconsumo, pero la observación vale para sus adversarios en la medida en que viene a negar la naturaleza de las crisis y a minimizar su potencial, enmascaran completamente el hecho de que el consumo del proletariado, el gasto del salario no realiza una parte de la producción presente sino una parte de la producción anterior.

Para el subconsumismo, cuanto más elevado es el salario, más importante será el consumo y los factores de crisis serán aminorados. Lo que plantea una dificultad es la realización de la plusvalía y, en el seno de ésta, la fracción destinada a la acumulación.

A la salida del proceso de producción tenemos un capital mercancía cuyo valor w es simbolizado por c+v+pl, la suma del capital constante, del capital variable y de la plusvalía. Tenemos pues: w=c+v+pl.

Para el subconsumismo, el capitalista reproduce su capital constante y ve refluir el capital variable a medida que el proletario gasta su salario en medios de consumo. Si se presenta una dificultad será a nivel de la plusvalía. Por consiguiente, cuanto más pequeña, menos grande o menos extendida será la dificultad. Por ello, cuanto más elevado el salario más sostenido el consumo y el riesgo se descarta. He aquí la política de los caballeros del simple buen sentido.

Pero el marxismo no dice nada de esto. Considera que tanto el capital constante (el valor de los medios de producción) como el variable (que va a convertirse en el salario del proletario) son **avanzados**. Este capital avanzado, sea constante o variable, tiene una contrapartida material existente ya en la sociedad. En cuanto al capital constante es evidente, puesto que el trabajo no se hace sin medios de producción. Por consiguiente, el capital constante se enfrenta concretamente al proletario en el seno de la empresa[207]. Pero la contrapartida del capital variable, poco importa su forma material precisa y su parte exactas, existe igualmente. Esta contrapartida no existe en una empresa dada (sino parcialmente en función de su producción específica o cuando una parte del salario es en especie) como los medios de producción, sino en el conjunto de las empresas. El proletario no es un asociado del capital, que aportaría su fuerza de trabajo (mientras que el capitalista aportaría los medios de producción) y que repartiría únicamente con la parte correspondiente al valor de su fuerza de trabajo, y podría estimarse burlado al no haber obtenido el interés, o el beneficio medio, sobre su aportación[208]. De hecho, la clase capitalista tiene el monopolio del capital, sea bajo la forma dinero o bajo la de medios de producción (Aquí puede ser repartido parcialmente con la propiedad inmobiliaria) o de mercancías.

Los economistas clásicos, cuando la economía política era una ciencia en desarrollo, eran bien conscientes de esto. Llamaban a esta contrapartida social del capital variable, el "fondo de trabajo" o el "fondo de los salarios". El capital variable, como el constante, se

---

[207] Marx opone las condiciones del trabajo objetivas y las condiciones subjetivas: «(…) para que las mercancías –que son el producto de un trabajo- puedan entrar tal cual en el capital productivo, esto depende de la naturaleza de sus valores de uso: éste debe permitirles entrar de nuevo en el proceso de producción –sea tanto como condiciones de trabajo objetivas (herramientas y materias primas) sea como condición de trabajo subjetiva (subsistencia de los trabajadores) (o sea elementos del capital constante o variable)» (Marx, Teorías sobre la plusvalía, Editions sociales, T.2, p.147).

[208] «El señor Bastiat da prueba de una fantástica sagacidad cuando dice que el **salariado** es una forma inesencial, puramente formal, una forma de *asociación* que, *como tal*, no tiene nada que ver con la relación económica entre trabajo y capital. Si los obreros, dice, fueran lo bastante ricos para poder esperar hasta la finalización y la venta del producto, el salariado, el trabajo asalariado, no les impediría hacer un contrato tan ventajoso como el que un capitalista firma con otro capitalista» (Marx, Manuscritos de 1857-1858, Grundrisse, Editions sociales, T.1, p.261).

refiere a trabajo pasado. En el Capital, así como en las Teorías sobre la plusvalía, Marx hace una crítica acerba de la teoría del "fondo de los salarios". Sin embargo esta crítica no cuestiona nunca, sino al contrario, la idea de que existe un trabajo pasado que permite asalariar la fuerza de trabajo. El capital variable es como el capital constante del capital avanzado por el capitalista.

La crítica de la teoría del fondo de los salarios

Lo que critica Marx en la teoría del fondo de los salarios es la idea de que tendríamos una fracción determinada, fija, del producto social que determinaría rígidamente el salario. El salario sería igual al valor de los medios de consumo. Así sería determinado, para los economistas clásicos, el montante de los salarios y por tanto el capital variable[209]. Es esta concepción rígida, formalista, mecánica, la que Marx rechaza, pero en ningún caso la idea de que el capital variable es avanzado. Es avanzado en la mayor parte de los casos bajo forma dinero (pueden existir formas de salario en especie) y si bien encarna un trabajo pasado, poco importa a continuación la determinación material de éste.

No es necesario que ella corresponda precisamente a lo que los proletarios van a comprar a continuación. Por ejemplo, si la forma material de este trabajo pasado consiste en una parte muy importante de medios de consumo de lujo, podrán ser exportados mientras que se importará los elementos propios de la reproducción de la fuerza de trabajo. Podría también pretenderse que se trata de medios de producción y que un intercambio internacional se efectúa para

---

[209] «Siendo el capital social sólo una fracción variable y flotante de la riqueza social, el fondo de salario, que no es sino una cuotaparte de este capital, no podría ser una cuotaparte fija y predeterminada de la riqueza social: por otro lado, el tamaño relativo del fondo de salario depende de la proporción según la cual el capital social se divide en capital constante y variable, y esta proporción, como hemos visto ya y como expondremos con más detalle aún en los capítulos siguientes, no permanece igual en el curso de la acumulación.» (Marx, Capital L.1, Pléiade, T.1, p.1119-1120)

obtener los medios de consumo comprados por el proletario o aún, que se ha efectuado un intercambio entre el trabajo pasado y el trabajo presente efectuado en la medida en que la acumulación absorbe este excedente de medios de producción y dejaría medios de consumo en el cambio.

En su crítica de Ricardo, para el que existiría un fondo destinado a los proletarios expulsados de la producción por el maquinismo, Marx muestra que es absurdo pensar que el "fondo" así liberado debe ser gastado como capital variable[210]. Los medios de consumo necesarios no se dividen en dos clases estancas, fijas y en que una sería destinada a los obreros y la otra a los capitalistas y a las clases improductivas. El consumo de las otras clases puede aumentar mientras que el del proletariado disminuye, a pesar del hecho que subsidios de desempleo y diversos expedientes podrán sostener el consumo de los obreros que han engrosado el ejército de reserva industrial. Por otra parte, una parte de estos medios de consumo puede transformarse en medios de producción (como los cereales consumidos por los animales) o ser exportados. En fin, estos medios de consumo están disponibles para hacer frente a la acumulación del capital[211] que supone una extensión del capital variable[212] incluso si

---

[210] La concepción de Ricardo es aún más rígida: «Ricardo se representa las cosas de forma extravagante, al pensar que si, por ejemplo, 10 personas son expulsadas de su trabajo, todo el mecanismo de la sociedad burguesa está tan delicadamente reglado que los medios de subsistencia de estas personas –ahora liberadas- deben absolutamente, de *un modo u otro*, ser consumidos por estas mismas 10 personas, sin lo cual no pueden corresponder a nadie, como si no hubiera constantemente una masa de gente semiocupada o totalmente desocupada que reptan por el suelo de esta sociedad. Y como si el capital existente en los medios de subsistencia fuera de un tamaño fijo.» (Marx, Teorías sobre la plusvalía, Editions sociales, T.2, p.670)

[211] Operación que aprovecha a menudo más a los recién llegados que a los mismos despedidos.

[212] «Los obreros rechazados en un tipo de industria pueden ciertamente buscar empleo en otro, pero si lo encuentran, si el lazo entre ellos y los

214

éste aumenta proporcionalmente menos rápido que el capital constante.

Como puede constatarse, la crítica del punto de vista ricardiano no cuestiona la idea de que es su propio trabajo pasado el que permite la compra de la fuerza de trabajo de la clase productiva.

En todo caso, el dinero avanzado por los capitalistas para asalariar a la clase productiva refluye hacia ella[213], realizando una

---

víveres disponibles es así renovado, es gracias a un nuevo capital que se ha presentado en el mercado y no gracias al capital obrante que se ha convertido en máquina.» (Marx, Capital, L.I, Pléiade, T.1, p.970)

[213] Este reflujo, como sus formas, son igualmente susceptibles de engendrar dificultades (la tesaurización y las variaciones del ahorro pueden conducir a perturbaciones.). El ahorro es la ocasión de nuevas maneras de engañar al proletariado. Su ahorro es cuidadosamente arruinado por la inflación, y cuando bajo el consejo interesado de su banquero, lo ha emplazado en la compra de capital ficticio (títulos), es la parte más importante de estas economías que vuelan con las crisis, cuando no son todos los depósitos si la banca quiebra –en Francia, existe una garantía del estado de hasta 80.000 euros por cuenta. No existe en todos los países-. El conocimiento del nivel de ahorro permite también a la burguesía medir hasta donde puede ella bajar el salario con un mínimo de inconvenientes, de determinar qué parte de los gastos sociales (paro, jubilaciones, enfermedad, vejez) puede dejar a la carga directa del proletariado y aliviar así sus instituciones. El ahorro, como la generalización de los depósitos bancarios, va a favorecer también la dominación del capital sobre el proletariado y a volverse pues contra él. La puesta a disposición del equivalente del capital variable en la red bancaria facilita el crédito y por tanto la acumulación del capital y la caza de la plusvalía. El ahorro puede contribuir a inflar el capital ficticio para, cuando se desinfle, favorecer la esquila de los corderos ahorradores. Cuando no son los capitalistas, es el estado el que se precipita para devorar el maná. En todos los casos, el proletario ha ahorrado para su adversario, para el capital. Tampoco la excitación del consumo del proletario es menos una necesidad para el capital. Marx considera que "este aspecto de la relación entre capital y trabajo es precisamente un factor esencial de civilización, sobre la que se funda la justificación histórica, pero también la potencia actual del capital.". Es otra vez la ocasión de aplicarle sobre la sien

fracción del producto social pasado. Es la clase capitalista la que tiene el monopolio de los medios de producción, de consumo y del dinero. El capitalista avanza el capital dinero tanto para comprar los medios de producción, es decir el capital constante, como el dinero de los salarios, o sea, el capital variable. A la salida del proceso de producción, dispone del conjunto del producto social, es decir, de un producto cuyo valor es igual a capital constante + capital variable+ plusvalía. Conserva igualmente el capital fijo y los diversos stocks de materia que no han sido absorbidos por el proceso de producción pero que forman parte del capital constante avanzado. En este momento, lo que debe ser realizado no es sólo la plusvalía, aun cuando ella plantea la cuestión específica del dinero necesario para esta realización, sino la totalidad del producto social.

Pongamos la ficción de una sociedad en que toda la plusvalía es acumulada y donde el manager es un asalariado cuyo salario se asimila al capital variable. Estamos entonces ante un proceso de producción y de reproducción bajo su forma más pura. La realización del producto social no se hace si la clase capitalista no se lanza de nuevo, y a una escala más amplia, a una reproducción ampliada, a la busca del máximo de plusvalía.

El proletariado gastará progresivamente su salario y el dinero refluirá a las manos de la clase capitalista, pero al hacer esto tan sólo realiza la fracción del trabajo pasado correspondiente al precio de su fuerza de trabajo. Hay además una contradicción, raramente subrayada, en los esquemas de reproducción del libro II del Capital de Marx. Marx hace consumir el producto presente por la parte de la reproducción simple y el producto pasado por la de la plusvalía acumulada. Esto muestra, una vez más, que estaban tan sólo en

---

los créditos revólver y otros créditos al consumo que conducen rápidamente a una fracción de él al abismo del sobreendeudamiento, al mismo tiempo que se desarrolla toda una capa parasitaria de banqueros, intermediarios financieros, publicistas, etc. (cf. Marx, Manuscritos de 1857-1858, Grundrisse, Editions sociales, T.1, p.227 y siguientes)

estado de borradores, y comportan pues imperfecciones técnicas y no teóricas, como numerosos comentaristas como Rosa Luxemburgo han querido decir.

Evidentemente, la concepción según la cual el capital variable es, como el capital constante, un capital avanzado, que se refiere a un trabajo pasado, reduce a la nada las teorías subconsumistas, por mucho que pongan el acento sobre las relaciones de valor (valor de cambio) en la explicación de las crisis. Que el salario sea más o menos alto o bajo no tiene efecto sobre la realización por el proletario del producto social actual. Por el contrario, como muestra el ejemplo pedagógico de Marx sobre la sobreacumulación absoluta, habría una influencia sobre la tasa de beneficio; si el aumento de los salarios fuera suficientemente elevado, ella precipitaría la baja de la tasa de beneficio. Como después, la realización del conjunto del producto social depende de la acumulación del conjunto del capital y lo que determina la acumulación y la realización que sigue es la tasa de beneficio, una baja brutal de la tasa de beneficio engendraría una crisis de sobreproducción de capital, una sobreacumulación.

Por su extensión, la crisis concierne al conjunto del valor capital y no sólo a una fracción de ella: la plusvalía. Se comprende mejor porqué este aspecto de la teoría de Marx ha sido silenciada, pues permite minimizar la carga y el potencial de las crisis. Desde que sólo hablan sobre la plusvalía, es decir sobre la plusvalía acumulada, se puede también deducir de la ley de la baja tendencial de la tasa de beneficio que su intensidad relativa iría disminuyendo pues la plusvalía tan sólo representa una fracción decreciente del conjunto del producto social (si $pl/c+v$ disminuye, lo mismo ocurre con $pl/c+v+pl$), Si además, la tasa de acumulación de la plusvalía disminuye con la baja de la tasa de beneficio, las crisis propias de la cuestión de la realización de la plusvalía acumulada pierden aún más de su intensidad relativa. Estas teorías postulan, como hemos visto, la existencia de una "base instalada", compuesta del capital constante y variable ya en función, que sería automáticamente realizada.

Unámosle la plusvalía consumida como amortiguador de las crisis y henos aquí en las antípodas del catastrofismo marxista. Por el contrario, está trazada la vía al revisionismo y al reformismo, con esta representación dándole una base teórica.

El subconsumismo en el texto

El último cartucho subconsumista.

Hemos mostrado ampliamente en qué el marxismo no es subconsumista. Hemos visto igualmente las especificidades, ignoradas o escamoteadas por las dos tendencias del marxismo de cátedra, de la sobreproducción de mercancías. Podemos ahora comentar una de las citas que sirve de punto de apoyo a los teóricos subconsumistas para justificar su análisis.

¿Qué dice este párrafo tan a menudo citado?

«La razón última de todas las crisis reales es siempre la pobreza y el consumo restringido de las masas, frente a la tendencia de la economía capitalista a desarrollar las fuerzas productivas como si ellas no tuvieran más límite que el poder de consumo absoluto de la sociedad.» (Marx, Capital, L.III, Pléiade, T.2, p.1206).

Para comprenderlo bien hay que citar el conjunto del pasaje.

«Imaginemos una sociedad compuesta únicamente de capitalistas industriales y de asalariados. Ignoremos además las variaciones de precios que impiden a importantes partes del capital total reemplazarse en sus proporciones medias y que, dada la cohesión general del proceso de reproducción (particularmente favorecido por el crédito), no pueden dejar de provocar periódicamente un estancamiento general. Ignoremos igualmente los negocios ficticios y las transacciones especulativas suscitadas por el sistema de crédito. Una crisis sólo podría entonces explicarse por una producción desproporcionada en las diversas ramas de la economía y por un desequilibrio entre el consumo de los mismos capitalistas y su acumulación. Sin embargo, en el estado actual de las cosas, el reemplazo de los capitales empleados en la producción depende sobre todo del poder de consumo de las clases no productivas, mientras que el poder de consumo de los trabajadores está limitado en parte por las leyes del salario, en parte por el hecho que ellos no están empleados más que el tiempo en que su empleo es provechoso para la clase capitalista. La razón última de todas las crisis reales es siempre la pobreza y el consumo restringido de las masas, frente a la tendencia de la economía capitalista a desarrollar las fuerzas productivas como si ellas no tuvieran más límite que el poder de consumo absoluto de la sociedad.» (Marx, Capital, L.III, Pléiade, T.2, p.1206).

Explicación del texto

"Razón última": se trata pues de la razón en última instancia, en último análisis. Marx ha despojado su análisis, reducido la sociedad a los capitalistas y a los asalariados, eliminado el crédito, etc. para concentrarse únicamente en una esfera delimitada, su "núcleo duro", de la producción capitalista. Nuestro texto no hace otra cosa, pues se concentra en los fundamentos de las crisis. Marx no toma pues en cuenta todos los determinantes de las crisis. Lo que se contempla aquí es su fundamento absoluto, un recuerdo del marco general en el que estas crisis se inscriben[214]

---

[214] Un poco más lejos, Marx vuelve sobre el tema al mostrar que lo que aparece como una crisis del crédito o como una crisis monetaria tiene un fundamento, una razón última, a buscar en las contradicciones de la producción capitalista.

«Cuando, en un sistema de producción dónde toda la cohesión del proceso de reproducción reposa sobre el crédito, éste cesa súbitamente y sólo cuentan los pagos en especie, debe, evidentemente, producirse una crisis, una estampida sobre los medios de pago. Es por lo que a primera vista, toda la crisis aparece como una simple crisis de crédito, una crisis monetaria. Y de hecho, se trata únicamente de la "convertibilidad" de los efectos de comercio en especies, pero estos representan, para la mayoría, ventas y compras reales, cuya extensión, superando de lejos las necesidades de la sociedad, es la razón última de toda la crisis.» (Marx, Capital, L.III, Pléiade, T.2, p.1211)

Arriba, a la atención de los reformadores burgueses como de los socialistas burgueses o pequeño burgueses, Marx ha añadido: «Una

"Crisis reales": no se trata pues de las crisis contingentes, de los epifenómenos que tienen un carácter transitorio, de crisis parciales o aún de crisis que permanecen limitadas a una esfera particular, sino de las crisis fundamentales y generales que afectan al conjunto de la producción capitalista.

"Poder de consumo absoluto" significa poder de consumo teórico, potencial. Desde un punto de vista teórico, el poder de consumo es potencialmente igual al valor de la producción, o sea $c+v+pl$ (hacemos abstracción de la incidencia del crédito, de las variaciones del patrimonio y del ahorro, …) Existe pues un potencial de consumo igual a esta producción que permitiría realizarla. Es sobre esto que se apoyan Ricardo y Say (y antes que ellos James Mill) para decir que la producción crea su propia demanda, sus propias salidas[215]. Al mostrar que una escisión entre la venta y la compra es posible, que la realización[216] de la plusvalía y del producto social, el paso del capital mercancía al capital dinero y, al mismo tiempo, del capital dinero en capital productivo no son automáticos, Marx muestra la posibilidad de la crisis general. Las dificultades potenciales de la realización conciernen entonces al conjunto del producto social ($c+v+pl$) y no sólo a una parte de él (pl o parte de pl).

"tendencia a desarrollar las fuerzas productivas": El objetivo de la producción capitalista es la busca del máximo de plusvalía. Al hacer esto, lo hemos visto, tiende hacia la sobreproducción (sobreacumulación o sobreproducción de mercancías). En la fase de expansión del ciclo, la tasa de beneficio se recupera y la masa de mercancías se infla bajo el efecto de un desarrollo de la productividad

---

legislación bancaria hecha de ignorancia y de absurdidad, como la de 1844-1845, puede agravar esta crisis monetaria. Pero ninguna legislación bancaria podría eliminar una crisis.» (Marx, Capital, L.III, Pléiade, T.2, p.1211)

[215] Ricardo y Say, como Sismondi, ignoran que c, el capital constante, forma parte del valor del producto social. No se podría hacer de ello un argumento definitivo contra ellos en este plano.

[216] La transformación del capital mercancía en capital dinero constituye para el capital el paso de la necesidad a la libertad, la más dura de las transiciones dialécticas.

que es tanto mayor cuanto más crece la plusvalía relativa. Tanto más desarrolladas están las fuerzas productivas, más debe crecer la productividad para arrancar un excedente de plusvalía y más crece la masa de los productos.

"Es siempre la pobreza y el consumo restringido de las masas": Apartemos, como hemos mostrado, la posibilidad de que una parte cualquiera del producto social anual (el capital dinero, el capital productivo, el capital mercancía, se trate de medios de producción o de medios de consumo, son el monopolio de la clase capitalista) sea realizado por el proletariado. Por consiguiente el consumo restringido de las masas no está en la base de una limitación absoluta en la realización de la producción, cuyo corolario, vector de mejora de la situación, sería el alza de los salarios. La realización no está dada en sí misma, y esto hace posible la crisis general. Pero la crítica no se para ahí. Marx muestra igualmente que la composición material (según que las mercancías sea destinadas al consumo productivo o no productivo) y la masa del producto social (el volumen de las mercancías producidas) es fuente de crisis, y éstas son dictadas por los fines perseguidos por el modo de producción capitalista. No se trata tanto de subconsumo de las masas en sí, subconsumo que ha existido en las otras sociedades de clases, que de la que resulta del modo de producción capitalista. Debe comprenderse que es la forma misma, la composición y la masa de esta producción, que plantea dificultades y esto es la resultante de las condiciones sociales, de las relaciones de producción capitalistas, de las relaciones entre las clases y de los objetivos limitados de esta producción: la puesta en valor del capital, la busca del máximo de plusvalía. Al buscar el máximo de plusvalor, se expone a la sociedad a un excedente de sobreproducto.

Tasa de plusvalía y consumo.

Cuando Marx recalca a los caballeros del simple buen sentido que antes de las crisis, cuando el capital está en una fase de expansión de su ciclo, su tasa de beneficio se eleva, los salarios reales se elevan bajo el efecto de la reanudación de la acumulación y con ella se reabsorbe el ejército de reserva industrial, no dice sin embargo que la tasa de beneficio disminuya.

Él dice que la clase obrera obtiene una mayor parte de la fracción anual del producto social **destinado al consumo**. Es decir, que la clase obrera obtiene una parte más importante del valor representada por el consumo no productivo.

En otras palabras, la clase productiva mejora su posición relativa en relación con las otras clases tomadas como un todo. Esto no quiere decir que el proletariado mejore su situación relativa en relación con el capital. Esto sería contrario, si no ocasionalmente, a toda la perspectiva marxiana.

Descompongamos la parte del producto social correspondiente al trabajo vivo. Sea:

$W=v+pl$ (el capital variable y la plusvalía)

Introduzcamos el consumo de las clases improductivas (v'), obtenemos.

$W=v+v'+pl'$ con $v'+pl'=pl$.

En esta representación, la fracción del producto social destinada al consumo es igual a $v+v'$.

Por consiguiente, si la relación v/v', la relación del capital variable con lo que representa el consumo de las clases improductivas en el seno del MPC (clase media, capitalistas, propietarios inmobiliarios) crece, no se puede extraer ninguna conclusión en cuanto a la evolución de la relación pl/v.

Éste último es igual, teniendo en cuenta los elementos adicionales que hemos tomado en cuenta a:

$(pl'+v')/v$

Esta relación puede aumentar mientras que la otra (v'/v) disminuye.

Tomemos un ejemplo.

Tiempo 1: $w=50pl'+20v'+30v$

Tiempo 2: $w=60pl'+15v'+25v$

Los valores tan sólo expresan aquí valores relativos, se pueden perfectamente contemplar (es además la tendencia efectiva) que, con la acumulación, los valores absolutos en el tiempo 2 sean más elevados que en el tiempo 1.

En nuestro ejemplo, la tasa de plusvalía ha pasado de 70/30 (2,33) a 75/25 (3) mientras que la relación de consumo pasa de 30/20 (1,5) a 25/15 (1,66). Aun siendo más explotada, la clase productiva obtiene una parte más importante del producto social destinado al consumo. Todo esto corresponde a una aceleración de la acumulación y un aumento de la tasa de acumulación, lo que supone, en tendencia, una evolución favorable de la tasa de beneficio (lo que sucede en las fases de expansión del ciclo).

Evolución de la relación entre las clases

Admitamos que tenemos frente a frente únicamente al proletariado y al capital y que toda la plusvalía sea entonces acumulada. La tasa de beneficio tiende a elevarse con la busca de un máximo de plusvalía, la masa de las mercancías que toman la forma del capital fijo se infla con el desarrollo de la productividad, la masa y la tasa de la plusvalía aumentan. La masa de la plusvalía acumulada crece y la masa de los medios de producción que son producidos y acumulados aún más. Una inmensa tendencia a la sobreproducción se instala de conformidad con el ser del capital, la busca del máximo de plusvalía y la persecución continua de esta a través de su acumulación, la tendencia a producir por producir, a desarrollar las fuerzas productivas como si no tuvieran por límite más que el poder de consumo absoluto de la sociedad[217].

---

[217] Lo mismo vale para la fuerza productiva. Por una parte, el capital tiene necesariamente tendencia a aumentarla al máximo para aumentar el exceso de tiempo relativo. Por otra, disminuye simultáneamente el tiempo de trabajo necesario, es decir, la capacidad de intercambio de los trabajadores. Además, como hemos dicho, Marx no lleva hasta el final el análisis de la contradicción valorización-desvalorización «Se trata tan solo, de momento, de ver en qué el *proceso de valorización* del capital es también su *proceso de desvalorización*. En cambio no es el lugar de preguntarnos como, mientras que él tiene tendencia a aumentar al infinito las fuerzas productivas, unilateraliza y limita, etc., la principal fuerza productiva, el

224

Lo hemos visto, si nos quedamos con una relación entre el capital y la clase productiva, la tendencia del capital es de reducir la parte de la clase productiva en el producto social acrecentando la relación entre el sobretrabajo y el trabajo necesario, y la relación entre el capital constante y el capital variable. Esto significa que la parte producida bajo forma de medios de consumo disminuye relativamente aún si la masa aumenta, mientras que la fracción que debe presentarse bajo forma de medios de producción aumenta no sólo en valor sino igualmente en volumen. Si se dejan las cosas como están, el fenómeno tan solo puede acentuarse y favorecer rápidamente la sobreproducción.

Esta máquina que se acelera y que la sobreproducción (cualquiera que sea su forma) amenaza por todas partes, debe ser refrenada, de ahí la necesidad de una clase que consuma sin producir. Esta clase no puede ser el proletariado, puesto que la plusvalía depende justamente del hecho que ella no puede alimentar una demanda adecuada. Esta clase tampoco puede ser, al menos parcialmente, la burguesía. A medida que ella se afirma socialmente y el capital aumenta, debe hacer alarde de su riqueza, aunque sólo fuera para obtener crédito, y el desarrollo de productos de lujo obedece a esta necesidad, pero su capacidad de consumo permanece limitada por su importancia y esta tendencia no puede ser mezclada con su función fundamental que es la acumulación de la plusvalía[218]. Si se manifiestan tendencias al

---

hombre; ni como tiene tendencia a limitar las fuerzas productivas» (Marx, Manuscritos de 1857-1858, Grundrisse, Editions sociales, T.1, p.362)

Además él remarca lo siguiente, que concierne a uno de los aspectos de la desvalorización. «Aquí, hacemos abstracción de este elemento de las crisis resultante de que se reproduce las mercancías a menor coste que por el que fueron producidas. De ahí la desvalorización de las mercancías que se encuentran en el mercado» (Marx, Teorías sobre la plusvalía, Editions sociales, T.2, p.636)

[218] «No hay que olvidar nunca que la producción de esta plusvalía —y la reconversión de una parte de ella en capital, en acumulación, es parte integrante de esta producción de plusvalía- es el objetivo inmediato y el

sobreconsumo en la burguesía esto son señales de su declive histórico.

En cualquier caso, otra clase que tenga la pasión del consumo, del gasto y no de la acumulación debe tomar el relevo con el fin de ralentizar al monstruo, sin por ello atentar a su objetivo, la producción de un máximo de plusvalía. Esta clase es la clase media, una clase improductiva que encarna la pasión del consumo, del gasto frente a la clase capitalista, a los managers, cuya función es la acumulación.

Al consumir una parte de la plusvalía, esta clase estimula en especial la producción de medios de consumo necesarios, y en consecuencia, favorece la bajada de valor de la fuerza de trabajo (incluida la suya) y limita la fracción de la plusvalía acumulada, dando así una mayor estabilidad a la producción capitalista al limitar su aceleración. Aparte de la clase media, inversiones en capital fijo cuyos efectos no son inmediatos sobre la productividad (grandes infraestructuras, canales, etc.) son asimismo modalidades para disipar la plusvalía.

La baja tendencial de la tasa de beneficio se inscribe igualmente en esta perspectiva. Agotado por crisis regulares, el capital debe bajar el ritmo, reconocer que está superado, renunciar a su misión, abandonar en parte lo que constituía su determinación, sobrevivirse a

---

móvil determinante de la producción capitalista. No puede pues presentarse nunca como algo que no es, es decir una producción que tiene por fin inmediato el goce o la creación de medios de disfrute para el capitalista. Sin esto se ignora su carácter específico tal como se revela en su esencia profunda» (Marx, Capital, L.III, Pléiade, T.2, p.1025-1026)

Estamos lejos pues de la creación de valor para el accionista, como proclama neciamente el socialismo pequeño burgués retomando de manera crítica (moral) y acrítica las teorías financieras de la burguesía, que no hacen sino expresar la profesionalización del capitalista financiero y la separación entre la propiedad y la gestión.

sí mismo, desarrollar tendencias parasitarias. La baja de la tasa de beneficio, en estas circunstancias, se afirma plenamente.

Volvamos ahora a la cuestión de la mejora de la situación relativa del proletariado en relación con las otras clases. Con la acumulación, la tendencia a la sobreproducción es favorecida mientras que la clase obrera obtiene una parte mayor del producto destinado al consumo. De esta situación debe deducirse que la demanda de las clases no productivas disminuye relativamente.

En esta perspectiva, hay dos situaciones a distinguir:

Por una parte, la fase del ciclo que se traduce por la recuperación de la actividad, después por una animación de la actividad, etc. en resumen, la fase de expansión del ciclo dónde el crecimiento de la parte del proletariado (y de las clases medias) en la fracción del producto social destinada al consumo resulta de los progresos de la acumulación y de la contracción relativa del gasto de toda la burguesía por su pasión por la acumulación.

Por otra parte, la fase final del ciclo, donde arrastrada por el torbellino de la sobreproducción y de la especulación, confrontada a las dificultades de producción y de realización de la plusvalía, la acumulación ralentiza, mientras que la burguesía ataca a las otras clases sociales, comenzando por las clases medias[219]. Lo que ella gana

---

[219] «Como una producción dispara otra y ella se crea así consumidores en la persona de los obreros del capital *de otro*, la demanda de la clase obrera, puesta por la misma producción *aparece* así para cada capital singular como una "*demanda adecuada*". Por una parte, esta demanda puesta por la misma producción lleva a la producción a exceder las *proporciones* que habría que producir de conformidad a las necesidades de los obreros. Ella debe necesariamente conducirla a superar estos límites. Por otra parte, si la demanda *distinta a la del mismo trabajador* desaparece o retrocede, entonces se produce el *hundimiento*.» (Marx, Manuscritos de 1857-1858, Grundrisse, T.1, p.360)

«Los ingresos de las clases improductivas y de todos los que viven de ingresos fijos permanecen a menudo estacionarios durante el alza de los

en materia de plusvalía y de tasa de beneficio, arriesga perderlo como consumo de las clases dominadas. La clase media está, al principio, relativamente más tocada que el proletariado, y su movimiento anuncia la entrada en escena de este último[220]

---

precios que acompaña la sobreproducción y la sobreespeculación. Su poder de consumo sufre pues una disminución relativa y son menos capaces de reemplazar la parte de la reproducción global que debería normalmente entrar en su consumo. Aunque su demanda permaneciera nominalmente igual, ella disminuye en realidad.» (Marx, Capital L.III, Pléiade, T.2, p.1212)

Toda crisis disminuye momentáneamente el consumo de lujo. (…) y lanza así una parte de los trabajadores de los oficios de lujo a la calle, frenando y disminuyendo la venta de los medios de consumo necesarios. No hablamos de trabajadores improductivos despedidos al mismo tiempo, que reciben por sus servicios una parte de los gastos de lujo de los capitalistas (siendo estos mismos trabajadores, desde este punto de vista, artículos de lujo) y que participan en gran parte al consumo de las substancias necesarias, etc.» (Marx, Capital L.II, Pléiade, T.2, p.780)

[220] Como hemos dicho en una nota más arriba, disponiendo de una masa de materiales considerablemente mayor que en tiempo de Marx, corresponde al movimiento comunista analizar más profundamente el ciclo y las evoluciones de las relaciones entre las clases.

La conversión de Marcel Roelandts al subconsumismo

Continuidad del método, absurdidad del razonamiento.

Marcel Roelandts nos ha prometido una síntesis entre las dos tendencias opuestas de la economía política en nombre de la unidad de la teoría de Marx. Hemos mostrado ya que en lo que concierne a la tasa de beneficio y la sobreacumulación él retuvo los peores aspectos de esta escuela. Sigámosle ahora por los meandros de su concepción subconsumista, escuela a la que acaba adhiriéndose exclusivamente, a despecho de sus esfuerzos de síntesis.

Marcel Roelandts, heredero de las concepciones vulgares de las teorías subconsumistas, debe mostrar, para explicar la crisis, que la demanda final desciende. Para hacerlo, emplea el mismo "método" que el utilizado precedentemente, con motivo del análisis de la baja de la tasa de beneficio. Es decir, que él multiplica los argumentos contradictorios. Hemos visto con que juegos de manos creaba de cualquier cosa una crisis resultante de la baja de la tasa de beneficio. Una operación similar se hace para introducir una baja de la demanda solvente. Así, tras exponer una teoría de la baja de la tasa de beneficio que no es una, Marcel Roelandts prosigue con una teoría neo subconsumista que es igualmente un desafío no solo al pensamiento dialéctico sino también al pensamiento racional.

El hecho de que la realización del capital mercancía en capital dinero no sea automática abre la posibilidad de la crisis. Por consiguiente, cuando la crisis estalla es sinónimo de ausencia de demanda solvente. Para que la acumulación se reanude y con ella una demanda que permita la realización del producto social, el capital debe ser desvalorizado brutalmente (baja ruinosa de los precios, destrucción del capital por el hecho de su inacción, desballestamiento de medios de producción obsoletos, quiebras de empresas, desvalorización de capital ficticio, despidos y su corolario, aumento rápido del ejército de reserva industrial, uno de cuyos mayores efectos es el de hacer presión a la baja sobre los salarios, etc.). El capital suficientemente desvalorizado puede retomar su curso, buscar de nuevo la producción de un máximo de plusvalía. La crisis es pues a la vez la manifestación de una ruptura violenta del equilibrio y el restablecimiento violento de él. A esta visión dialéctica, Marcel Roelandts substituye, como los teóricos subconsumistas, una concepción mecanicista. Esta es, por otro lado, completamente absurda. Y este absurdo proviene principalmente de su tentativa de reunificación de las dos tendencias de la economía política. La absurdidad es el producto de la síntesis y la síntesis reúne dos componentes llevados al absurdo.

Una crisis en falso

En efecto, si hay una crisis, debe esperarse que la demanda solvente falle, sino esta crisis no tiene existencia efectiva. La crisis debe manifestarse en la esfera de la realización, de la circulación, de las finanzas y del comercio; es en esta esfera que ella estalla. En el esquema de Marcel Roelandts, no hay nada de esto. En esta representación es la "crisis" (veremos que en lugar de crisis, se trata de una ilusión, de una falsa imagen) que precipita la baja de la demanda solvente. Hay una lógica de causa a efecto, una sucesión en el tiempo y no la manifestación en la esfera de la realización de una crisis que tiene su fuente en el proceso de producción de la plusvalía.

Para Marcel Roelandts, la baja de la tasa de beneficio engendra una "crisis y una ralentización de la actividad económica" (p.23). Si se trata de una crisis verdadera, la actividad económica no solo se ralentiza, sino que retrocede, los stocks se inflan, la producción se para, las empresas están ociosas, otras cierran, en los servicios se espera al cliente y el tiempo perdido solo raramente se recupera, el paro aumenta, etc. Los dos términos (crisis y ralentización) supuestos como explicativos de la crisis son de hecho contradictorios. Si Marcel Roelandts hubiera dicho que a la salida de la crisis la actividad económica se ralentizaba, es decir que la acumulación se reanudaba a un ritmo menos sostenido que en el ciclo precedente, podría haberse visto ahí una representación muy estilizada de la baja de la tasa de beneficio (esta representación sumaria habría pasado por alto el tendencial) Pero no es el caso en su análisis. Los dos aspectos son presentados como concomitantes. Sin embargo, son contradictorios desde que nos situamos a nivel del capital total.

Por consiguiente, en la representación de Marcel Roelandts, la baja de la tasa de beneficio, por una buena razón, no ha engendrado hasta aquí ninguna crisis. El único efecto verdadero es la ralentización económica[221]. Pero una ralentización económica no es una crisis. La afirmación de que existe una crisis no se basa en nada, es un puñado de arena lanzado por el ilusionista Marcel Roelandts para desviar nuestra mirada o cegarnos para hacer pasar de bajo mano un subconsumo adulterado.

Exégesis subconsumista

Tras haber asimilado la ralentización de la actividad a la crisis, o sea, tras haber escamoteado la crisis, Marcel Roelandts puede proseguir la vena subconsumista. Siguiendo su punto de vista, la ralentización de la actividad restringe la demanda final. Marcel Roelandts empieza por afirmar que hay "baja de las inversiones en capital fijo y por tanto de la acumulación, (...)" (o.p.c. p.23). Vemos nuevamente que la acumulación del capital es, en el fondo de su representación, sólo una acumulación de capital constante, véase únicamente de capital fijo. Como para todos los vulgares, el capital variable no forma parte de la acumulación del capital.

---

[221] Mostraremos más adelante, para acabar la puesta en evidencia de la conversión final de Marcel Roelandts al subconsumismo, que esta ralentización puede ser totalmente independiente de la baja de la tasa de beneficio.

A este nivel de abstracción, dos factores determinan esencialmente la tasa de crecimiento[222]

- La tasa de beneficio
- La tasa de acumulación

Si la tasa de beneficio desciende, como hemos visto, la tasa de acumulación tendrá igualmente tendencia a la baja y la tasa de crecimiento, por consiguiente, bajará tanto más. Pero esto no es para nada un factor de crisis. La actividad se ralentiza, el ejército de reserva industrial crece a la vez por el alza de la composición orgánica y la disminución de la tasa de acumulación, pero no se puede inferir la prueba de una baja de la demanda final. Si descartamos las crisis ligadas a las desproporciones que surgen en permanencia en la composición material del capital y las propias a los movimientos en la esfera financiera, una baja de la tasa de acumulación podría corresponder a un alza de la tasa de consumo de la plusvalía. Por consiguiente, no hemos avanzado una pulgada. La "crisis" tan solo se ha desarrollado en la imaginación de Marcel Roelandts.

La ralentización de la actividad no es el único factor que influencia la baja de la demanda final. Debe unírsele otra componente, clásica en el espíritu subconsumista: la baja de demanda engendrada por la elevación de la tasa de plusvalía.

En este análisis, el alza de la tasa de plusvalía induce con la baja de la parte de los salarios de la clase productiva, en el valor creado por el trabajo vivo, una baja de la demanda de medios de consumo. La ralentización de la actividad y el alza de la tasa de plusvalía son pues los dos resortes que engendran una baja de la demanda final que, señalémoslo, sólo concierne a una parte de la plusvalía.

---

[222] Hablando como la economía política. El concepto equivalente parece ausente, según nuestro conocimiento, en Marx. Nos parece, salvo prueba en contrario, que sería útil establecer el equivalente en el marco del socialismo científico.

Para vincular los dos aspectos de la teoría, para enlazar baja de la tasa de beneficio y baja de la demanda, Marcel Roelandts ha debido emprender una enésima revisión. Para Marx, la obtención del máximo de plusvalía, que es el objetivo exclusivo de la producción capitalista, induce un desarrollo de la productividad del trabajo una de cuyas manifestaciones es la baja tendencial de la tasa de beneficio (y el alza tendencial de la tasa de plusvalía – cf. Capítulo p.21). Para Marcel Roelandts, es la baja de la tasa de beneficio la que empuja al capital a acrecentar la tasa de plusvalía[223]

Encontramos la retórica común a la economía vulgar. A fin de cuentas, son causas particulares, extrínsecas, las que conducen al capital a explotar al proletariado.

¿Cómo este proceso que, a priori, amenaza con ser frecuente sino permanente (el fin de la producción capitalista es producir el máximo de plusvalía; la perspectiva de un alza de la tasa de plusvalía es pues inherente al ser del capital) se traduce por un ciclo (a fortiori "decenal"[224])? Esto no se nos explica. ¿Es precisamente porqué se niega que el fin de la producción capitalista sea el de producir un

---

[223] «(…) los capitalistas son llevados a restringir la parte salarial aumentando la tasa de plusvalía, esto generalmente sucede a la necesidad de restablecer una rentabilidad deficiente (…).

(…) esta configuración (…) está en el origen del giro neoliberal de los años 80: la tasa de beneficio había alcanzado un punto tal que la rentabilidad de las empresas estaba al mínimo y, como la productividad del trabajo sufría un declive estructural y progresivo tras el fin de los años 60, sólo la compresión de la parte salarial podría restablecer una rentabilidad deficiente.» (Marcel Roelandts, o.p.c. p.29)

[224] Ellas son además calificadas de "decenales" mientras que la contabilidad de Marcel Roelandts establece 6 (1971, 1974, 1981, 1991, 2001, 2008) en menos de 40 años (o.p.c. p.80), o sea un ciclo de una duración media de alrededor de 7 años y 9, en los Estados Unidos, para el período 1948-2007, (o.p.c. p.19) o sea una media de 6,5 años (sobre las particularidades del ciclo en los Estados Unidos, cf. nuestra introducción a « La théorie marxiste des crises », http:/www.robingoodfellow.info.)

máximo de plusvalía? ¿O aún porque Marcel Roelandts y asociados se representan el fenómeno de la crisis de sobreproducción como un bidón que se llenaría de líquido y sólo desbordaría cuando está lleno? Cada año, la sobreproducción se acumularía para revelarse sólo periódicamente. Esta concepción sería solo una variante (esencialmente absurda si descartamos la partida coherente que se traduce por la variación de los stocks) en el seno de las teorías subconsumistas que dan un carácter permanente a la crisis.

Sobreproducción artificial

En el esquema resumen de la concepción de Marcel Roelandts, la crisis es puesta entre paréntesis. En efecto, hemos visto que ella no tiene ninguna legitimidad, ninguna explicación verdadera, ninguna validez ni fundamento material. Es sólo con un juego de manos que Marcel Roelandts acelera esta baja de la tasa de beneficio haciendo jugar a la competencia un papel que Marx siempre había excluido de su análisis[225]. Más tarde, en su libro, analizando las estadísticas, pone

---

[225] «A. Smith explica la baja de la tasa de beneficio que va pareja con el crecimiento del capital por la competencia de los capitales entre ellos. Sobre ello Ricardo le ha replicado que la competencia podía ciertamente llevar el beneficio en las distintas ramas de actividad a un nivel medio, que podía igualar las tasas, pero no podría rebajar esta misma tasa. La proposición de A. Smith es exacta en la medida en que es sólo en la competencia –en la acción del capital sobre el capital- donde las leyes inmanentes al capital, sus *tendencias*, se realizan. Pero es falsa en el sentido en que él la entiende, es decir en el de que la competencia impondría al capital leyes externas, introducidas del exterior, que no serían estas leyes propias. La competencia no puede hacer bajar de forma duradera la tasa de beneficio en todas las ramas de la industria, sólo puede rebajar permanentemente la tasa media de beneficio, si una baja general es concebible, en la medida en que lo es una baja general y permanente de la tasa de beneficio, actuando como una ley también *antes* de la competencia y sin tenerla en cuenta. La competencia hace manifiestas las leyes internas del capital; hace de ellas leyes obligatorias para el capital individualmente, pero no las inventa. Las realiza. Querer explicar estas leyes simplemente a partir de la competencia es confesar que

234

en evidencia bajas marcadas de la tasa de beneficio pero sin por ello extraer sus consecuencias en cuanto a la articulación entre estas bajas acentuadas, brutales, en el momento de las crisis, y la baja tendencial de la tasa de beneficio; en resumen, sin señalar que estas bajas de la tasa de beneficio que son características de la sobreproducción (tanto si ellas engendran la sobreproducción - en caso de la sobreacumulación - o que sean provocadas por ella - caso de la sobreproducción de mercancías -) son un elemento a distinguir, una fase bien particular en el seno del proceso general que traduce la baja tendencial de la tasa de beneficio medio.

Por consiguiente, en lugar de desencadenar una crisis en el mismo corazón del proceso de valorización, crisis que se traduce por una baja brutal del grado de explotación de la fuerza de trabajo y por consiguiente en una falta de plusvalía, fenómeno característico de la sobreacumulación (absoluta o relativa según su intensidad) y que pone a nivel del capital total (c+v+pl y no sólo una parte de éste, pl o parte de pl) la cuestión de la realización del producto social, Marcel Roelandts debe introducir una concepción mecanista, característica de las teorías subconsumistas a las que de hecho él se adhiere, pues los preliminares sobre la baja de la tasa de beneficio[226] tan sólo servían para introducir esta insuficiencia de la demanda final.

En esta representación, la baja de la tasa de beneficio tiene además tan poca importancia, que una de las autoridades reivindicadas

---

no se las comprende.» (Marx, Manuscritos de 1857-1858, Grundrisse, Editions sociales, T.2, p.239-240)

El marxismo de cátedra no duda en ponerse en los pasos del economista vulgar al hacer intervenir el deus ex machina de la competencia.

«Es a la competencia que compete explicar todos los absurdos de los economistas, cuando por el contrario, son éstos quienes deberían encargarse de explicar la competencia.» (Marx, Capital, L.III, Pléiade, Capital, T.2, p.1464)

[226] Hemos visto que él había retomado lo peor que había en las teorías "marxistas" de la baja de la tasa de beneficio.

por Marcel Roelandts, a saber, Michel Husson, produce el mismo esquema intelectual al mismo tiempo que clama a voz en grito que la tasa de beneficio no cesa de crecer mientras que baja la tasa de acumulación a causa del campo de acumulación insuficientemente rentable. Por consiguiente, que la tasa de beneficio baje o aumente no tiene ninguna importancia. El único parámetro útil es la baja de la tasa de acumulación, con el efecto de inducir una baja de la demanda de capital fijo (hemos visto además que se trataba de una aproximación que limitaba la acumulación únicamente al capital fijo y no al capital constante y variable). Como por otro lado se hace posible que la tasa de plusvalía aumente cualquiera que sea la tendencia de la tasa de beneficio, esta última cuestión se convierte aún más en secundaria.

En el otro caso, como hemos expuesto, la posibilidad de la crisis es dada por el hecho de una posible escisión entre la venta y la compra. Esta perspectiva hace que la realización del capital mercancía, su transformación en dinero a la salida del proceso de producción, no es lograda a nivel del capital global. A fin de cuentas, es como si existieran líneas de fractura a lo largo de una caja, partes prerrecortadas, que en tiempo normal no son alteradas y aseguran correctamente la estanqueidad de la caja pero que cuando una presión interna se hace muy fuerte, se desgarran según las líneas de fractura definidas. La crisis de sobreproducción, cuyo origen debe ser buscado en el proceso de producción, sea en la producción de insuficiente plusvalía en relación con el capital avanzado, sea en el crecimiento acelerado del sobreproducto y el desequilibrio de estos componentes bajo el efecto del desarrollo de la fuerza productiva del trabajo. El primer fenómeno supone una baja del grado de explotación de la fuerza de trabajo, un retroceso pues del progreso de la productividad del trabajo. En consecuencia, una baja brutal de la tasa de beneficio ejerce una presión que se traduce por una crisis general de sobreproducción. El conjunto de este capital tiende a no funcionar más como capital y no puede pues realizarse en dinero. Una producción insuficiente de plusvalía y la baja de la tasa de beneficio ejerce la presión que hace necesaria la crisis, mientras que los factores que hacen que la realización del producto social no sea automática hacen posible su expresión en el mercado como crisis de sobreproducción. Si no, cuando la acumulación se acelera, y la productividad crece e infla la masa de mercancías, su salida y la realización de la plusvalía y de valor que contienen son tanto más complicadas de obtener cuanto que el capital es desvalorizado. Otro tipo de sobreproducción, la sobreproducción de mercancías, amenaza. Las dos formas de sobreproducción no están separadas. Son dos escollos, dos caras de un mismo límite, que hallan su fundamento en el desarrollo contradictorio de la fuerza productiva del trabajo.

No se trata pues de factores perturbadores de la demanda final que vienen a sumarse o reducirse siguiendo las fluctuaciones de la acumulación y de la tasa de explotación, sino de un conjunto orgánico que en un momento dado, bajo la presión de la baja brutal de la tasa de beneficio o del crecimiento del sobreproducto se traduce por la separación de las condiciones de la producción y de las condiciones de la realización. Este potencial de crisis, la posibilidad de las crisis, como su necesidad, son inherentes a la producción capitalista.

Marcel Roelandts no ha evitado ninguna de las trampas de la teoría subconsumista. Cuando pretende hacerlo, es deformando la teoría de Marx.

De entrada, él acepta la idea de que la cuestión de la realización concierne sólo a una parte del producto social: la plusvalía[227]. La

---

[227] No le viene, sin embargo, de una contradicción más. En efecto, debe deducirse de su posición que ni el capital variable ni el capital constante son concernidos por la cuestión de la realización del producto social. Por ejemplo, Marcel Roelandts critica un cierto número de autores (sin citarlos) que tras haber opuesto las dos tendencias (baja de la tasa de beneficio versus subconsumo) privilegian la primera y descalifican la segunda. En la perspectiva de reconciliar las dos tendencias, declara «Marx nos ha dicho muy explícitamente que si la plusvalía extraída no es realizada en el mercado, es decir, si ella no es socialmente reconocida, está irremediablemente perdida para el capitalista» (o.p.c. p.31) y de citar a Marx donde éste muestra

economía política clásica, que no comprendía que el valor del capital constante entraba en el valor del producto social, no podía, por consiguiente, preocuparse de su realización, aun cuando ella reconoció ahí una dificultad particular. Igualmente es cierto que la tendencia que reconocía la posibilidad de crisis generales, representada por Sismondi, sólo concentraba su atención sobre la plusvalía, el beneficio. En este plano la economía marxista vulgar no ha avanzado pues ni una pulgada en relación con la economía política clásica. Las consecuencias políticas no son neutras. Por una parte, el potencial de la crisis es subestimado. La contrapartida "política" de este análisis es la de inducir, por un lado, una forma de voluntarismo en lo que proviene de una concepción revolucionaria, y por otro, conduce a minimizar el curso catastrófico de la producción capitalista y conduce al marasmo socialdemócrata, a las representaciones propias del socialismo burgués o pequeñoburgués.

Por otra parte, se pone por delante una crisis mecánica. Marcel Roelandts no habla de crisis permanente. Por el contrario él milita, como hemos visto, por un ciclo decenal. Sin embargo, toda su concepción conduce a lo inverso. Esta dimensión engendra políticamente una forma de pasividad. Se nos podría decir que la resultante de estas tendencias contrarias es un justo término medio; de hecho sus representantes van de mal en peor y hierran sistemáticamente.

"explícitamente" que no sólo la plusvalía es amenazada en su realización sino también el conjunto del capital avanzado.

Conclusión

Al negar las especificidades de la teoría de Marx, Marcel Roelandts reanuda la interpretación más vulgar de la teoría de la baja de la tasa de beneficio y deduce de ella una crisis de manera incoherente. Apartemos esta incoherencia y queda el reino eterno del capital.

Marcel Roelandts ha conseguido retomar, a despecho o gracias a su forma ecuménica, lo que hay de peor en la representación marxista vulgar de inspiración ricardiana.

Hemos visto que en la representación de Marcel Roelandts, la baja de la tasa de beneficio no engendraba ninguna crisis. Su presencia en el proceso explicativo era superficial, un simple barniz ortodoxo, fundamentalmente inútil pero destinado a permitir una síntesis entre las dos tendencias de la economía política marxista vulgar. A hacer esto, Marcel Roelandts retomaba lo que había de peor en la tendencia ricardiana. Esta dimensión, aunque particularmente vulgar, siendo puramente ornamental, no hacía sino preparar la conversión a las concepciones teóricas de la segunda tendencia, la subconsumista, de las que se retoma todos los defectos cuando no se los amplifica. El proyecto de Marcel Roelandts con acentos ortodoxos acaba pues en un naufragio teórico y práctico.

Sin embargo al marxismo revolucionario con vocación científica no le faltan temas de estudio. El de las condiciones para que se manifieste la sobreacumulación del capital y la baja brutal de la tasa de beneficio que la acompaña, por ejemplo, es uno de ellos. Las modalidades para que intervenga una sobreproducción de mercancías es otro. Marx nos ha dado fotos del ciclo de acumulación en diversos momentos de éste. Es responsabilidad del movimiento comunista establecer su film 3D, que permitirá enlazar entre ellas estas fotos, en especial al introducir el proceso valorización desvalorización en el análisis. Hay que partir aún de los negativos originales y no de los montajes y trucajes numéricos realizados tanto por estalinianos, como por socialdemócratas, como por pequeñoburgueses universitarios, como por científicos burgueses.

Anexo 1: La función de las clases medias

Como hemos dicho, estudiaremos de forma más detallada las consecuencias económicas y sociales vinculadas a la emergencia de una clase media moderna, asalariada, que se desarrolla con el modo de producción capitalista más moderno. Este será el objeto de la segunda parte de este texto. Pero sin esperar más, queremos demostrar que esta evolución del modo de producción capitalista es prevista por Marx, como no cesa de repetir nuestro partido después de más de 40 años. (Esta tesis es ya defendida en especial en la revista Invariance, serie primera). No se trata pues de un análisis que nos sacamos de la chistera, sino de una parte constitutiva de la teoría de Marx. Esta parte ha sido objeto sólo de desarrollos fragmentarios, pero de una profunda unidad, puesto que debían ser desarrollados en otra parte de "la Economía" de Marx. Ha podido pues ser escamoteada fácilmente por los diversos revisionistas y otros adversarios del marxismo. Este anexo, que reintegraremos en la segunda parte de este trabajo, demuestra pues que la necesidad y el desarrollo de una clase media asalariada son una componente esencial de la teoría de Marx.

En el libro I del capital, Marx expone el papel del mánager capitalista, definiendo su función social, su sicología y su evolución. El mánager capitalista (a distinguir del propietario) personifica el capital[228]. Tiene por función hacer producir el máximo de plusvalía, lo que supone a la vez obtener el mejor rendimiento posible de la fuerza

---

[228] «El capitalista no tiene ningún valor histórico, ningún derecho histórico a la vida, ninguna razón de ser social, que en cuanto que funciona como capital personificado. Es sólo a este título que la necesidad transitoria de su propia existencia está implicada en la necesidad transitoria del modo de producción capitalista.» (Marx, L.I,7:24,3)

« El capitalista sólo es respetable en la medida en que es capital hecho hombre. » (Marx, L.I,7:24,3)

de trabajo en un momento dado así como extender[229], en magnitud como en profundidad, la acumulación del capital[230]. La producción por la producción, la exaltación del desarrollo de la fuerza productiva del trabajo, tal es la función del capitalista.

Con el desarrollo de la producción capitalista, la frugalidad, la austeridad, la avaricia propias de esta función, se debilitan. El capitalista cede a las sirenas del consumo improductivo de plusvalía. Es cierto que desde que la concentración y la centralización del capital han progresado, una plusvalía creciente le permite aumentar su consumo sin por ello debilitar notablemente su acumulación. Por otra parte, este consumo se hace una necesidad profesional en la medida en que la demostración de su riqueza es un medio de obtener crédito, de inspirar la confianza y de mantener el círculo de sus relaciones.[231]

---

[229] « El objetivo determinante de su actividad no es pues ni el valor de uso, ni el goce, más bien el valor de cambio y su crecimiento continuo. Agente fanático de la acumulación, fuerza a los hombres, sin paz ni tregua, a producir por producir, y los empuja así instintivamente a desarrollar las potencias productivas y las condiciones materiales que son las que pueden formar la base de una sociedad nueva y superior.» (Marx, L.I,7:24,3)

[230] « ¡Acumulad, acumulad! ¡Es la ley y los profetas! (…) ¡Ahorrad, ahorrad siempre, es decir, sin cesar en capital la mayor parte posible de la plusvalía o del producto neto! Acumular por acumular, producir por producir, tal es la consigna de la economía política al proclamar la misión histórica del período burgués (…) Desde este punto de vista, si el proletario es tan sólo una máquina de producir plusvalía, el capitalista es tan sólo una máquina de capitalizar esta plusvalía.» (Marx, L.I,7:24,3)

[231] «En el origen de la producción capitalista, y esta fase histórica se renueva en la vida privada de todo industrial recién llegado, la avaricia y el deseo de enriquecimiento lo arrastran exclusivamente. Pero el progreso de la producción no crea solo un nuevo mundo de goces: abre, con la especulación y el crédito, mil fuentes de enriquecimiento súbito. A cierto grado de desarrollo, impone también al desgraciado capitalista una prodigalidad por convención, escaparate a la vez de riqueza y medio de crédito. El lujo se hace una necesidad del oficio y entra en los gastos de representación del capital.» Marx, Capital, L.I, 7, 24, 3

Pero esta tendencia encuentra límites, y el disfrute, el gasto, se hacen con una forma de mala conciencia[232].

Si el capitalista renunciara al goce de la acumulación por la acumulación del goce, renunciaría a su función; la sanción, para el capitalista que consumiera improductivamente la plusvalía en lugar de acumularla, sería su desaparición[233]. Desde el punto de vista del capital total, dos escollos opuestos acechan al modo de producción capitalista. Si suponemos una sociedad compuesta tan sólo por proletarios haciendo frente a un capital que tendría como única preocupación la producción y la acumulación de plusvalía, se seguiría un desarrollo vertiginoso de las fuerzas productivas y de la productividad del trabajo. Este desarrollo prodigioso minaría tanto más rápidamente las bases de esta misma producción capitalista

---

[232] «Por bien que su prodigalidad no revista nunca los francos pasos de los del señor feudal, por bien que disimula a duras penas la avaricia más sórdida y el espíritu de cálculo más mezquino, ella crece sin embargo a medida que acumula, sin que su acumulación sea necesariamente frenada por su gasto, ni ésta por aquélla. Sin embargo se forma en él un conflicto a lo Fausto entre la tendencia a la acumulación y la tendencia al goce.» Marx, Capital, L.I, 7, 24, 3

«Mientras que la sobreproducción del obrero es una *producción para otro*, la producción del capitalista normal, del capitalista industrial tal como debe ser es producción para la producción. Cuanto más aumenta su riqueza, sin embargo, él no satisface ciertamente este ideal y se convierte en gastador a su vez, aunque no sea más que para hacer ostentación de su riqueza. Pero si goza de su riqueza, es siempre con mala conciencia; lo hace con el pensamiento puesto en el ahorro y en sus cuentas. A despecho de su prodigalidad, es como el tesaurizador, *esencialmente* avaro» (Marx, Teorías sobre la plusvalía, T.1, p.321)

[233] «El desarrollo de la producción capitalista necesita un engrandecimiento continuo del capital puesto en una empresa, y la competencia impone leyes inmanentes de la producción capitalista como leyes coercitivas externas a cada capitalista individual. Ella no le permite conservar su capital sin acrecentarlo, y no lo puede continuar acrecentando a menos de una acumulación progresiva. » (Marx, Capital L.I,7,24,3)

empujando la desvalorización a su límite, creando una inmensa acumulación de mercancías cuya dificultad de salida, su realización, sería creciente. Por otro lado, un desarrollo de la producción por la producción, concomitante con un desarrollo de la riqueza personal del capitalista, podría conducir a la producción capitalista a marchitarse, a perder su dinamismo, a ronronear ante la masa de beneficios, sin tratar de empujar sistemáticamente al desarrollo de la fuerza productiva del trabajo.

Desde 1845 Marx y Engels insistían en el hecho que al mismo tiempo que el modo de producción capitalista desarrolla las fuerzas productivas, ellas mutan también en fuerzas destructivas[234]. Mientras que el capitalista encarna la pasión de la acumulación, el amor de la producción por la producción, es necesario que en la sociedad se exprese la pasión del gasto, del consumo por el consumo. Hemos visto que el capitalista no puede tener completamente esta función sin renunciar a su ser. Es necesario pues que la pendiente dialéctica de la producción, el consumo, se exprese en otra clase[235]. Una clase que

---

[234] «Bajo el reino de la propiedad privada, estas fuerzas productivas sólo conocen un desarrollo parcial, ellas devienen, mayormente, fuerzas destructivas; y muchas de ellas no pueden encontrar la menor aplicación en la propiedad privada.» (Marx, Engels, La ideología alemana, Pléiade, T.3, p.1103)

[235] «Cuando Sismondi dice que el desarrollo de las fuerzas productivas del trabajo permite al obrero goces cada vez mayores, pero que estos goces, aun si le son acordados, lo descalificarían para su trabajo (como obrero asalariado) (…) no es más exacto que el capitalista industrial deviene más o menos incapaz de realizar su función, desde que representa él mismo la riqueza para los placeres, desde que quiere la acumulación de los goces en lugar del goce de la acumulación.

Es pues también él un productor de sobreproducción, de producción para otro. Por otro lado, esta sobreproducción en un sentido, debe tener una contrapartida en el otro sentido, un sobreconsumo; el consumo por el consumo debe hacer frente a la producción para la producción. Lo que el capitalista industrial debe ceder al propietario inmobiliario, al Estado, a los acreedores del estado, a la Iglesia, etc., que sólo consumen renta, disminuye,

represente el gasto, el consumo por el consumo es pues necesario. Como la clase capitalista, a pesar de sus progresos, no puede asegurar por sí sola esta función y hasta cierto punto esto entra en contradicción con su función social, la clase que representará mejor la pasión del gasto y del consumo es la clase media. A menudo, en este estadio del análisis, Marx convoca a Malthus[236]. Malthus es reaccionario [237] pues defiende las fracciones de las clases dominantes

---

en cifras absolutas, su riqueza, pero impide que su deseo de enriquecimiento se agote y mantiene intacta su alma de capitalista.» (Marx, Teorías sobre la plusvalía, Editions sociales,T.1, p.322)

[236] De hecho, Malthus es el representante más visible de esta tendencia de la economía política que pone de relieve la importancia de esta función. Frente a él, los representantes de los capitalistas y de la acumulación, en especial los ricardianos, se emocionarán con tales perspectivas.

«La economía política clásica tomó pues malditamente en serio al capitalista y su papel. Para liberarlo del terrible conflicto entre la tendencia al goce y el deseo de enriquecerse, Malthus, algunos años después del congreso de Viena, vino a defender doctoralmente un sistema de división del trabajo donde el capitalista enrolado en la producción tiene por tarea acumular, mientras que el gasto corresponde al departamento de sus coasociados en el reparto de la plusvalía, los aristócratas de la tierra, los altos dignatarios del estado y de la iglesia, los rentistas holgazanes, etc., "Es de la mayor importancia, dice, tener separadas la pasión por el gasto y la pasión por la acumulación (the passion for expenditure and the passion for accumulation.) Malthus" »Marx, Capital, L.I, 7, 24, 3

[237] « El beato Malthus, por el contrario, por el amor a la producción, rebaja a los trabajadores al rango de bestias de carga, los condena incluso a morir de hambre y al celibato. Donde estas mismas exigencias de la producción disminuyen la "renta" del landlord o atentan al "diezmo" de "la Established Church", o aún, sacrifican esta fracción de la burguesía cuyo interés frena el progreso a la parte de la burguesía que representa el progreso de la producción –o sea donde se trate de defender un interés cualquiera de la aristocracia contra la burguesía, o de la burguesía conservadora y *estancada* contra la burguesía *progresiva*- en todos estos casos, el "beato" Malthus no sacrifica el interés particular a la producción, pero *intenta*, tanto como puede, sacrificar las exigencias de la producción al interés particular de clases o fracciones de clases dominantes. Y con este fin, *falsifica* sus conclusiones

(aristocracia de la tierra, clerecía,...) históricamente superadas, pero el fondo del análisis es justo[238] . Y si las clases que representa Malthus

---

científicas. Es esta su villanía científica, su pecado contra la ciencia, sin hablar de su trabajo de plagiario, que practica impúdicamente y del que hace profesión.

Las deducciones científicas de Malthus están "llenas de miradas" a las clases dominantes en general y a los elementos reaccionarios de estas clases dominantes en particular; es decir, falsifica la ciencia por estos intereses.» (Marx, Teorías sobre la plusvalía, Editions sociales, T.2, p.127-128)

[238] « El "profundo pensador" que es Malthus es de otro parecer. Su esperanza suprema –que él mismo califica de *más o menos* utópica- es que la masa de la *clase media* aumente y que el proletariado (el que trabaja) constituya una proporción cada vez menor, relativamente, de la población total (aun si aumenta en cifras absolutas). Esta es efectivamente la *evolución* de la sociedad burguesa. » (Marx, Teorías sobre la plusvalía, Editions sociales, T.2, p.68)

« El ideal supremo de la producción capitalista es –al mismo tiempo que ella aumenta de manera relativa el producto neto- disminuir tanto como sea posible el número de los que viven del salario y aumentar lo más posible el número de los que viven del producto neto. » (Marx, Capítulo inédito del Capital 10/18 p.245)

« Si consideramos la producción fundada en el capital, lo que aparece, en términos absolutos, como condición de esta producción, es la mayor masa absoluta de trabajo necesario asociada a la mayor masa relativa de sobretrabajo. Aparece pues como condición fundamental: el crecimiento máximo de la población, -de la cantidad de potencias de trabajo vivas. Si consideramos ahora las condiciones del desarrollo de las fuerzas productivas y de los intercambios encontramos: división del trabajo, cooperación, observación generalizada que no puede proceder sino de un gran número de cabezas, ciencia –todo ello sinónimo de crecimiento de la población. Además, la condición de apropiación del trabajo ajeno implica que para toda población necesaria- es decir, una población que representa el trabajo necesario, el trabajo indispensable a la producción –existe una *sobrepoblación* que no trabaja. En su desarrollo ulterior, el capital muestra que al lado de la parte industrial –los capitalistas industriales- de esta sobrepoblación, se forma una rama de consumidores puros. Ociosos cuya única ocupación consiste en consumir los productos ajenos y a los que hay, vistos los límites

246

declinan, otras, por el contrario, se desarrollan con el progreso de la producción capitalista[239]

---

del consumo bruto, que dar productos más refinados, bajo forma de productos de lujo. No es a esta población de ociosos que se refieren los economistas cuando hablan de sobrepoblación. Por el contrario –en tanto que es tema de consumo- está considerada por los fanáticos de la demografía como población necesaria, a justo título (de modo consecuente).» (Marx, Manuscritos de 1857-1858, Grundrisse, Editions sociales, T.2, p.98)

«La masa de los artículos que entran en el consumo o, utilizando la expresión de Ricardo, de artículos que entran en la renta bruta, puede aumentar sin que la fracción de esta masa que se transforma en capital variable aumente. Puede incluso disminuir. Es entonces cuando los capitalistas, landlords, sus servidores, las clases improductivas, el estado, las clases intermedias (los comerciantes), etc. comen de ella bajo forma de renta.

Lo que está en la retaguardia en Ricardo (y Barton): se parte en origen del presupuesto de que toda la acumulación del capital=aumento del capital variable, la demanda de trabajo crece directamente, en la misma proporción en que el capital se acumula. Pero es falso, pues con la acumulación del capital se opera un cambio en su composición orgánica y la parte constante de él crece según una progresión más rápida que la parte variable. Pero esto no impide a la renta crecer constantemente, en valor y en cantidad. Lo que no quiere decir que una gran parte del producto total sea gastada en salario del trabajo en la misma proporción. Las clases y subclases que no viven directamente del trabajo se acrecientan, viven mejor que antes, y también crece el número de trabajadores improductivos. » (Marx, Teorías sobre la plusvalía, Editions sociales, T.2, p.672)

[239] «Supongamos que gracias a la productividad de la industria, se llegue a que tan sólo 1/3 de la población, en vez de 2/3 como antes, participe ahora directamente a la producción material. Un tercio suministra a partir de ahora las subsistencias para los 3/3, mientras que antes lo hacían 2/3 para los 3/3. Antes 1/3 era *ingreso neto* (distinto del ingreso del obrero) ahora 2/3. Haciendo abstracción de la oposición entre las clases, la nación no tendría ahora ya necesidad de 2/3 como antes, sino de 1/3 de su tiempo para la producción directa. Con un reparto equitativo todos tendrían 2/3 de su tiempo para trabajos improductivos, para ocios. Pero en la producción

Hemos puesto de evidencia, con el apoyo de citas, la función económica general de la clase media en Marx. Ella encarna la pasión del gasto, y a este título juega un papel regulador en el marco del modo de producción capitalista. El volcán de la producción es limitado en su expansión y, al mismo tiempo, estimulado. ¿Es la única ventaja de la existencia de una clase media? ¿Tiene ella, para Marx, un papel amortiguador social en la lucha de clases? Las citas siguientes responden estas cuestiones.

---

capitalista todo parece contradictorio, todo lo es. La hipótesis no implica que la población permanezca estacionaria. Si hay crecimiento de los 2/3, hay igualmente crecimiento de 1/3. Considerando *la masa*, un número cada vez mayor podría ser ocupado pues en el trabajo productivo. Pero relativamente, en relación con la población total, habría siempre el 50 por ciento menos que antes. Estos 2/3 se compondrían entonces en parte de detentores de beneficio y de renta, en parte de obreros improductivos (mal pagados igualmente a causa de la competencia), que ayudan a los primeros a consumir su renta, pero les dan a cambio un equivalente en servicios, a menos que no se lo impongan, como los trabajadores políticos improductivos. Se podría suponer que –con excepción de los abogados, soldados, marineros, agentes de policía, funcionarios subalternos, etc., amas de casa, mozos de cuadra, payasos, *malabaristas*- estos trabajadores improductivos serían en el conjunto más cultivados que lo eran antes los trabajadores improductivos y que especialmente el número de los artistas, músicos, abogados, médicos, científicos, maestros de escuela, inventores, etc. mal pagados habría asimismo crecido.

En el mismo seno de la clase productiva habría aumentado el número de los intermediarios comerciales, pero sobretodo el de las personas empleadas en la construcción de máquinas, de ferrocarriles, en las minas; además los trabajadores agrícolas ocupados en la crianza, los trabajadores empleados en la producción de materias químicas minerales para el engorde; también el número de cultivadores que cultivan materias primas para la industria aumenta en relación con los que producen víveres y el de los que producen alimentos para los animales aumenta en relación con los que producen alimentos para los hombres (…) el número de obreros agrícolas disminuirá en relación con los obreros de manufactura. En fin, los obreros de lujo aumentarán, pues la renta, mayor, consumirá más productos de lujo." (Marx, Teorías sobre la plusvalía, Editions sociales, T.1, p.243-244)

«Lo que ella (la presentación burguesa apologética del maquinismo. NDR) afirma –y en parte con razón- es que como continuación del maquinismo (en general, del desarrollo de la fuerza productiva del trabajo), el ingreso neto (beneficio y renta) aumenta, de tal suerte que el burgués tiene necesidad de más domésticos y otros trabajadores que viven de la clase improductiva. Esta transformación de los obreros en domésticos es una bella perspectiva. Al igual que es consolador para ellos ver el crecimiento del producto neto conllevar la apertura de esferas suplementarias para el trabajo improductivo, que se nutren de su producto y cuyo interés compite más o menos, en cuanto a su explotación, al de las clases directamente explotadoras."(Marx, Teorías sobre la plusvalía, Editions sociales, T.2, p.684).

«Lo que él (Ricardo-NDR) olvida subrayar es el crecimiento constante de las clases medias que se hallan en el medio, entre los obreros por un lado y el capitalista y el landlord por el otro, que se nutren por lo esencial directamente y en una proporción cada vez mayor de renta, que pesan como un fardo sobre la base obrera y que acrecientan la seguridad y la pujanza sociales de las diez mil familias más ricas." (Marx, Teorías sobre la plusvalía, Editions sociales, T.2, p.684)

Para Marx pues, las clases medias juegan igualmente un papel social y político al servir de muralla a las clases dominantes.

Del mismo autor

En castellano

El marxismo en resumen. De la crítica del capitalismo a la sociedad sin clases.
El marxismo y la revolución industrial.

En francés

Crise du capital, crise de l'entreprise
Aux fondements des crises. Le marxisme de la chaire et les crises
De la révolution industrielle
Le marxisme en résumé. De la critique du capitalisme à la société sans classes
Le cycle des crises aux Etats-Unis depuis 1929
Le marxisme et la république démocratique (por aparecer)

En portuguès

O marxismo em resumo. Da critica do capitalismo à sociedade sem classes.

En inglès

Marxism in a nutshell

Otros textos se hallan disponibles en :
www.robingoodfellow.info

Robin Goodfellow Editions
BP 60048
92163 Antony cedex
France
ISBN: 978-2-37161-014-9
Depósito legal: Abril 2018

http:// www.robingoodfellow.info
robin.goodfellow@robingoodfellow.info

Título: Sobre los fundamentos de las crisis. El marxismo de cátedra y las crisis.
Tipo de documento: Texto impreso
Autor: Robin Goodfellow
Lugar de edición: París - Barcelona
Editor: Robin Goodfellow
Fecha de edición: Abril 2018
Número de pàginas: 253 p.
Presentación: Cubierta en color
Formato: A5
ISBN: 978-2-37161-014-9
Lenguas: Español (spa)
Impresor: lulu.com
Impreso en Francia
Gráfico de la cubierta: Foto de la muchedumbre en Wall Street en New York durante el pánico debido a la crisis de 1907.
Fuente: New York public library vía wikipedia.
Venta en línea: lulu.com

www.ingramcontent.com/pod-product-compliance
Lightning Source LLC
Chambersburg PA
CBHW071632200326
41519CB00012BA/2262